MODERN HUMANITIES RESEARCH ASSOCIATION

CRITICAL TEXTS

PHOENIX

VOLUME 4

Editors
THOMAS WYNN
PIERRE FRANTZ

LAYA

L'AMI DES LOIS

LAYA

L'AMI DES LOIS

Édition présentée, établie et annotée par

Mark Darlow & Yann Robert

MODERN HUMANITIES RESEARCH ASSOCIATION
2011

Published by

The Modern Humanities Research Association,
1 Carlton House Terrace
London SW1Y 5AF

© The Modern Humanities Research Association, 2011

Mark Darlow and Yann Robert have asserted their right under the Copyright, Designs and Patents Act 1988 to be identified as the authors of this work.

Parts of this work may be reproduced as permitted under legal provisions for fair dealing (or fair use) for the purposes of research, private study, criticism, or review, or when a relevant collective licensing agreement is in place. All other reproduction requires the written permission of the copyright holder who may be contacted at rights@mhra.org.uk.

First published 2011

ISBN 978-1-907322-44-0

Copies may be ordered from www.phoenix.mhra.org.uk

Table des Matières

Introduction 7

Laya, *L'Ami des lois* 129

Annexes 259

Bibliographie sélective 363

Introduction

On sait que la comédie de l'*Ami des lois* fut représentée dans les jours même où la Convention nationale s'occupait avec le plus de violence du jugement de Louis XVI ; mais ce qu'on ignore assez généralement, c'est que ce même ouvrage, n'ayant point été fait pour cette époque imprévue, était conçu dans un esprit de mesure, bien opposé à ces temps d'exagération.
Laya, *Un Mot à M. le directeur de l'imprimerie et de la librairie, ou Abus de la censure théâtrale, par J.-L. Laya, auteur de « L'Ami des lois »* (Paris : Pélicier, 1819), p. 11-12.

L'Ami des lois, comédie en 5 actes, en vers, jouée avec le plus brillant succès, avant-hier, est la peinture des faux patriotes, des intrigants ; c'est le portrait véritable des *Tartuffes de Révolution*.
Affiches, annonces et avis divers, 4 janvier 1793, p. 46.

Ce drame, qui n'est qu'une misérable imitation d'une pièce sifflée dans l'Ancien Régime, c'est-à-dire de la comédie, ou de ce qu'il a plu à Palissot d'appeler de ce nom sous le titre des *Philosophes*, est-il donc si redoutable pour le vrai patriotisme ? Pourquoi ne pas lui laisser subir le sort de son modèle ? Pourquoi le faire mourir au bruit des applaudissements lorsqu'il est de sa destinée d'expirer au son des sifflets ?
Annales patriotiques et littéraires de la France, 14 janvier 1793, p. 67.

D'ailleurs, où en serait la liberté, si on ne pouvait pas jouer, comme sur le théâtre de la Grèce, les hommes d'état et les orateurs populaciers. La comédie *politique* est un genre qui nous manquait, et cet heureux coup d'essai de Laya pourra produire des imitateurs.
Chronique de Paris, 4 janvier 1793, p. 16.

Comment décrire la pièce de Laya ? Est-elle, comme l'affirme la première citation, un ouvrage innocent et mesuré, qui se vit transformé en une œuvre engagée, un véritable cri de ralliement, par les circonstances dans lesquelles elle fut représentée ? Ou bien, par son adaptation de pièces déjà célèbres, comme le signalent les deux citations suivantes, constitue-t-elle plutôt une œuvre hybride, moderne par son sujet, mais ancienne par sa forme ? Ou encore, s'agit-il d'une œuvre unique dans l'histoire du théâtre français, car fondatrice d'un genre nouveau, comme le prétend la dernière citation ? Ces différentes interprétations, sur lesquelles nous reviendrons par la suite, témoignent d'un aspect primordial de la pièce de Laya : elle est tout sauf un objet culturel stable. En effet, elle revêt un caractère hétérogène, changeant de signification suivant l'époque et le point de vue de son observateur. Cette polyvalence, ainsi que le rapport ambigu que la pièce entretient avec la politique et la justice, et les débats animés auxquels elle donna lieu, en font un objet d'étude idéal, voire incontournable, pour toute personne s'intéressant au théâtre révolutionnaire.

Certes, l'*Ami des lois* n'est pas une pièce ignorée, ce qui n'a rien de surprenant quand on sait que cette œuvre suscita en 1793 des disputes et des désordres suffisamment importants pour que l'armée, la Convention et la Commune s'en mêlent, la censure soit *de facto* rétablie, et le procès du roi soit retardé ! L'*Ami des lois* occupe d'ailleurs une place de choix dans les études pionnières de Charles-Guillaume Étienne et d'Alphonse Martainville, de Henri Welschinger, et de tant d'autres historiens du dix-neuvième siècle. Pourtant, l'*Ami des lois* est aussi une œuvre mal connue. On peut en effet relever dans ces ouvrages sur l'histoire du théâtre révolutionnaire de nombreuses inexactitudes, reproduites par leurs successeurs jusqu'à ce jour. Sans doute la persistance de ces méprises provient-elle en partie d'une carence caractéristique de l'historiographie du dix-neuvième siècle : l'absence d'indications bibliographiques qui auraient permis de confirmer ou d'infirmer plus facilement les allégations et les anecdotes contenues dans ces études.

De plus, les historiens du dix-neuvième siècle ont accordé une confiance imméritée aux Girondins et à leur version des faits. Aussi nous devons-nous de signaler, comme Jacques Truchet avant nous, que l'image de l'écrivain révolté, martyr politique d'un régime oppressif, qui fut très tôt décernée à Laya et qu'il ne manqua pas d'adopter, ne correspond pas vraiment à la réalité. Les Girondins n'étaient pas encore défaits en janvier 1793, loin s'en faut, et la pièce ne constituait donc pas, comme on a voulu le croire, le dernier cri, impuissant mais digne, d'un homme et d'un parti condamnés. Bien au contraire, l'*Ami des lois* doit être perçu, et ceci ne fait qu'accroître son intérêt, comme une agression préméditée contre une faction certes influente, mais nullement invincible.¹ Il importe donc de reprendre le récit des représentations de l'*Ami des lois*, en signalant les corrections que nous apportons aux études historiques antérieures et en isolant les éléments dont nous sommes sûrs (sources à l'appui) de ceux dont nous ne pouvons que signaler la vraisemblance. Nous entreprendrons par ailleurs de démêler, dans la mesure du possible, les contradictions dans les témoignages contemporains à la pièce, et d'exposer les raisons idéologiques pouvant éclairer ces disparités.

Selon nous, la pièce de Laya mérite également d'être éditée et étudiée de nouveau, parce qu'elle met en lumière – mais en question, aussi – les avancées des trente dernières années dans notre perception du théâtre révolutionnaire. Cette perception est largement redevable au « tournant » culturel dans les sciences humaines qui inspira, vers la fin des années 1970, une série d'études pionnières sur la culture révolutionnaire. L'impact de ce tournant ne peut être surestimé, car c'est en grande partie grâce à lui que le théâtre de la Révolution pourra être étudié, pour la première fois, comme autre chose qu'une aberration littéraire ou une propagande d'état. Ainsi, sous l'influence de ces « études révisionnistes », notamment celles de François Furet, qui récusent la notion de lutte des classes chère aux historiens marxistes et insistent au contraire sur les éléments de continuité qui relient Ancien Régime, Révolution et Terreur, les premiers ouvrages « modernes » sur le théâtre révolutionnaire s'interrogent pour la plupart sur les liens entre ce théâtre et celui de l'Ancien Régime. C'est le cas, par exemple, des ouvrages de Michèle Root-Bernstein² et de Robert Isherwood³ sur les théâtres des boulevards, travaux qui révèlent un relâchement du contrôle étatique sur les théâtres dès les années 1780. Sont aussi étudiées, dans une optique similaire, les différentes façons dont la culture théâtrale de l'Ancien Régime est déjà un espace de contestation,⁴ sur lequel se

---

¹ *Théâtre du XVIIIᵉ siècle*, éd. Jacques Truchet, 2 vols. (Paris : Gallimard, 1974), II, p. 1456.

² Michèle Root-Bernstein, *Boulevard Theater and Revolution in eighteenth-century Paris* (Ann Arbor : UMI Research Press, 1984).

³ Robert Isherwood, *Farce and fantasy : Popular Entertainment in eighteenth-century Paris* (New York : Oxford University Press, 1986).

⁴ Jeffrey Ravel, *The Contested Parterre : Public Theater and French political culture, 1680-1791* (Ithaca : Cornell University Press, 1999). Voir aussi Nina

construira par la suite la culture révolutionnaire.[1] D'autres chercheurs, dont Serge Bianchi et Michel Biard,[2] se penchent sur un second moment charnière, celui qui sépare la phase « libérale » de la Révolution de la culture « populaire » de l'An II, et examinent les liens entre ces deux périodes, afin d'expliquer l'émergence d'un théâtre « sans-culotte ».

Ces dernières années, un débat d'une toute autre nature occupe le devant de la scène. Influencés par les études pionnières de Marie-Hélène Huet,[3] de nombreux chercheurs se sont intéressés de très près au rapport étroit qui lie le théâtre et la politique sous la Révolution. Bien entendu, l'existence de tels liens était connue avant les ouvrages de Huet, mais les études à ce sujet se contentaient pour la plupart d'analyser le contenu d'une sélection de pièces explicitement politiques, qu'elles traitaient comme un témoignage direct, ou bien comme une forme de propagande étatique, ou encore comme une aberration dramatique, responsable du déclin du théâtre français. Dans *Rehearsing the Revolution*, Huet adopte une approche différente et étudie le théâtre de la

---

Gelbart, *Feminine and Opposition Journalism in old regime France : « Le Journal des dames »* (Berkeley : University of California Press, 1987) ; Nina Gelbart, '« Frondeur » Journalism in the 1770s : Theater Criticism and radical politics in the pre-Revolutionary French press', *Eighteenth-Century Studies*, 17 (1983-84), 493-514 ; Gregory Brown, 'Le Fuel de Méricourt and the *Journal des théâtres* : Theatre Criticism and the politics of culture in pre-Revolutionary France', *French History*, 9 (1995), 1-26.

[1] Muriel Usandivaras-Mili, 'Le Répertoire théâtral de la Révolution française : Rupture ou continuité ? Premiers résultats d'une enquête parisienne (1789-1799)', dans *Théâtre et spectacle hier et aujourd'hui : Époque moderne et contemporaine. Actes du 115ᵉ congrès des sociétés savantes* (Paris : Éditions du Comité des travaux historiques et scientifiques, 1991), 145-158 ; Emmet Kennedy et al., *Theatre, opera, and audiences in Revolutionary Paris : Analysis and repertory* (Westport, CO/London : Greenwood Press, 1996).

[2] Serge Bianchi, *La Révolution culturelle de l'An II : Élites et peuple (1789-1799)* (Paris : Aubier, 1982) ; Michel Biard, 'Jean-Marie Collot d'Herbois, homme de théâtre et homme de pouvoir (1749-1796)' (thèse de doctorat, Université Paris-I, 1993). Voir également l'anthologie de textes théoriques et législatifs, *La Culture des sans-culottes*, éd. Bernard Deloche et Jean-Michel Leniaud (Paris : Les Éditions de Paris / Montpellier : Les Éditions du Languedoc, 1989).

[3] Marie-Hélène Huet, *Rehearsing the Revolution : The Staging of Marat's death, 1793-1797*, trad. Robert Hurley (Berkeley : University of California Press, 1983) ; et Marie-Hélène Huet, *Mourning Glory : The Will of the French Revolution* (Philadelphia : University of Pennsylvania Press, 1997).

Révolution, non plus exclusivement comme un objet littéraire, mais aussi, et surtout, comme une pratique culturelle et politique. Notant une série de transformations dans la création et dans la réception des ouvrages dramatiques, Huet révèle et analyse l'existence de deux mouvements parallèles : la politisation du théâtre et la théâtralisation de la politique. S'appuyant sur les thèses de Huet, ainsi que sur les réformes matérielles apportées à l'espace dramatique tout au long du dix-huitième siècle, Paul Friedland pose lui aussi le principe d'un monde théâtral en étroite conformité avec le monde politique, dans la mesure où les deux se basent sur une même conception de la représentation, ayant pour caractéristique principale l'exclusion et l'assagissement du public.

Cette conception de la culture dramatique révolutionnaire a depuis été contestée, ou du moins nuancée, par d'autres chercheurs qui ont insisté sur la fonction contestatrice du théâtre, plutôt que sur sa conformité avec la sphère politique. Ainsi, Jeffrey Ravel montre qu'avant même 1789, le parterre était un espace politisé, où la Nation – pour reprendre le terme des « patriotes » – ne craignait pas de revendiquer et de défendre son droit à un contrôle populaire direct sur le monde du théâtre. Susan Maslan étudie ce même phénomène dans la période révolutionnaire, invoquant entre autre les troubles provoqués par l'*Ami des lois*, et en conclut que l'hétérogénéité sociale et l'interventionnisme ancestral du parterre ont contribué au développement d'une pensée autre de la politique, alarmante pour les pouvoirs en place, car voisine d'une démocratie directe.[1] De même, dans sa récente édition de la *Paméla* de François de Neufchâteau, Martial Poirson souligne le rôle important joué par le public dans la politisation du théâtre. Selon lui, le curieux destin de la pièce de François de Neufchâteau, déclarée « réactionnaire » avant la Révolution et « antirévolutionnaire » ensuite, alors qu'elle n'était en réalité ni l'un ni l'autre, témoigne du fait que le théâtre révolutionnaire « n'a pas besoin de s'engager politiquement pour revêtir un sens politique et faire naître le scandale ».[2] En effet, à cette époque, c'est le public qui fait du théâtre un véritable forum politique, qui

---

[1] Susan Maslan, *Revolutionary Acts : Theater, democracy, and the French Revolution* (Baltimore : Johns Hopkins University Press, 2005).

[2] François de Neufchâteau, *Paméla, ou La Vertu récompensée*, éd. Martial Poirson (Oxford : Voltaire Foundation, 2007), p. 13, 36.

prend possession de la pièce et qui *l'actualise*, aussi bien dans le sens premier du terme, d'un passage à l'acte, que dans celui, plus récent, d'une mise à jour, attribuant ainsi à la pièce une portée aussi inédite qu'inattendue.

À nos yeux, l'*Ami des lois* a un rôle essentiel à jouer dans ce débat : celui de médiateur. La pièce de Laya suggère en effet que les deux interprétations des liens joignant le théâtre et la politique sous la Révolution (l'hypothèse de la conformité et celle de la contestation) ne sont peut-être pas aussi antithétiques qu'elles ne le paraissent au premier abord. Contrairement à la *Paméla* de François de Neufchâteau, l'*Ami des lois* est une œuvre satirique qui s'attaque à des personnages aussi illustres et puissants que Marat et Robespierre. Son engagement politique est non seulement prémédité, mais il est aussi d'une transparence et d'une violence rares, caractéristiques qui font de l'*Ami des lois* une prise de position dont nous ne connaissons au théâtre nul exemple auparavant et bien peu depuis.[1] La pièce de Laya exemplifie ainsi la politisation du théâtre sous la Révolution ; d'autre part, les débats officiels auxquels elle donna lieu, et que nous analysons par la suite, montrent combien la politique s'était théâtralisée ! À bien des égards, d'ailleurs, l'*Ami des lois* vise un assentiment irréfléchi de la part de ses spectateurs, plutôt qu'un véritable débat, et s'inscrit ainsi dans l'évolution théâtrale et politique mise en évidence par Huet et Friedland, tendant vers une exclusion de toute participation populaire. De plus, en ce qu'elle inspira le rétablissement de la censure (*de facto* d'abord, puis *de jure*), la pièce de Laya a une part de responsabilité, certes involontaire, dans le processus de dépolitisation et d'assagissement du public théâtral qui se met en place pendant la période révolutionnaire. Cependant, l'*Ami des lois* est également une pièce difficile à contrôler, qui soulève explicitement la question des limites qu'il importe de poser à l'autorité du gouvernement, du peuple et de l'opinion. Sa signification évolue avec chaque représentation, ainsi qu'avec chaque débat qu'elle suscite à la Commune et à la Convention nationale. En outre, la manière dont elle représente les ci-devants, ainsi que le rapport singulier qu'elle entretient avec le procès de

---

[1] Par sa transparence et sa violence, la comédie des *Philosophes* est sans doute la pièce qui se rapproche le plus de l'*Ami des lois*. Nous comparons les deux ouvrages ci-dessous, dans la section intitulée « ... La part de Palissot ... », où nous signalons des différences importantes dans leur engagement.

Louis XVI, prouvent qu'elle est bien plus qu'une simple œuvre de propagande : au contraire, elle pose le théâtre en forum politique et en cour souveraine – c'est-à-dire, en lieux de débats et de jugements populaires. En bref, peu de pièces montrent avec autant de clarté que le sens d'un ouvrage dramatique découle en parts égales des intentions (politiques ou non) de son auteur et de sa réception et réécriture par ses spectateurs.

Jean-Louis Laya : naissance d'un poète

Né le 4 décembre 1761 à Paris, Jean-Louis Laya, d'une famille originaire d'Espagne, fit ses études au collège de Lisieux (collège de l'Université de Paris). Selon la *Biographie universelle*, Laya y aurait eu pour condisciples Collin d'Harleville et Legouvé, et aurait été très lié avec ce dernier, avec qui il écrivit un recueil d'héroïdes, *Essais de deux amis*,[1] et (en 1785) une comédie en deux actes en vers, intitulée *Le Nouveau Narcisse*. Les deux textes de Laya publiés dans ce premier recueil sont en alexandrins et représentent des essais littéraires de jeunesse sur des sujets connus : la mort de la Présidente de Tourvel dans le récent roman épistolaire de Laclos, d'une part, et le sujet de Didon et Énée, d'autre part. Quant à la pièce *Le Nouveau Narcisse*, elle ne fut jamais représentée et ne semble pas avoir survécu. La collection Moulin de l'Académie Française conserve en outre le manuscrit d'une comédie-féerie en un acte et en vers, datant également de 1786-7 :[2] la carrière de Laya débute donc en pleine période prérévolutionnaire ; par ailleurs, il prétendra par la suite avoir ébauché *Les Dangers de l'opinion* avant 1789.

Les deux premières pièces de Laya à avoir été représentées et publiées ont pour thème le fanatisme et les dangers de l'opinion publique, sujets rendus célèbres par divers écrits de Voltaire. Avant celles-ci, en 1789, Laya publie d'ailleurs *Voltaire aux Français sur leur Constitution*,[3] opuscule dans lequel il imagine Voltaire

---

[1] *Essais de deux amis, contenant Le Discours de la mère de Brutus, à Brutus son mari, revenant du supplice de ses deux fils [signé Legouvé], Les Derniers moments de la Présidente de Tourvel, au Vicomte de Valmon [sic] [signé Laya], Une Lettre de Didon à Énée [signée Laya]* (Londres/Paris : Belin, Brunet, 1786).

[2] Institut de France (Collection Moulin) : 1 G 1-86 A.F. Laya (Jean-Louis) : 1 lettre, 1 ms., Portrait.

[3] (Paris : Maradan/Imprimerie de la Veuve Valade, 1789).

s'adressant d'outre-tombe aux citoyens français. Cet ouvrage condamne un certain nombre d'éléments typiques de la société de l'Ancien Régime, et présente un résumé des principaux événements de la Révolution, tels qu'ils sont racontés à Voltaire dans l'au-delà. On y trouve une longue discussion des bases d'une Constitution idéale, et notamment l'idée d'un Parlement dont le rôle serait d'agir comme frein au pouvoir monarchique, idée qui fait partie du mythogène de l'expression 'ami des lois'.[1] Laya y décrit aussi Voltaire comme « le vengeur des Calas » (p. 25), et insiste sur son anti-fanatisme (p. 45f), sujet de la pièce qu'il écrira l'année suivante. Vers la fin du texte, le futur auteur de l'*Ami des lois* aborde le sujet important du rôle du théâtre dans l'État. En effet, tout en proscrivant les petits théâtres qui servent de « rendez-vous du libertinage et de l'obscénité » (p. 57), Laya s'y révèle défavorable à la censure préventive des pièces, qu'il considère comme un exercice arbitraire de l'autorité, et insiste sur le fait que la liberté du théâtre est une condition absolue pour que celui-ci serve une quelconque utilité civique : « Les belles, les grandes actions y furent célébrées : l'orateur, l'homme de justice y vinrent puiser des leçons d'éloquence et d'intégrité. On n'eut plus de ces vils ménagements, de ces mesures des petites âmes ; on y pendit le vice en pleine scène, et tout le monde fut forcé d'être vertueux. » (p. 54-55) Deux ans avant la loi Le Chapelier, Laya examine ainsi deux corollaires importants de la liberté du théâtre : primo, la responsabilité du dramaturge pour la dimension morale et politique de sa pièce, et secundo, une disculpation morale de l'acteur, réhabilité après plus d'un siècle de déshonneur, et sujet principal de l'autre texte de Laya datant de 1789, *La Régénération des comédiens en France*.[2]

---

[1] Pour une analyse des antécédents historiques de l'expression « ami des lois », voir la section intitulée « L'*Ami des lois* et l'opposition des Parlements (1775) ». Sur la notion du « mythogène », se référer à l'introduction de Poirson à son édition de Nicolas-François de Neufchâteau, *Paméla, ou la Vertu récompensée*, p. 8-9.

[2] *La Régénération des comédiens en France, ou Leurs Droits à l'état civil, par M. Laya* (Paris : Laurens jr/Cressonnier/Jacquemar, 1789). Ce texte est identique, sauf le premier paragraphe, à celui de l'*Almanach sur l'État des comédiens en France, ou Leurs Droits défendus comme citoyen : Par l'Auteur de l'Ami des lois, seconde édition* (Paris : Laurens jeune, [s.d.]). Ce dernier texte est daté de 1793 par le catalogue de la BnF.

INTRODUCTION

Ce texte contient une brève discussion sur les mérites respectifs de la satire et de l'argumentation raisonnée (dichotomie que Laya développera plus tard dans son *Essai sur la satire*), un rejet de l'argument moral contre le théâtre, notamment tel qu'il est exposé dans la *Lettre à d'Alembert* de Rousseau, et un plaidoyer en faveur de l'égalité civile entre les comédiens et les autres citoyens. Cette réclamation se base sur plusieurs arguments : le refus de la dérogeance (p. 18), la valeur civique du théâtre, qui « enflamme [...] les cœurs de l'amour des grandes actions, et l'âme du désir des vertus » et qui « effraye [...] le vice par le tableau de sa laideur » (p. 18-19), et l'égalité des conditions sociales. Laya insiste par ailleurs sur une conséquence nécessaire de cet état civil, déjà esquissée dans le pamphlet *Voltaire aux Français* : à savoir, qu'il sera désormais impossible de soutenir l'existence d'une différence dans la moralité des auteurs et des comédiens :

> L'art de faire des comédies n'avilit donc pas celui qui le cultive : c'est une vérité qu'on ne me conteste point. La liaison qui existe entre l'art de les faire, et celui de les représenter, est trop exacte, pour que la différence soit du mépris ou de l'honneur, entre l'auteur et le comédien. Je crois avoir prouvé que ces deux états se tenaient, qu'ils étaient frères en quelque sorte, et que l'un recevait nécessairement l'influence du sentiment que l'autre nous inspire. (p. 27-28)

Défense du comédien avant tout, ce texte répond également à ce que l'on peut décrire comme la critique « externe » du théâtre, qui concerne le libertinage des comédiens, plutôt que le rapport moral entre la pièce et le spectateur. Laya insiste sur le fait que c'est la stigmatisation des comédiens qui mène à un comportement licencieux (p. 30). En réalité, affirme-t-il, en citant à titre d'exemple les dons patriotiques, le comportement des comédiens peut avoir une véritable utilité civique. Comme l'a récemment montré Paul Friedland,[1] le début de la Révolution est un événement qui suscita de nombreux débats sur l'état civil des comédiens, et l'argument de Laya est cohérent et même original dans son insistance sur la responsabilité morale des dramaturges qui sera l'une des clefs de la loi Le Chapelier de 1791. Dès 1789, Laya acquiert donc une certaine réputation dans le monde du théâtre

---

[1] *Political Actors : Representative Bodies and theatricality in the age of the French Revolution* (Ithaca/London : Cornell U.P., 2002).

français, sur laquelle il capitalisera dans les années qui suivront en écrivant des pièces sur des sujets politiques quelque peu sensibles. Son *Jean Calas* (Théâtre de la Nation, 18 décembre 1790) aborde un sujet qui était devenu à la mode, à tel point que Laya crut nécessaire de demander aux comédiens de représenter sa pièce avant les versions concurrentes, notamment l'œuvre du même titre de Marie-Joseph Chénier.[1] Quant aux *Dangers de l'opinion* (même théâtre, 19 janvier 1790), c'est une pièce qui problématise de façon fort intéressante la question primordiale de l'opinion publique et de son rôle dans la politique révolutionnaire.

Selon Laya, une grande partie des *Dangers de l'opinion* aurait été écrite avant la Révolution : il s'agissait donc d'un choix de sujet hasardeux, qui soulevait de nombreuses questions. Le théâtre se doit-il ou non d'aborder des sujets d'actualité ? Les attaquerait-il « en face », pour reprendre les termes de la préface, ou bien de manière oblique ? Comment ferait-il pour contourner le problème de la censure ? Comme nous le verrons par la suite, ces questions sont précisément celles qui seront le plus longuement débattues lors de la querelle de l'*Ami des lois*. Le drame de Laya illustre les méfaits de l'opinion publique en mettant en scène deux jeunes amants qui ne peuvent pas se marier parce qu'un cousin du jeune homme (Darleville) a été condamné à mort pour meurtre (le spectateur apprend par la suite qu'il s'agissait d'un acte de légitime défense). Refusant d'associer sa famille au déshonneur qui frappe à cette époque toute la famille d'un meurtrier, le père de l'amante, M. de Saint-Helmonde, s'oppose au mariage. Par le truchement d'un ami anglais, nationalité longtemps emblématique d'un rationalisme exempt de préjugés dans l'imaginaire français du XVIIIe siècle, la pièce comporte force passages sur l'injustice des codes sociaux et sur l'influence contraignante qu'ils exercent sur les actions humaines. Ainsi, dans la scène 4 de l'acte II, Milord se plaint des erreurs et des préjugés du peuple français, qu'il compare à la société anglaise, dont il loue le « peuple indulgent », dans

---

[1] Laya à Dorival, 1er décembre 1790 (BCF : Dossier auteur/Laya) : « Je dois vous observer de nouveau que j'ai rencontré, le jour de *La Mort de César*, M^r [Collot] d'Herbois qui m'a assuré qu'il y avait en champs quatre *Calas*. Comme il est de votre intérêt ainsi que du mien, que la pièce paraisse avec tous ses avantages, je compte que vous voudrez bien en hâter les représentations, afin de déjouer ces Messieurs qui se sont mis en quatre contre nous. » Cp. dans le même dossier, ses lettres du 24 mai 1791 et du 25 novembre 1791 à la troupe.

lequel « il est peu [...] de familles [...] / Où l'inflexible loi ne frappe une victime ; / Et ce malheur jamais n'affaiblit notre estime » (p. 34-37). Ces arguments sont repris avec éloquence et passion par le jeune amant : « Dois-je expirer », demande-t-il, « du coup dont un autre est tombé ? » En bref, le déshonneur serait un « fléau moral, dont gémit la raison » (p. 42), un « barbare système » (p. 44), et l'opinion « cruelle » (p. 46) serait voisine du fanatisme dont se plaignait Voltaire. Un homme raisonnable, par contraste, « sait voir d'après ses yeux, penser d'après lui-même » (p. 44) : la pièce illustre donc bon nombre des poncifs du rationalisme des Lumières.

Dans cette pièce de jeunesse efficace mais peu subtile, et qui contient plusieurs longueurs, on remarquera que les lois sont déjà un problème fondamental, bien que leur traitement diffère sensiblement du portrait qu'en dressera Laya trois ans plus tard. C'est surtout dans la scène 8 de l'acte III, au cours d'une longue dispute entre Milord et M. de Saint-Helmonde que Laya examine la nature des lois. Pour le patriarche français les usages et les lois sont culturellement déterminés, et demandent une obéissance sans partage (p. 72) : tandis que l'Anglais considère les vertus comme individuelles et non-transmissibles, Saint-Helmonde insiste sur la manière dont l'honneur unit les citoyens dans un effort commun, par exemple pour la gloire d'une seule famille. À la différence de son ami, l'Anglais insiste sur le fait que chaque citoyen doit avant tout respecter la loi naturelle : « je ne sais pour vous aucune loi », dit-il, « Aucun devoir, Monsieur, que celui d'être père » (p. 72). Les instincts naturels à chaque individu (et donc, universels) priment ainsi sur les usages culturels. Ce que Saint-Helmonde appelle une loi n'est donc pour Milord qu'une coutume qui assigne de façon arbitraire une valeur aux individus à la lumière des actions et des opinions d'autrui. Voilà en bref le danger de l'opinion : elle ne tient compte ni de la justice ni de la nature, et elle est de surcroit nocive au civisme, en ce qu'elle décourage les vertus individuelles, qui seules servent de base à la citoyenneté.

On imagine aisément ce qu'un tel point de vue pouvait avoir d'attrayant pour un public révolutionnaire qui en cette même année 1790 célébrait la vie et les vertus de Voltaire dans plusieurs ouvrages dramatiques. C'est sans doute la raison pour laquelle

Laya enchaîna sur l'affaire des Calas dans sa pièce suivante,[1] ouvrage qu'il affubla d'une préface citant longuement le *Traité sur la tolérance*.[2] Cette version romancée inventait un conflit de longue date entre Jean Calas et le Capitoul (David de Beaudrigue), querelle qui donnait une dimension supplémentaire à la décision de ce dernier d'attiser le « fanatisme » des autres juges du Parlement de Toulouse, ainsi qu'une histoire d'amour entre une des filles de Calas et Lavaisse, qui fut également accusé par les capitouls de Toulouse, ayant été présent le soir de la mort de Calas. Cette pièce donna lieu à une vive polémique entre Laya et Chénier dans la *Chronique de Paris* de mai et de juin 1791 sur un éventuel plagiat, le rédacteur des *Petites Affiches*, François Guillaume Ducray-Duminil, ayant cru voir une ressemblance entre une scène du *Henry VIII* de Chénier, alors à l'affiche, et une scène du *Jean Calas* de Laya. La polémique, qui resta irrésolue sur le fond, dégénéra en injures personnelles, et marqua le début de la polarisation de ces deux hommes de théâtre, écrivant respectivement pour le Théâtre de la République et pour celui de la Nation.[3]

Si ces deux pièces valurent à Laya une certaine notoriété comme dramaturge, *L'Ami des lois* fut perçu par tous comme le moment clé de sa carrière. Dans son discours de réception à l'Académie Française, prononcé en 1817, Laya présente l'œuvre comme un moment charnière dans son parcours, et insiste davantage sur les vertus morales de l'œuvre que sur ses qualités esthétiques : « Très jeune », dit-il, « j'avais été entraîné par un

---

[1] Voir la préface de Malcolm Cook à son édition du *Jean Calas* de Chénier (Exeter : University of Exeter, 1987), surtout p. ix-xiii. Le sujet fut traité pour la première fois en 1790 par Lemierre d'Argy ; la pièce de Laya en est la deuxième version, bientôt suivie de trois autres pièces par Villemain d'Abancourt, Chénier, et Pujoulx. Les cinq versions furent représentées en moins d'un an, la première datant de décembre 1790, et la dernière de juillet 1791. Voir aussi W. D. Howarth, 'Tragedy into melodrama : The Fortunes of the Calas affair on the stage', *SVEC*, 174 (1978), 120-50.

[2] *Jean Calas, tragédie en cinq actes en vers* (Paris : Maradan / Perlet, 1791).

[3] La préférence accordée par Chénier au Théâtre de la République et par Laya au Théâtre de la Nation suggère que leur désaccord était de nature non seulement esthétique, mais aussi politique. En effet, comme nous le verrons par la suite, le Théâtre de la République était perçu (sans doute à juste titre) comme étant nettement plus « à gauche » que celui de la Nation, souvent accusé de feuillantisme, voire d'aristocratie, par les journaux patriotes.

penchant invincible dans la carrière dramatique, et mes essais, quoique bien faibles, m'avaient réussi. J'eusse pu, par la méditation et le travail, mériter un jour des succès durables. Une pièce de théâtre, qui peut n'être pas un bon ouvrage, mais qui (l'on en convient) était une bonne action, a changé le cours de ma vie. »[1] De même, Étienne de Jouy, dans un discours prononcé lors des funérailles de Laya le 27 août 1833, conclut : « À l'époque à jamais déplorable où la France gémissait sous le joug de la plus sanglante tyrannie, Jean-Louis Laya ne craignit pas d'élever une voix solennelle et de vouer à l'exécration des siècles les hommes dont le plus grand crime, peut-être, est d'avoir souillé la liberté dans son berceau. »[2] Pourquoi cette pièce causa-t-elle un tel scandale ? Nous analyserons dans les pages qui suivent les diverses caractéristiques de l'œuvre de Laya qui firent de celle-ci l'incitatrice de tant de troubles, mais il importe d'examiner en premier lieu la raison la plus évidente : l'*Ami des lois* constituait une prise de position d'une transparence et d'une violence sans précédent dans l'histoire du théâtre français.

L'Ami des lois : œuvre de parti

Que l'*Ami des lois* fût perçu, avant même sa première représentation, comme une œuvre de parti, on ne peut en douter. La pièce fut reçue unanimement par la troupe du Théâtre de la Nation le 1er décembre 1792,[3] mise aussitôt en répétition, et représentée pour la première fois le 2 janvier. « Six semaines avant la première représentation de cette prétendue comédie, » affirme Prudhomme, « les acteurs chuchotaient à l'oreille des habitués de leur théâtre : vous aurez du nouveau dans peu, dont vous serez satisfaits plus que nos petits agitateurs, les factieux, les journalistes incendiaires ».[4] Et

---

[1] *Discours prononcés [...] le 30 novembre 1817*, p. 4.

[2] *Discours de M. de Jouy, membre et directeur de l'Académie, prononcé aux funérailles de M. Laya, le mardi 27 août 1833* (Paris : Imprimerie Firmin Didot frères, [1833]), p. 2.

[3] BCF : R.121^1 : 'État des pièces nouvelles reçues à la Comédie-Française : suite de 1792' : l'*Ami des lois* y apparaît à la date du 1 X^{bre} [1792] ; R.145^1 porte la mention « Reçue unan[imement] », et le nom des 13 membres, sans autre commentaire sur la pièce. Laya en remercie la troupe dans une lettre du 3 décembre 1792 (BCF : Dossier auteur/Laya).

[4] *Révolutions de Paris*, 12-19 janvier 1793, p. 157.

d'ajouter sur-le-champ que Laya s'était confessé la veille de la première représentation, et avait préparé son testament.[1] Sans doute ne faut-il pas accorder une foi absolue à ces propos – l'auteur des *Révolutions de Paris*, si souvent le porte-parole des Jacobins, n'a rien d'un témoin impartial – mais l'ambiance partisane des répétitions est attestée par le comédien Fleury, dont les *Mémoires* décrivent la surveillance des membres de la Commune et de la Convention, ainsi que ses propres démarches auprès de Mercier pour s'assurer de l'appui du parti girondin.[2]

Pourtant, à une époque où les dissensions révolutionnaires, accrues par le procès du roi,[3] tendaient à s'exprimer avec d'autant plus de violence dans les parterres théâtraux que ces derniers étaient perçus, et ceci avant même la Révolution, comme les sites d'une parole libérée, voire d'une démocratie populaire,[4] les quatre premières représentations ne suscitèrent aucun trouble. Il est vrai que le Théâtre de la Nation était perçu alors comme l'un des théâtres les plus ouvertement réactionnaires de Paris,[5] et qu'il est donc légitime de supposer que son public était composé majoritairement de spectateurs déjà acquis aux positions girondines dont la pièce de Laya faisait l'éloge. Cependant, s'il est probable que les modérés surpassaient en nombre de spectateurs tout autre parti politique, le parterre du Théâtre de la Nation regorgeait-il également de royalistes et de leurs laquais, comme l'affirmèrent les prosélytes de l'extrême gauche ?[6] Nous sommes en mesure d'attester leur présence (sans toutefois pouvoir la quantifier), plusieurs journalistes girondins ayant signalé, en les déplorant, les

---

[1] *Révolutions de Paris*, 12-19 janvier 1793, p. 158.

[2] Fleury [pseud. Joseph-Abraham Bénard], *Mémoires de Fleury, de la Comédie-Française, publiés par J.B.P. Lafitte*, 2 vols. (Paris : Adolphe Delahays, 1847), II, p. 155-6. L'authenticité des *Mémoires* de Fleury est incertaine.

[3] Sur le procès de Louis XVI, voir la section intitulée « Le Théâtre de la justice ».

[4] Ravel, *The Contested Parterre* ; Maslan, *Revolutionary Acts*.

[5] Voir la section suivante, intitulée « Le Théâtre de la Nation ».

[6] Hébert soutient ainsi dans son *Père Duchesne* que « les spectacles sont maintenant un point de ralliement pour nos ennemis. Les aristocrates, les royalistes y essayent leurs forces » (n. 208, p. 4).

nombreux applaudissements donnés aux préceptes monarchistes du ci-devant noble Versac.[1]

Aussi révélatrices soient-elles, les convictions modérées ou même réactionnaires du public ne suffisent pas à expliquer l'absence remarquable de troubles pendant les premières représentations, bien d'autres pièces produites au Théâtre de la Nation ayant entraîné auparavant des altercations, dont les spectateurs, de quelque parti qu'ils soient, étaient particulièrement friands. Peut-être le calme relatif qui accueillit l'*Ami des lois* était-il en réalité une conséquence paradoxale de l'engagement manifeste de la pièce : plusieurs journaux signalèrent en effet le désir des spectateurs d'écouter « en paix » des préceptes politiques qu'ils partageaient,[2] quitte à imposer silence à tout dissident, plutôt qu'engager un débat avec lui : « Quelques individus ont voulu réclamer ; – on a crié : *À bas la Montagne*, et la Montagne s'est tue. »[3] L'*Abréviateur universel* et le *Mercure français* confirment d'ailleurs que les spectateurs ne firent pas attention à un petit groupe de contestataires affublés de bonnet rouge, préférant au contraire porter l'intégralité de leur attention sur la pièce.[4] Il semble donc que le contenu déjà politique de l'*Ami des lois* ait encouragé une partie des spectateurs à adopter un comportement moins contestataire et créatif que celui auquel ils étaient accoutumés. C'est pourquoi, lorsque altercations il y eut, à partir du 12 janvier, elles ne naquirent point à l'intérieur du parterre, suite à des interprétations différentes de la pièce, mais le pénétrèrent de l'extérieur, sous la forme d'officiers municipaux, venus interdire la pièce, après de longs débats ayant eu lieu, non pas au théâtre, mais dans les salles de réunion de la Convention, de la Commune et de diverses sections révolutionnaires. En effet, les spectateurs et les

---

[1] *Chronique de Paris*, 4 janvier 1793, p. 15. Voir également *Le Patriote français*, 10 janvier 1793, p. 38.

[2] D'après les rapports de presse que nous avons consultés, certains vers reçurent de telles ovations qu'ils furent répétés par les comédiens. Trois journaux font ainsi mention du célèbre portrait des faux patriotes, aux vers 655-672 (*Journal de Paris*, 4 janvier 1793, p. 16 ; *Affiches, annonces et avis divers*, 4 janvier 1793, p. 48 ; *Chronique de Paris*, 4 janvier 1793, p. 16). L'*Abréviateur universel* (3 janvier 1793, p. 11) cite également les vers 133, 512, 545-6, 661-2, 865.

[3] *Le Patriote français*, 10 janvier 1793, p. 38.

[4] *Mercure français*, 7 janvier 1793, p. 53 ; *Abréviateur universel*, 5 janvier 1793, p. 19.

forces de l'ordre ne différaient pas quant au sens politique de la pièce, mais plutôt quant à la fonction et aux droits du théâtre dans une république. Aussi nous faut-il, pour comprendre les conflits que suscita l'*Ami des lois*, examiner la réception de la pièce à la fois là où ils virent le jour (en divers lieux de rassemblement politiques) et là où ils éclatèrent (au parterre du Théâtre de la Nation).

Le Théâtre de la Nation

Nous ne disposons pas d'étude spécifique sur la Comédie-Française après le départ des « rouges » en janvier 1791, et surtout rien de comparable à l'admirable étude du Théâtre de la République publiée récemment par Barry Daniels et Jacqueline Razgonnikoff.[1] Mais il est certain que les saisons théâtrales 1791-2 et 1792-3 furent caractérisées – pour toutes les troupes – par une concurrence acharnée dans le sillage de la loi Le Chapelier de janvier 1791 sur la liberté des théâtres. Ainsi, le 27 avril 1791 voit la réouverture du théâtre géré par les entrepreneurs Dorfeuille et Gaillard au Palais-Royal, sous le nouveau nom de Théâtre Français, rue de Richelieu. Fort des « rouges » qui ont quitté la Comédie-Française (Talma, Mme Vestris, Dugazon, Mlle Desgarcins, Grandménil, Mlle Simon, et Mlle Lange), la troupe du Théâtre Français ouvre la saison avec la première représentation de *Henri VIII* de Chénier. Mais cette tragédie est mal reçue, et Palissot, dans une lettre ouverte, accuse les acteurs de la Comédie-Française, qui bientôt prendra officiellement le titre de Théâtre de la Nation, d'avoir organisé une cabale contre la pièce, accusation que les comédiens repoussent fièrement : c'est la pièce qui était mauvaise, affirment-ils. Cette réponse attira les foudres de Chénier lui-même,[2] qui les accusa d'avoir « troublé la première représentation de *Henri VIII*, de concert avec des aristocrates et des courtisanes ! » (p. 97)

La majeure partie de cette controverse porte sur la politesse et sur la bienséance, plutôt que sur la politique, mais la notion d'un

---

[1] *Patriotes en scène : Le Théâtre de la République (1790-1799)* (Paris : Atlas, 2007).

[2] C. G. Étienne et A. Martinville, *Histoire du théâtre français, depuis le commencement de la Révolution jusqu'à la réunion générale*, 4 vols. (Paris : Barba, An X/1802), II, p. 83-105.

Théâtre de la Nation appuyé par les aristocrates, et réciproquement appuyant leurs efforts, est dès lors lancée. C'est une image que la troupe aura d'autant plus de mal à combattre que ce sont surtout les comédiens spécialistes de la tragédie et du théâtre 'sérieux' qui les ont désertés :[1] le gros de leur répertoire au cours des années suivantes se composera de comédies, avec cependant quelques tragédies politiques vraisemblablement conçues dans l'optique de la concurrence avec les « rouges ». Ainsi, pour leur ouverture (tardive : elle a lieu le 2 mai), les comédiens choisissent *L'École des maris* et *Iphigénie en Aulide*. La soirée du 19 mai 1791 voit cependant la première de la tragédie d'Arnault, *Marius à Minturnes*, « l'une des tragédies les plus réputées de l'époque révolutionnaire ».[2] Grâce en partie aux résonances contemporaines de son intrigue, et au conservatisme politique qu'elle préconise, cette pièce connaît un certain succès, sauf en ce qui concerne ses costumes jugés peu authentiques, le décorateur Boucher ayant accompagné Talma à la rue de Richelieu.

Lorsque l'on compare le répertoire des deux institutions, on remarque, d'abord, le plus grand nombre de nouveautés jouées au Théâtre de la République, la vieille Comédie-Française disposant d'un « stock » de pièces anciennes qu'elle pouvait continuer à représenter, ce qui n'était pas le cas de la nouvelle troupe. Du 28 mars 1791 à la fin de l'année 1792, le Théâtre de la Nation joue 18 pièces nouvelles, dont 5 tragédies, 8 comédies, et 3 drames.[3] Le Théâtre de la République, quant à lui, en présente 26. Carlson a prétendu que celui-ci joue plus volontiers des tragédies : cela est faux. Contre 7 tragédies, pas moins de 17 nouvelles comédies sont mises en scène durant cette période, ainsi que deux drames.[4] Ce qui

---

[1] En effet, la tragédie est souvent considérée à l'époque comme un genre « républicain », alors que la comédie a une forte teinte de monarchisme. Voir à ce sujet Antoine de Baecque, *Les Éclats du rire : La Culture des rieurs au XVIIIe siècle* (Paris : Calmann-Lévy, 2000) ; Jean Goldzink, *Comique et comédie au siècle des Lumières* (Paris : L'Harmattan, 2000).

[2] Raymond Trousson, *Antoine-Vincent Arnault (1766-1834) : Un Homme de lettres entre classicisme et romantisme* (Paris : Champion, 2004), p. 7, 32-42.

[3] Durant cette période, le Théâtre de la Nation représente également deux ouvrages classés dans une catégorie générique plutôt ambiguë : « pièces ».

[4] Ces statistiques ont été calculées d'après les données contenues dans André Tissier, *Les Spectacles à Paris pendant la Révolution : Répertoire analytique,*

ressort plutôt de notre étude du répertoire, c'est ce qu'on pourrait appeler la flexibilité de cette troupe, qui excelle aussi bien dans la comédie que dans la tragédie, Talma ayant séduit le public parisien dans ses rôles comiques, qu'il aborde pour la première fois rue de Richelieu.

Nous avons déjà mentionné la volonté de Laya de faire représenter son *Jean Calas* avant les versions concurrentes : sans doute la rivalité entre le Théâtre de la Nation et celui de la République, où sera jouée la version de Chénier pendant l'été 1791, y est-elle pour quelque chose. Les deux troupes présentent cet été-là une série de pièces « patriotiques » : le Théâtre de la Nation, notamment, tente d'échapper aux accusations d'aristocratie en jouant une nouvelle pièce de Billardon de Sauvigny, *Washington ou la liberté du Nouveau-Monde*. Le succès en est médiocre, mais on loue les intentions de Sauvigny, jadis censeur royal, et désormais acquis à la cause révolutionnaire. Pourtant, à la fin de l'été, tout change : le Théâtre de la Nation met en scène *La Partie de Chasse de Henri IV* de Collé qui donne lieu à des applications royalistes et provoque des rixes, preuve que le public du Théâtre de la Nation n'est point alors aussi uniformément feuillant que le veut sa réputation. Après l'acceptation de la nouvelle Constitution par Louis XVI, le feuillantisme du Théâtre de la Nation devient plus généralement acceptable, comme en témoignent la représentation du *Conciliateur* de Demoustier (19 septembre), qui a lieu dans le calme, et celle de *La Gouvernante* de Pierre La Chaussée (26 septembre), à laquelle assiste le roi.

Vers la fin de 1791, la modération et la conciliation sont donc des thèmes explicitement abordés dans les pièces mises en scène par le Théâtre de la Nation. Mais – et il convient d'insister sur ce fait – au cours de 1792, cette stratégie deviendra de plus en plus dangereuse, tout homme de théâtre pouvant citer de multiples exemples des « dangers de l'opinion », bien avant la représentation de l'*Ami des lois*. Ainsi, en février 1792, le Théâtre de la République joue une reprise de *Caius Gracchus* de Chénier, pièce que l'on aurait pu croire irréprochable sur le plan idéologique mais qui, on le sait, eut le malheur de sembler prôner la modération en appelant aux lois et non au sang, passage applaudi par les

---

chronologique et bibliographique, 2 vols. parus (Genève : Droz, 1992/2002), I, p. 59-74, 231-40 ; II, p. 65-85.

aristocrates. L'affaire en resta là, mais elle réveilla la vigilance des radicaux, dont Marat, qui dénonça les acteurs de ce même théâtre dans l'*Ami du peuple* du 17 octobre pour avoir participé au salon (de tendance girondine) de Mme Talma. Désormais, la troupe du Théâtre de la République s'efforcera de renforcer le côté patriotique de son répertoire, et jouera notamment *L'Émigré ou le père Jacobin* de Dugazon le 25 octobre.

Compte tenu de l'affaire *Caius Gracchus*, et de la polémique suscitée par l'opéra *Adrien*,[1] est-il réellement concevable que la décision de représenter l'*Ami des lois* ait été une naïveté de la part du Théâtre de la Nation ? Nous ne le croyons pas. Nous nous accordons plus volontiers aux vues de Barry Daniels et de Jacqueline Razgonnikoff, selon qui le Théâtre de la Nation, à cette époque, « penche vers la réaction au jacobinisme ambiant ».[2] En effet, pour ceux qui étaient au fait de l'actualité politique, la pièce ressemblait plus à une provocation qu'à une maladresse. Les écrivains « patriotes » (terme synonyme, au début de 1793, de radicaux ou de Jacobins) ne manquèrent pas d'ailleurs de relever les nombreuses attaques politiques de la pièce. Un an plus tard, la pièce restait synonyme de contre-révolution théâtrale : dans une discussion sur le *Congrès des rois*, œuvre qui devait être représentée à l'Opéra-Comique, plusieurs membres du Conseil général de la Commune affirmèrent y avoir découvert « des intentions perfides, un venin caché comme dans l'*Ami des lois* ».[3]

L'Ami des lois et l'opposition des Parlements (1775)

Il faut dire que la pièce de Laya avait tout d'une provocation : même son titre, l'*Ami des lois*, cachait une hardiesse (elle devait d'abord s'intituler, et c'était déjà assez osé, *Les Intrigants*

---

[1] Voir la section intitulée « La Controverse sur *Adrien* ».

[2] *Patriotes en scène : Le Théâtre de la République (1790-1799)* (Paris : Atlas, 2007), p. 71.

[3] *Gazette nationale, ou Le Moniteur universel*, 19 Ventôse An II / 9 mars 1794, p. 79. D'après le *Journal des spectacles*, 11 septembre 1793, p. 571, dans un article d'abord paru dans le *Journal de la montagne* du 4 septembre 1793, l'arrestation des acteurs, suite aux représentations de *Paméla*, était surtout motivée par « leur obstination à jouer, l'année dernière, la méprisable satire intitulée : l'*Ami des lois* ».

politiques).[1] Certes, prêcher l'amitié pour les lois pouvait sembler raisonnable, et même innocent : personne ne se posait en ennemi des lois au dix-huitième siècle, époque caractérisée, selon de nombreux spécialistes, par une véritable passion des lois.[2] Voilà précisément la raison pour laquelle les détracteurs de la pièce l'accusèrent de perfidie : le titre ne suggérait-il pas que s'attaquer à la pièce revenait implicitement à s'attaquer au respect dû aux lois ?

Pour comprendre pourquoi le titre de la pièce lui-même sentait le souffre, il faut remonter en arrière, jusqu'à l'époque de la contestation politique concernant le rôle des parlements (surtout celui de Paris), et notamment jusqu'à deux moments-clés de leur histoire : leur expulsion par Maupeou en 1770, et la convocation des États-généraux en 1787. Pendant ces deux périodes décisives, le terme « ami des lois » représentait en effet une partie intégrante de la stratégie d'opposition parlementaire à l'absolutisme. Cette opposition remontait au moins aux années 1750, mais la crise proprement dite fut déclenchée par l'édit que Joseph-Marie Terray, l'un des hommes forts du ministère dit « du Triumvirat », rédigea pendant les vacances d'automne du Parlement de Paris et qu'il présenta aux magistrats lors de leur première séance le 3 décembre 1770. Cet édit, dit « de décembre », employait un langage volontairement incendiaire, et tentait de forcer la main du Parlement en s'attaquant à son statut, tout en réaffirmant l'autorité royale de droit divin. D'une part, il prétendait que le Parlement était contaminé par le rationalisme radical des Philosophes, et d'autre part, il critiquait son auto-proclamation comme dépositaire des « lois fondamentales » du royaume.[3] En somme, l'édit ne représentait rien de moins qu'un rejet des pouvoirs constitutionnels du Parlement, rejet d'autant plus explicite et injurieux qu'il fut

---

[1] Laya à la Comédie-Française, lundi 3 Xbre 1792, où il demande que la représentation de cette pièce soit précédée par celle des *Dangers de l'opinion*. (BCF : Dossier auteur/Laya).

[2] Jean Carbonnier, 'La Passion des lois au siècle des Lumières', dans *Essais sur les lois* (Paris : Répertoire du Notariat Defrénois, 1995 [1979]), 239-60.

[3] François André Isambert et al., *Recueil général des anciennes lois françaises depuis l'an 420 jusqu'à la révolution de 1789* (Paris, 1821-33), XXII, p. 501-7.

formellement enregistré dans un lit de justice tenu le 7 décembre, alors même que le Parlement protestait.[1]

En réponse à cette attaque sans précédent, les Parlementaires suspendirent toute opération juridique pour se tenir en séance permanente comme corps délibératif, et inondèrent Louis XV de protestations et de remontrances. Le roi, loin de céder à leurs réclamations, répondit avec des lettres de jussion de plus en plus intransigeantes. C'est dans le contexte de cette impasse que Maupeou décida, le 20 janvier, de forcer la main du Parlement en lui ordonnant soit de reprendre son activité juridique soit de refuser formellement de se soumettre à l'autorité royale. Le refus des Parlementaires servit de prétexte à leur exil par un arrêt du Conseil d'État, daté du même jour, et leurs charges furent confisquées puis rachetées par l'État. En outre, un édit du 23 février 1771 affaiblit le Parlement en divisant son ressort (en six circonscriptions) et en abolissant la vénalité de ses offices.[2]

Le « coup » de Maupeou déclencha une guerre de pamphlets d'une ampleur sans précédent,[3] polémique qui continua après la réintégration du Parlement et le renvoi de Maupeou le 24 août 1774. En 1775, un jeune avocat nommé Jacques Claude Martin de Mariveaux imprima un pamphlet intitulé l'*Ami des lois*, qu'il avait commencé à rédiger en 1773, et l'envoya à chacun des membres du Parlement de Paris.[4] Depuis sa réintégration, le Parlement n'osait plus faire opposition à la couronne, se contentant de formulations générales sur la surveillance du pouvoir royal et évitant les affrontements directs. Aussi les attaques contre le despotisme contenues dans ce pamphlet furent-elles jugées trop audacieuses par les magistrats, qui le condamnèrent au feu dans un arrêt daté du

---

[1] Durand Echeverria, *The Maupeou Revolution : A Study in the history of libertarianism, France, 1770-1774* (Baton Rouge : Louisiana State U.P., 1985), p. 16.

[2] Au sujet du coup Maupeou et de la querelle des parlements, on se reportera surtout à Julian Swann, *Politics and the Parlement of Paris under Louis XV, 1754-1774* (Cambridge : Cambridge U.P., 1995), chapitre 12 ; Keith Michael Baker, 'French Political Thought at the accession of Louis XVI', *Journal of Modern History*, 50 (1978), 279-303 ; Echeverria, *Maupeou Revolution* ; Bailey Stone, *The Parlement of Paris, 1775-1789* (Chapel Hill : University of North Carolina Press, 1981).

[3] Swann, *Politics and the Parlement of Paris*, p. 359.

[4] (s.l.n.d.).

INTRODUCTION

30 juin 1775, les termes de l'arrêt décrivant le texte comme séditieux, subversif, et contraire aux lois fondamentales du royaume.[1] Keith Baker a souligné l'importance du pamphlet de Mariveaux, notant qu'il fut distribué au moment du sacre de Louis XVI et qu'il fut considéré par le rédacteur des *Mémoires secrets* comme un antidote aux formules d'adulation royale propre à cette cérémonie. Les *Mémoires secrets* contiennent en effet la description suivante, datant du 17 juin :

> Au lit de justice du 7 septembre 1770 [sic], M. de Maupeou faisait dire au roi : Nous ne tenons notre couronne que de Dieu. Le droit de faire des lois nous appartient à nous seul, sans dépendance et sans partage. Ce sont ces étranges assertions qu'un auteur réfute dans une petite brochure intitulée : l'Ami des lois. Elle ne saurait paraître plus à propos, au moment du sacre de sa majesté, pour combattre les formules d'adulation qui y sont adoptées, et qui pourraient le maintenir dans cette erreur, si le bon sens ne devait l'en détromper, si l'histoire même ne lui apprenait que lui et ses prédécesseurs n'ont jamais tenu leur couronne que de la nation : que le droit de faire des lois n'appartient point au monarque seul, non plus qu'il n'a appartenu à ses prédécesseurs seuls, sans dépendance et sans partage.[2]

Comme le montre ce passage, Durand Echeverria a raison de classer le pamphlet de Mariveaux parmi les écrits des « radicaux » de la période prérévolutionnaire. Comme ces derniers, en effet, Mariveaux conspue l'autorité politique au nom des droits de

---

[1] *Arrêt de la cour de parlement, qui condamne deux libelles intitulés, le premier : 'Catéchisme du citoyen, ou Éléments du droit public français, par demandes et par réponses', le second : 'L'Ami des lois', à être lacérés et brûlés au pied du grand escalier du Palais, par l'exécuteur de la Haute-Justice* (Paris : P. Simon, 1775). Cf. Gabriel Peignot, *Dictionnaire critique, littéraire et bibliographique des principaux livres condamnés au feu* (Paris : A.-A. Renouard, 1806), I, p. 298 ; Baker, 'French Political Thought at the accession of Louis XVI', p. 281-82 ; Echeverria, *Maupeou Revolution*, p. 40.

[2] *Mémoires secrets pour servir à l'histoire de la république des lettres en France*, 36 vols. (Londres : Adamson, 1777-1789), VIII, p. 83 (17 juin 1775) ; sur la condamnation du texte, voir ibid., VIII, p. 103. Pidansat de Mairobert a largement contribué à disséminer la pensée des « patriotes », par le biais non seulement des *Mémoires secrets*, mais aussi dans sa collection des *Maupeouana* et dans le *Journal historique du rétablissement de la magistrature*. Voir Baker, 'French Political Thought at the accession of Louis XVI', p. 283.

l'homme, de la pensée républicaine, et de la loi naturelle.[1] (Il cite notamment plusieurs passages du *Contrat social* de Rousseau.[2]) Le pamphlet de Mariveaux fait donc partie intégrante de la contestation démocratique des « patriotes » des années 1770s, qui voient le Parlement de Paris comme dépositaire des lois fondamentales du royaume.

Comme on pouvait s'y attendre, cet argument resurgit lors de la convocation des États-Généraux, événement qui inspira la parution de nouveaux pamphlets par des « amis des lois ». Ainsi, l'*Ami des lois, ou les vrais principes de la monarchie française*, publié en 1787, avance un argument presque identique à celui de Mariveaux : le pouvoir monarchique doit être limité par des « lois constitutives », dont le Parlement est chargé d'assurer la protection. En bref, le Parlement a pour fonction de s'assurer que le roi ne pourra enfreindre certains droits divins ou naturels, tels la propriété et la liberté de l'individu. L'année suivante, un autre pamphlet paraît, lui aussi intitulé l'*Ami des lois*. Comme les précédents, il fait référence au lit de justice du 7 décembre 1770, et soutient que les monarques français ne possèdent pas le droit exclusif de faire des lois, et qu'ils « tiennent leur couronne de la Nation ». Cependant, cet *Ami des lois* va encore plus loin que ses prédécesseurs, en ce qu'il commence son examen historique de la légitimité royale en citant des passages de l'article « Autorité politique » de l'*Encyclopédie* :

> L'homme est né libre. Aucun homme n'a une autorité naturelle sur son semblable. [...] Le peuple soumis aux lois en doit être l'auteur. Il n'appartient qu'à ceux qui s'associent, de régler les conditions de la société. Ainsi il ne faut pas demander qui fait les lois, puisqu'elles sont des actes de la volonté générale ; ni si le prince est au-dessus des lois, puisqu'il est membre de l'état ; ni si la loi peut être injuste, puisque nul n'est injuste envers lui-même ; ni comment on est libre et soumis aux lois, puisqu'elles ne sont que des registres de nos volontés. (p. 5)

Se basant sur ces axiomes, l'auteur s'efforce de démontrer que l'histoire de la monarchie française peut se lire comme une longue usurpation.

---

[1] Echeverria, *Maupeou Revolution*, p. 51-2 ; [Mariveaux], *L'Ami des lois*, p. 6, 17.

[2] Echeverria, *Maupeou Revolution*, p. 63, 75, 107. Des passages tirés du *Contrat social* se trouvent aux p. 6, 23-24, et 26 du pamphlet.

Dernier exemple : en 1790, l'*Extrait de l « Ami des lois », lacéré en 1775, dédié en 1790 à l'Assemblée nationale*,[1] s'ouvre lui aussi sur une citation du fameux lit de justice, et défend le pamphlet de Martin de Mariveaux en affirmant que son auteur « posa, dès 1775, la première pierre de l'édifice social, tant les axiomes qu'il recueillit à cette époque ont d'analogie avec vos Décrets sur les droits de l'homme et du citoyen, ainsi que sur ces mobiles du Corps politique : le pouvoir législatif, et le pouvoir exécutif » (p. 5). C'est dire à quel point, même pendant la Révolution, le terme « ami des lois » désigne un défenseur des lois constitutives de l'État et des droits du citoyen, et sous-entend une affinité avec les Parlements et une répudiation de l'autorité arbitraire du souverain.

En effet, tel fut l'engouement pour cette expression, qu'au cours de cette première période de la Révolution, marquée par la naissance de nombreuses sociétés politiques, on vit la création d'une « Société des amis des lois », club mixte fondé par le député et futur Conventionnel Gilbert Romme le 10 janvier 1790[2] et installé dans l'ex-chapelle Saint-Marie.[3] Est-ce la même société que celle des Nomophiles (en grec : Amis des lois), dont l'existence est attestée en 1791 ? Boutry suggère que la société des amis des lois aurait cessé son activité en avril 1790. Sans doute s'agit-il donc de deux associations différentes, mais fondées sur des principes semblables. L'idéologie de la Société des Nomophiles s'apparentait à celle du club des Jacobins (fondé en février 1790), même si on observe quelques protestations de la part de certains Jacobins à son égard.[4] Elle se caractérisait par son

---

[1] ([Paris] : De l'imprimerie de L. Potier de Lille, [1790]). La page de titre porte : « Par M. D***, avocat au Parlement de Paris » ; le catalogue de la BnF l'attribue au même Martin de Mariveaux.

[2] Philippe Boutry, 'Romme et la sociabilité politique révolutionnaire', *Annales historiques de la Révolution française [AHRF]*, 304 (1996), 267-82 (p. 272).

[3] Isabelle Bourdin, *Les Sociétés populaires à Paris pendant la Révolution* (Mayenne : Imp. Floch/Paris : Librairie du Recueil Sirey, 1937), cité par Jane Abray, 'Feminism in the French Revolution', *The American Historical Review*, 80.1 (février 1975), 43-62. Voir aussi Carbonnier, 'La Passion des lois', p. 239.

[4] Sur les rapports entre le club des Nomophiles et les Jacobins, voir François-Alphonse Aulard, *La Société des Jacobins*, 6 vols. (Paris : Librairie Jouaust, 1889-97), I, p. lxxxix ; II, p. 447 ; III, p. 60, 85, 171, 238, 371, 428, 450, 484 ; IV, p. 210.

activisme politique, ses appels patriotiques, et ses liens avec d'autres clubs, tel celui des Amis de la Vérité, auprès duquel elle envoya une députation en février 1791. Selon *La Bouche de fer*, le président des Amis de la Vérité déclara alors : « Nous chercherons ensemble à préparer l'esprit public, pour inspirer de bonnes lois, qui puissent concourir au bonheur de tous. »[1]

Il est vrai que l'amour des lois faisait partie intégrante de la mentalité du siècle des Lumières : en témoignent les nombreuses utopies politiques et sociales élaborées pendant cette période. « Chez un peuple où règne l'esprit de communauté », affirme Saint-Lambert dans l'*Encyclopédie*, « chaque homme devient [...] l'ami et non l'esclave des lois ».[2] Comme le suggère l'aphorisme de Saint-Lambert, et comme le confirmera plus tard Carbonnier, cette passion des lois, loin de se confondre avec une soif de pouvoir, était « un phénomène de psychologie juridique », une « fièvre législative » qui s'empare du corps social à certains moments de son histoire, et permet à une société d'innover, à une collectivité de se créer, et à un législateur de régir les mœurs. Ceci explique pourquoi, au début de l'année 1793, l'expression « ami des lois » revêtait encore une signification hautement politique, réunissant la notion de gardien des lois fondamentales de l'État, et celle d'une contestation collective contre l'arbitraire.

En tant que telle, cette position n'avait rien d'irréconciliable avec les idéaux révolutionnaires, bien au contraire. Elle acquit pourtant une signification ouvertement contre-révolutionnaire, comme le montre la parution en 1793 de deux pamphlets intitulés *L'Ami des lois*[3]. Rédigées pendant le procès de Louis XVI, ces

---

[1] *La Bouche de fer*, 23 (24 février 1791), cité par Raymonde Monnier, 'Les Sociétés fraternelles et la souveraineté', *AHRF*, 287 (1992), 1-16. Cf. Chobaut, 'Un Appel patriotique de la Société des Nomophiles', *AHRF*, 6 (1929), 89-90 ; Boutry, 'Romme et la sociabilité politique révolutionnaire', p. 276n65.

[2] 'Législateur', dans *Encyclopédie, ou dictionnaire raisonné des sciences, des arts et des métiers*, éd. Denis Diderot and Jean le Rond D'Alembert. University of Chicago : ARTFL Encyclopédie Projet (Spring 2010 Edition), Robert Morrissey (ed), http://encyclopedie.uchicago.edu/, IX, 357-63 (p. 358).

[3] *L'Ami des lois au peuple français, sur le procès de Louis XVI* (Paris : chez les Marchands de nouveautés, 1793) ; *Un Défenseur du roi : L'Ami des lois, aux quatre-vingt-trois départements français* (Paris : De l'imprimerie de l'Ami des lois, 1793). Nous ne savons pas, malheureusement, si ces deux pamphlets sont antérieurs ou postérieurs à la pièce.

deux brochures se référaient aux lois du royaume pour proclamer l'inviolabilité du roi.[1] « C'est une chose étonnante », s'exclame le premier pamphlétaire, « que ceux qui accusent Louis de trahison et de parjures, ce sont ceux-là même qui ont juré *de maintenir la Constitution ou de mourir*, et qui, aujourd'hui, *ont aboli la Constitution* ! Le Roi au contraire a toujours déclaré qu'il était fidèle à la Constitution qu'il avait juré de maintenir » (p. 9). De même, le second pamphlétaire exprime le vœu que « cet opuscule rappelle les Français aux sentiments de la justice éternelle et aux principes des lois qui doivent garantir tout citoyen de toute espèce d'oppression ! » (*Défenseur*, p.[2]). Citant le texte de la Constitution de 1791 et le *Contrat social* de Rousseau, l'auteur affirme que Louis XVI, quand bien même serait-il coupable des crimes qu'on lui impute, ne saurait être tenu responsable au-delà de l'abdication de sa royauté. En effet, ayant réintégré la classe des citoyens, le roi ne saurait être jugé en tant que roi. Par ailleurs, l'auteur soutient, à propos des lois, « [qu']il ne peut pas même y en avoir, entre la nation et le prince ; les seuls rapports qui existent et qui puissent exister entre ces deux êtres politiques, sont des rapports moraux d'estime, d'amour et de confiance » (p. 6).

Ces arguments ne sont pas très originaux – on les retrouve dans une multitude de textes et de discours – mais ils montrent qu'un glissement s'était produit dans l'usage du terme « ami des lois ». La signification de cette expression n'avait pourtant guère évolué : en 1793 comme en 1775, se déclarer un ami des lois représentait une manière détournée d'exprimer son opposition à un « despote », coupable de s'être placé au-dessus des lois. Cependant, si l'intrigue restait la même, les rôles étaient eux inversés. De 1775 à 1792, la dénomination d'ami des lois était l'apanage des patriotes, qui l'employaient pour condamner le pouvoir excessif du roi. À partir de 1793, les royalistes et les modérés se saisirent de cette expression et la retournèrent contre les membres de l'extrême gauche, les accusant de mépriser la voix de la justice et de l'humanité et de se comporter ainsi comme des monarques absolus. C'est pourquoi le titre de la pièce de Laya était plus incendiaire qu'il ne le paraît aujourd'hui : non content d'insinuer que les patriotes étaient devenus de bien pires despotes que celui qu'ils

---

[1] Sur la question de l'inviolabilité du roi, on se reportera à Michael Walzer, *Regicide and Revolution : Speeches at the trial of Louis XVI* (London/New York : Cambridge U.P., 1974 ; New York/Oxford : Columbia U.P., 1992), p. 35-46.

avaient combattu, Laya leur dérobait une dénomination précieuse par son histoire et par son efficacité. Tel fut le succès de cette expression, d'ailleurs, qu'elle fut réutilisée après Thermidor par un quotidien fondé par François-Martin Poultier d'Elmotte, *L'Ami des lois, ou Mémorial politique et littéraire par une société de gens de lettres*, dont l'épigraphe fut tirée de la Déclaration des devoirs : « Nul n'est homme de bien s'il n'est franchement et religieusement observateur des lois. »[1]

Valeurs fixes ou valeurs relatives ? : loi, peuple et noblesse

Dans la pièce de Laya, la loi est synonyme de fraternité et d'ordre social, de frein aux passions humaines, et de protection contre l'anarchie. Pour cette raison, il importe de la respecter, même lorsqu'elle semble produire des injustices (III.5.754). C'est ce que fait Forlis, ami des lois et ci-devant aristocrate, qui, à la différence de son compère Versac et malgré son ancien statut social, épouse le mouvement révolutionnaire. Pour Forlis, les lois constituent « l'expression [...] du vœu général » (I.1.80), et sont donc sujettes à modification, en fonction des évolutions de la société. « Toutes nos vieilles lois », affirme-t-il, « dans leur poudre, aujourd'hui, dorment avec nos rois » (I.1.143-4), à la différence des lois de la Révolution, qui construisent peu à peu un « immortel édifice » (I.1.150). Ainsi, se proclamer « ami des lois » équivaut à exprimer un amour de la stabilité, un respect de l'ordre, et un rejet du barbarisme et de la justice populaire. D'où la scène 5 de l'acte IV, durant laquelle Forlis apprend la destruction de son logis, suite à une émeute populaire incitée par les Jacobins, péripétie majeure de l'intrigue qui exprime si bien la crainte du désordre causée par l'anarchie populaire. Ce désordre est justement ce qui caractérise, aux dires de Laya et de Forlis, la Révolution des Jacobins, symbolisés dans la pièce par Nomophage [gr.: mangeur des lois] et Duricrâne, « ces Solons nés d'hier, enfants réformateurs, / Qui rédigent en lois leurs rêves destructeurs » (I.4.247-8).

C'est évidemment cet aspect de la pièce qui la rend impardonnable pour les journalistes patriotes, qui y virent, non sans raison, une attaque contre le radicalisme révolutionnaire et une défense du modérantisme. En effet, Forlis louait « ceux qui sans

---

[1] Feuille publiée entre l'An III et le 11 prairial An VIII. [BnF : Lc2-874, série en 8 vols. qui commence au no. LXV (24 octobre 1795)].

bruit, sans parti, sans systèmes, / Prêchent toujours la loi qu'ils respectent eux-mêmes », et déclarait que « fuir les factions, c'est être modéré » (III.3.639-41). Voilà une formule qui accusait implicitement les Jacobins d'appartenir à une « faction » : invective tranchante, tant les Jacobins avaient de haine pour le factionnalisme, synonyme de complot et de division. Il n'y avait de même, et pour la même raison, rien d'innocent dans la décision de Laya d'accuser les radicaux, eux qui se flattaient d'être les défenseurs d'une patrie unie et d'un peuple homogène, de vouloir morceler la nation en départements, en vue de s'en accaparer la gouvernance et les biens. Tel que le décrivait Laya, le jacobinisme, par sa soif de pouvoir et par son manque de respect pour les lois, entraînait une désagrégation totale du corps social.

Les journalistes jacobins pouvaient ainsi à juste titre se sentir visés, notamment par l'avertissement de Forlis qu'il « pardonne au trompé, mais jamais au trompeur » (I.4.227). D'ailleurs, ce dernier déclare ouvertement une « guerre éternelle aux faiseurs d'anarchie » (III.3.668), et enlève toute ambiguïté quant à ses adversaires par le biais du chiasme des vers 669-70 : « Royalistes tyrans, tyrans républicains, / Tombez devant les lois ; voilà vos souverains ! » Forlis n'est motivé ni par esprit de faction ni par ambition politique : il défend la paix publique et les lois, que ses ennemis viennent de droite (« royalistes tyrans ») ou de gauche (« tyrans républicains »). Sa franchise, sa modération, et son courage sont parfaitement constants. Les mêmes valeurs sont perceptibles, *a contrario*, dans les discours des personnages jacobins. Ainsi, Nomophage se montre explicitement hostile au respect des lois, et décrit Forlis et les autres modérés en termes étonnamment flatteurs : « de l'ordre et des lois ces fidèles apôtres / Sont les amis du peuple, et ne sont pas les nôtres » (II.2.351-2). Comme le suggère ce passage, l'*Ami des lois* met en scène une opposition simpliste entre un héros et un méchant (ce dernier se proclamant ouvertement comme tel), plutôt qu'un véritable conflit entre deux systèmes de valeur. Ce manichéisme, fort répandu dans le théâtre révolutionnaire, fait ici très clairement écho à la dispute entre les Jacobins et les Girondins, dispute qui ne cessait de s'envenimer depuis l'ouverture du procès du roi. Il semble donc inconcevable, en ce début d'année 1793, que Laya ait pu mal mesurer la charge idéologique de sa pièce. Laya le nia, mais ses concitoyens ne s'y trompèrent pas : l'*Ami des lois* était bel et bien une « œuvre de parti ».

L'amour des lois implique d'autres valeurs chez Forlis, comme en témoigne son discours sur le patriotisme (I.4.243-266), dans lequel il soutient que ce sont les vertus privées qui servent de fondement au civisme et à la félicité publique, et non la violence et la destruction que prônent les radicaux. Parmi ces vertus privées, nous devons avant tout citer la discrétion et la modestie, qualités qui sous-tendent l'acte de bienfaisance de Forlis et que ses ennemis interprètent, suivant l'idéal jacobin de la transparence, comme un acte secret et donc foncièrement nuisible (début de II.1, et surtout vers 300-306). La pièce de Laya nous montre au contraire que ce sont les dénonciations soi-disant civiques de Duricrâne qui manquent de transparence, en ce qu'elles prennent part à des complots secrets, et que c'est le personnage qui fait preuve du moins de modestie, Nomophage, qui déraisonne et qui dénonce à tort (I.3.479-80), qui généralise (IV.1.840-44, 897-900), et qui refuse de se corriger à la lumière des faits (III.1.519-26, IV.1.825-8). En somme, conclut Laya, c'est entre les mains de tels personnages, et non celles des modérés, que l'opinion publique risque de s'égarer (III.1.543-7).

La pièce de Laya fut créée alors que le conflit entre la Gironde et la Montagne approchait de son paroxysme : c'est sans doute pour cette raison qu'on y observe également une série de valeurs que chaque parti prétend détenir en exclusivité. Les vertus civiques, notamment, semblent appartenir à ces valeurs « relatives », en ce que tous se flattent de les posséder. Ainsi dans l'*Ami des lois*, le patriotisme est revendiqué par tous les personnages, ou presque : Nomophage et Duricrâne se posent en patriotes (II.3.421, 423), Forlis lui-même invoque la patrie lorsqu'il confronte le peuple (V.3.1328, 1363), et Mme Versac conclut la pièce sur une définition du patriotisme au féminin (V.6.1468). De même, chacun se réclame des valeurs de la citoyenneté, y compris l'odieux Duricrâne, qui se dit « bon citoyen » (II.3.497).

Bien entendu, la pièce de Laya soutient que ces valeurs relatives ne sont chez les radicaux que mensonges et manigances, et que l'amour des lois et le patriotisme ne sont pas réellement communs aux deux partis. Outre cette accusation, qui ne pouvait manquer d'inspirer aux Jacobins une légitime colère, la simple notion que des qualités aussi capitales que l'amour du peuple et de la patrie puissent être revendiquées par des individus de partis opposés irritait les Jacobins, en ce qu'elle remettait en cause la vision essentialiste de la société française dont ils étaient les principaux avocats. À leurs yeux, était étranger à la Révolution et à ses valeurs tout individu de naissance aristocratique : aussi les journalistes de gauche furent-ils unanimes à condamner Laya d'avoir choisi un ci-devant pour ami des lois. Tous niaient, avec l'auteur des *Révolutions de Paris*, « qu'un noble, arrivé à l'âge de son M. de Forlis à travers toutes les jouissances et les distinctions de la caste privilégiée, [puisse tomber] subitement amoureux de la Révolution ».[1] Tout aussi inconcevable était l'aristocrate Versac, qui, bien que resté fidèle à ses principes royalistes, n'en était pas moins dans la pièce un homme franc, loyal et généreux.

Cette critique allait au-delà, évidemment, d'un simple débat sur la vraisemblance dramatique. Pour les journalistes jacobins, la noblesse de Forlis et de Versac démontrait la fourberie de l'œuvre de Laya. Ainsi, l'auteur des *Révolutions de Paris* adressait à Laya ce reproche : « Les deux seuls ci-devants nobles de votre pièce en sont aussi les deux seuls gens de bien ; il semble que vous ayez voulu mettre vos spectateurs dans le cas de se dire en sortant de la représentation : ma foi, il fait meilleur vivre avec ces deux *honnêtes gens*, qu'avec les *patriotes* mis en scène à côté. »[2] La perfidie de Laya se résumait donc ainsi : en accordant aux ci-devants des valeurs privées et civiques que seules détenaient les classes populaires, l'auteur de l'*Ami des lois* trompait le peuple quant à la nature et aux desseins des royalistes. Mais il existait une seconde perfidie, plus subtile encore, elle aussi relevée par les *Révolutions de Paris* : « Cet éloge vrai du peuple [les vers 1053 et suivants] a fait la fortune de la pièce auprès de quantité d'honnêtes citoyens qui n'ont point soupçonné de piège dans cette affectation de parler du peuple, et de placer ses louanges dans la bouche d'un ci-devant. »[3] Que craindre, pourrait-on se demander, d'un éloge « vrai » du peuple ? D'abord, que les sentiments civiques exprimés dans ce discours ne réhabilitent tous les aristocrates, ces ennemis jurés du peuple, dans l'opinion publique ; et inversement, que ces sublimes idées patriotiques ne soient souillées à jamais par la bouche infâme dont elles sortaient.

Le titre de la pièce de Laya était donc d'autant plus provocateur qu'il évoquait l'*Ami du peuple*, le très célèbre périodique de Marat, dans lequel il avait si souvent dénoncé « l'aristocratie » des

---

[1] *Révolutions de Paris*, 12-19 janvier 1793, p. 158.

[2] *Révolutions de Paris*, 12-19 janvier 1793, p. 159.

[3] *Révolutions de Paris*, 12-19 janvier 1793, p. 167.

hommes de théâtre. L'objectif de Marat, tel qu'il le définissait dans son Prospectus, était de publier une feuille où l'on « rappellerait sans cesse les bons principes, où l'on vengerait les droits de l'Homme, où l'on établirait les droits du Citoyen, où l'on tracerait l'heureuse organisation d'un sage gouvernement, où l'on développerait les moyens de tarir la source des malheurs de l'État, d'y ramener l'union, l'abondance et la paix » (p. 2). Son journal était essentiel à ce vaste projet, en ce qu'il devait permettre une surveillance populaire du travail législatif de l'Assemblée nationale et de ses débats. La dénonciation représentait en effet, aux yeux de Marat, le meilleur moyen d'atteindre la transparence absolue dont rêvaient les Jacobins, et de s'assurer que la volonté populaire serait respectée par la classe dirigeante. Or, la pièce de Laya s'attaquait ouvertement à ce système de pensée, en montrant que la dénonciation fonctionnait en réalité comme un instrument politique, une machine à complot qui, loin d'atténuer la dissimulation, ne faisait que l'intensifier. De même, comme le laissait entendre son titre, la pièce de Laya représentait une critique de la logique utilitaire des radicaux, coupable de sacrifier les lois et les droits de l'individu à une conception abstraite du bonheur du peuple et de la nation. Cette hostilité implicite envers Marat explique pourquoi Nicolas Cammaille-Saint-Aubin intitula sa réponse à la pièce de Laya *L'Ami du peuple, ou les intrigants démasqués*. En effet, bien que l'intrigue de cette pièce soit semblable à celle de l'*Ami des lois*, tout comme son emploi de personnages identifiables (Forcerame, Césaret et Démophile, où on crut reconnaître, respectivement, Roland, Dumouriez et Marat), l'amour du peuple, et non pas des lois, y occupait les devants de la scène. Pour cette raison, le *Journal des spectacles* décrivit la pièce de Cammaille-Saint-Aubin comme une « contre-preuve exacte de l'*Ami des lois* », qui serait « le contrepoison de ce qui lui a paru dangereux dans cette pièce, en faisant tourner au profit du républicanisme jusqu'à certains de ses détails et de ses accessoires ».[1]

Pourtant, même dans la pièce de Laya, les deux partis revendiquent ouvertement le statut d'ami du peuple. Nomophage

---

[1] *Journal des spectacles*, 8 septembre 1793, p. 548. Sur cette pièce qui connut 19 représentations à partir du 6 septembre 1793 au Théâtre du Palais-Cité Variétés, et 5 représentations à partir du 22 octobre 1793 à l'Ambigu-comique, voir Tissier, *Spectacles*, II, p. 834, 1376.

affirme que « le salut du peuple est la suprême loi » (III.1.526), se décrit lui-même comme un ami du peuple (IV.6.1139), et prétend à plusieurs reprises le diriger (IV.7.1167, 1172-5), même s'il s'en montre finalement incapable (IV.7.1179-80). Versac, quant à lui, exprime une certaine méfiance envers le mouvement populaire (« Le Peuple, vers l'excès par sa fougue emporté, / Fonde sur des débris sa souveraineté ? » [IV.5.1051-2]), ce qui permet à Forlis de tenir le discours suivant : « Ce peuple, [...] des fautes qu'il consent, / Des excès qu'il commet, est encore innocent. / Il faut tromper son bras avant qu'il serve au crime : / Revenu de l'erreur, il pleure sa victime » (IV.5.1059-62). À en croire Laya, le peuple finit toujours par être un juge infaillible : ainsi, à la fin de la pièce, Forlis est absous par le peuple (V.3), tandis que Nomophage perd son aplomb face à la clairvoyance populaire : « Le peuple est son sauveur ! Eh ! quel sera le nôtre ? » (V.3.1304). Voilà qui était mettre le doigt sur l'incapacité des Jacobins à contrôler les mouvements populaires, malgré leurs discours populistes. Si les classes populaires finissent par agir moralement, c'est grâce à leur bonté et à leur sagesse, qualités inhérentes qui transcendent le discours politique et le factionnalisme. D'où ce que l'on peut appeler la trinité révolutionnaire de Forlis, qui fait preuve d'une foi entière en « la dignité du peuple, et le ciel, et les lois » (V.3.1330). En effet, cet homme qui ne fait nullement partie du peuple, ni par sa naissance, ni par sa situation financière, le comprend et le protège bien mieux que ceux qui se flattent haut et fort d'en être « l'ami », précisément parce qu'il refuse de parler au nom du peuple (et ainsi de le manipuler), lui accordant au contraire toute sa confiance. À la lumière de ce compte rendu, l'indignation des journaux de gauche n'est guère surprenante !

Premières représentations : le calme avant la tempête

L'indignation des Jacobins mit cependant un certain temps à s'exprimer, et la pièce de Laya connut ainsi plusieurs représentations sans la moindre altercation. La première de *l'Ami des lois*, le 2 janvier 1793,[1] fit une recette modique, 2233,13 livres,[2] mais la pièce fut bien reçue par les spectateurs présents, qui

---

[1] Étienne et Martainville affirment à tort qu'elle eut lieu le 3 (*Histoire du théâtre français*, p. 43), erreur répétée par la suite par Muret et par Peltier.

[2] Voir l'annexe B.

demandèrent que Laya parût sur scène pour y recueillir leurs applaudissements.[1] Tel fut l'engouement du public que cette petite cérémonie, réservée en temps normal pour la première de la pièce,[2] fut ensuite réitérée à chaque représentation.[3] Un pareil enthousiasme promettait de beaux jours, et en effet, dès la deuxième représentation du 4 janvier, la recette s'éleva à 5305,14 livres, plus du double de la précédente, avant d'atteindre, le 7, la somme record (pour l'*Ami des lois*) de 6696,15 livres. De nombreuses anecdotes confirment l'ampleur de ce succès, mais toutes ne sont pas authentiques.[4] Signalons toutefois ce détail éloquent : le 7 janvier, l'affluence considérable du public rendit impossible, dès quatre heures et demie, l'approche des bureaux du Théâtre de la Nation.[5]

Par son succès, comme par son contenu, la pièce risquait pourtant de susciter une attention bien plus malveillante. Tandis qu'un calme remarquable régnait à l'intérieur du Théâtre de la Nation, de nombreux clubs, sections et périodiques s'efforçaient de porter la colère des Montagnards à ébullition, dans l'espoir qu'elle irait se déverser dans le parterre. Ainsi, le 9 janvier, le club des Cordeliers examinait les moyens de suspendre les représentations de l'*Ami des lois*.[6] Le même jour, la société des Jacobins, plus directe, invitait ses membres à se rendre en masse au Théâtre de la Nation pour y faire tomber une pièce où l'on avait osé, s'indignait

---

[1] *Gazette nationale, ou Le Moniteur universel*, 4 janvier 1793, p. 15.

[2] F. W. J. Hemmings, *Theatre and state in France, 1760-1905* (Cambridge : Cambridge U.P., 1994), p. 80.

[3] Ce fait est rapporté par Étienne et Martainville (*Histoire du théâtre français*, p. 49), et confirmé par de nombreux articles dans la presse de l'époque.

[4] Welschinger raconte qu'une foule assiégea les bureaux du théâtre dès le lendemain matin de la première, pour assister à la seconde représentation ('L'*Ami des lois* sous la Terreur et la Restauration', *Revue d'art dramatique*, octobre-décembre 1891, 65-80 [p. 67]). Trois ans plus tard, Lumière surenchérit, en certifiant que nombre de curieux avaient non seulement passé la journée du 3 janvier aux portes du théâtre, mais également la nuit du 2 (p. 113). Cependant, il n'y avait aucune représentation de l'*Ami des lois* annoncée pour le 3 janvier !

[5] *Affiches, annonces et avis divers*, 6 février 1793, p. 115. Pendant la période révolutionnaire, les théâtres ouvraient leurs bureaux à 16h00, selon Mortimer-Ternaux, *Histoire de la Terreur, 1792-1794*, 8 vols. (Paris : Michel Lévy frères, 1862-81), V, p. 370.

[6] *Le Patriote français*, 14 janvier 1793, p. 56.

Robespierre le jeune, « jouer son frère et l'excellent citoyen Marat ».[1] Un enragé qui aurait eu l'infortune de s'absenter lors de ces deux sessions pouvait retrouver la même incitation à la violence dans le *Père Duchesne*, où Hébert exhortait ses lecteurs à s'armer « de bons gourdins et de nerfs de bœuf pour apprendre à vivre à des foutus baladins qui cherchent à corrompre l'opinion publique ».[2]

D'autres groupes adoptèrent un parti plus pacifiste, celui de présenter leurs griefs au Conseil général de la Commune. Ainsi, le 11 janvier, des fédérés sollicitèrent l'engagement de la Commune contre les pièces incendiaires des aristocrates, en insinuant toutefois qu'ils ne se déféraient à son autorité que dans l'espoir d'un succès prompt et complet, sans quoi ils ne sauraient « tarder d'user de leurs droits ».[3] La veille, déjà, le Conseil général avait reçu deux autres pétitions, provenant des Sections de la Réunion et de la Cité.[4] Ces dernières n'accusaient aucune faction nommément, nommément, mais déploraient au contraire l'« esprit de parti » que favorisaient les théâtres, ces derniers étant selon elles susceptibles d'engendrer des troubles, au moment même (le procès du roi) où la République avait le plus besoin d'une parfaite unité. À l'inverse des fédérés, pour qui l'interdiction de l'*Ami des lois* constituait un acte de violence légitime, puisque institutionnel, engageant la Commune dans une lutte de partis, les sections avaient saisi qu'il n'y avait meilleur moyen de justifier un décret contraire à la liberté des théâtres instituée par la loi Le Chapelier en janvier 1791[5] que de le présenter comme un acte de police visant la suppression, et non la continuation, des conflits déchirant la nation.

Les comédiens et Laya ne pouvaient ignorer qu'ils étaient la cible de ces menaces. À défaut de renseignements sur la mise en scène, les archives de la Comédie-Française renferment un détail fort suggestif : les jours où l'on représentait l'*Ami des lois*, la garde militaire était renforcée (18 et parfois 24 volontaires au lieu des 12

---

[1] *Mercure français*, 16 janvier 1793, p. 123.

[2] *Père Duchesne*, n. 208, p. 3.

[3] Voir l'annexe C-4.

[4] Voir l'annexe C-2, 3.

[5] Voir la section suivante « La Censure théâtrale sous la Révolution ».

habituels).[1] Informé des nuages qui s'amoncelaient au-dessus de sa pièce, Laya entreprit de s'abriter sous le parapluie de la Convention nationale, où dominaient alors les modérés. Sa lettre, lue à la Convention le 10 janvier, avait pour but d'encourager les députés « amis des lois », prétendus « modèles » de Forlis, à s'intéresser à la postérité de la pièce comme conforme à la leur.[2] Les Girondins consentirent volontiers à cette identification, d'abord en proposant par la voix de Manuel que les représentations de la pièce soient « consacrées » par la présence de deux commissaires, puis en demandant collectivement que l'*Ami des lois* se voie attribuer la mention honorable.[3]

S'ensuivit une vive discussion sur le civisme de la pièce, au cours de laquelle, comme souvent en cette période de trouble, la Convention nationale sembla ne contenir que deux opinions. Parmi les Jacobins, Prieur, Rouyer et Chales accusèrent l'*Ami des lois* de principes contre-révolutionnaires, accusation traditionnelle à laquelle les Girondins répondirent par l'imputation, non moins usuelle, de *maratisme*. Ces propos puérils et belliqueux, et en premier lieu l'extravagante dénonciation de David, reproduisaient les querelles à l'intérieur de la pièce et soulignaient ainsi son acuité et sa pertinence, ce qui inspira au député montagnard Chabot ce remarquable avertissement : « Ne la jouons pas du moins sans nous en apercevoir. »[4] Minoritaires, les Montagnards se rabattirent sur une critique fonctionnelle, et donc plus facilement justifiable, de la mention honorable, notant le péril et l'incohérence de proclamer publiquement qu'un ouvrage était estimable sans l'avoir consulté préalablement. Sur ce principe général, le centre et l'extrême gauche pouvaient s'entendre, et la pièce fut transmise au Comité d'instruction publique pour y faire l'objet d'une lecture minutieuse. Un mois plus tard (le 11 février), le Comité d'instruction publique

---

[1] BCF : 2.AC.11 (Garde militaire).

[2] Voir l'annexe C-1.

[3] L'attribution de la mention honorable aux pièces présentées à la Convention permettait de donner un signe d'approbation publique aux ouvrages dramatiques jugés patriotiques par les députés. Elle souleva des débats car pour certains, elle était contraire à la loi sur la liberté des théâtres et au principe de non-intervention du corps législatif dans les affaires théâtrales que cette loi impliquait.

[4] David accusa ainsi l'*Ami des lois* d'avoir « été commencée par Ramond et Dumolard ». Voir l'annexe C-1.

refusa la mention honorable à l'*Ami des lois*, et ceci sans avoir étudié la pièce, les vents politiques ayant alors changé de direction.[1]

La soirée du 10 janvier vit également la quatrième représentation de l'*Ami des lois*, qui remporta un nouveau succès, ce dont témoignent la recette (6624,11 livres) et l'insuffisance de billets, constatée peu après l'ouverture des bureaux.[2] Malgré les velléités insurrectionnelles des sections et des journaux montagnards, elle se déroula en toute tranquillité. Cette quiétude, s'étant maintenue durant quatre représentations, fut rompue le 11 janvier par la décision du Conseil général de suspendre les représentations de l'*Ami des lois*.[3] Le moment venu de rédiger son décret, le Conseil général prit exemple sur les sections de la Cité et de la Réunion et présenta l'interdiction de l'*Ami des lois* comme une mesure de police générale dont la cible n'était pas un parti politique particulier mais au contraire l'existence même de multiples factions au sein d'une République dont la survie exigeait union et homogénéité. Ainsi, non seulement le décret ne dirigeait-il aucune accusation contre les modérés, ni même contre les royalistes, cible pourtant facile, mais il absolvait également Laya de toute intention caricaturiste, en blâmant les diverses interprétations satiriques qui circulaient alors sur l'imagination de « journalistes malveillants ».[4] Sans doute ne faut-il pas accorder trop d'importance à cette rhétorique conciliatrice qui ne diminuait en rien le fait qu'un tel décret violait la liberté des théâtres. La Commune ne pouvait méconnaître qu'on interpréterait son interdiction comme une intervention factieuse et qu'elle risquait ainsi de s'engager dans un nouveau conflit avec la Convention. Cependant, au vu des incitations à la violence provenant de plusieurs sections, des écrits incendiaires de Hébert et de la menace, à peine voilée, des Fédérés – autant de facteurs à la décharge de la Commune rarement cités – on ne peut nier que le Conseil général disposait de raisons, sinon légales, du moins légitimes, justifiant sa prohibition de l'*Ami des lois*.

---

[1] Voir l'annexe C-26.

[2] *Abréviateur universel*, 12 janvier 1793, p. 46.

[3] Voir l'annexe C-4.

[4] Voir l'annexe C-4.

Introduction

La Censure théâtrale sous la Révolution

Pour comprendre à quel point l'interdiction de l'*Ami des lois* était extraordinaire, voire incendiaire, il est nécessaire de la replacer dans un contexte plus large, l'histoire de la censure théâtrale en France, sujet de nombreuses polémiques depuis le début de la Révolution. La loi Le Chapelier, votée par la Convention le 13 janvier 1791 et entérinée le 19, avait interdit la censure préventive (celle qui défend la représentation d'une pièce avant sa première), mais elle avait laissé une lacune juridique dans l'article 6, qui maintenait l'idée que l'on puisse tenir un auteur responsable des désordres provoqués par sa pièce. Par ailleurs, ce même article attribuait aux municipalités la censure répressive (la suspension des pièces dont les représentations ont déjà produit des troubles) en attendant qu'un nouveau règlement soit formulé.[1] C'est en 1792-3 que cette lacune devint un enjeu capital, suite à un certain nombre de sollicitations faites par des individus auprès de l'Assemblée législative. La première, d'Henry-Larivière (député du Calvados), réclamait une purgation des théâtres « inciviques » le 25 février 1792, en réponse à une représentation au Théâtre du Vaudeville de la pièce *L'Auteur d'un moment*. Cette représentation avait en effet donné lieu à force « applications » de la part du public, faisant de la pièce un objet « contrerévolutionnaire », et provoquant par là des rixes dans le parterre.[2]

La question des applications est primordiale. Il s'agissait d'une pratique de plus en plus courante chez un public qui cherchait désormais une signification contemporaine dans le texte, et qui la trouvait, ou l'inventait, en marquant de son approbation ou de sa

---

[1] « Les entrepreneurs ou les membres des différents théâtres seront, à raison de leur état, sous l'inspection des municipalités ; ils ne recevront des ordres que des officiers municipaux, qui ne pourront pas arrêter ni défendre la représentation d'une pièce, sauf la responsabilité des auteurs et des comédiens, et qui ne pourront rien enjoindre que conformément aux lois et aux règlements de police, règlements sur lesquels le Comité de Constitution dressera incessamment un projet d'instruction ; provisoirement les anciens règlements de police seront exécutés. » *Rapport fait par M. Le Chapelier, [...] sur la Pétition des Auteurs dramatiques* (Paris : Imprimerie nationale, 1791).

[2] *Archives parlementaires de 1787 à 1860 : Recueil complet des débats législatifs et politiques des Chambres françaises,* sous la direction de J. Mamidal et E. Laurent, 100 vols. (Paris : Librairie administrative P. Dupont, 1865), XXXIX, p. 76. Voir Maslan, *Revolutionary Acts,* p. 57-58.

désapprobation certains passages de la pièce (parfois appuyés par les acteurs). Ces passages étaient difficiles à contrôler sur le papier, car ils n'acquéraient leur pleine signification qu'au cours de la représentation. Même avant 1791, la censure préventive s'était avérée impuissante à les éliminer. Pour Henry-Larivière, le Théâtre du Vaudeville s'était montré coupable de provocation en représentant *L'Auteur d'un moment* : « On *affecte* de donner des pièces où respire l'incivisme. » En conséquence, il souhaitait la mise en place d'une forme de contrôle capable de parer à ce phénomène, « une loi qui réprime enfin la facilité coupable avec laquelle on empoisonne journellement l'opinion publique », et demanda que le Comité d'instruction publique prépare « un rapport sur la manière de purger enfin le théâtre de ces pièces immorales, qui non seulement tendent à diviser les citoyens en leur mettant les armes à la main les uns contre les autres, mais qui assassinent sans discontinuation les mœurs et l'opinion publique ».[1] Son discours prétend en effet que la partie « patriote » du public avait été victime d'intimidations physiques. Mais surtout, il relève un dilemme juridique difficile à résoudre : toute censure théâtrale est affaire à la fois de contrainte littéraire et d'ordre public. Si la police est responsable de ce dernier, le premier est illégal. La question se posait donc : comment préserver la liberté d'expression, principe fondamental de 1789, tout en policant les espaces publics ?

Suite à ce discours, le ministre de l'intérieur, Bon-Claude Cahier de Gerville, adressa une lettre ouverte au Directoire du département de Paris où il exprimait son malaise devant ces pièces provocatrices et où il insistait pour que l'on rétablisse l'ordre dans les théâtres.[2] Les membres du Directoire, faisant preuve d'un mélange d'indignation que le ministre ait osé intervenir dans un domaine leur appartenant, et de pessimisme quant à la possibilité de rétablir l'ordre dans les théâtres par le seul biais de mesures de police, firent le même jour une réponse qui fut discutée à l'Assemblée.[3] Peu après, le 29 février, les dramaturges Barré et

---

[1] *Archives parlementaires*, XXXIX, p. 76.

[2] *Journal de Paris*, 27 février 1792, p. 238 : « Je ne suis point instruit des détails, mais il paraît que l'on compose des Pièces *tout exprès* pour *fournir des allusions aux partis opposés, pour aigrir leur ressentiment et les provoquer au combat.* » (C'est nous qui soulignons).

[3] *Archives parlementaires*, XXXIX, p. 102-3.

Léger présentèrent *L'Auteur d'un moment* à l'Assemblée pour laver leur pièce des accusations d'intention contre-révolutionnaire, et les députés en envoyèrent le manuscrit au Comité d'instruction publique.[1] L'Assemblée se trouvait donc confrontée pour la première fois aux questions suivantes : Quelle procédure fallait-il adopter pour répondre aux plaintes contre les pièces de théâtre ? Qui jugerait les œuvres, et selon quels critères ? Quelle action était-il légitime d'entreprendre, sans enfreindre la loi du 19 janvier 1791 ?

La Controverse sur Adrien

L'œuvre de Barré et Léger avait été représentée avant ces débats, et il était donc possible de soutenir que son interdiction revenait à une forme de censure répressive, c'est-à-dire à des mesures de police (qui restaient légales). Le premier cas de suspension d'une pièce avant sa première, qui devait plus tard être cité pendant l'affaire de l'*Ami des lois*, est l'opéra *Adrien* par Étienne-Nicolas Méhul, qui fut interdit par la Commune en mars 1792. (L'Opéra de Paris donna son appui à contrecœur : il souhaitait certes éviter tout trouble politique, mais il avait déjà investi de fortes sommes d'argent dans la mise en scène de l'œuvre.)[2] Il importe surtout de noter que, cet opéra ayant été suspendu avant sa première, les partisans de l'œuvre pouvaient prétendre, non sans raison, que cette action de la Commune était illégale. La première représentation devait avoir lieu le 6 mars, mais la Commune manifesta son désaccord auprès de l'Opéra la veille, le sujet de l'œuvre semblant peu recommandable dans le contexte d'une hostilité grandissante envers l'Autriche (la France devait déclarer la guerre peu après, le 20 avril). En effet, le livret, une adaptation libre de l'*Adriano in Siria* de Métastase, établissait des parallèles flatteurs entre l'empereur romain Hadrien (76-138) et le saint empereur romain germanique actuel (qui, du temps de Métastase, était aussi roi d'Autriche). Le critique Levacher de Charnois souligna le fait que l'œuvre célébrait la victoire d'Hadrien sur la ville d'Antioche et que l'on pouvait donc la lire

---

[1] *Archives parlementaires*, XXXIX, p. 190-1.

[2] M.E.C. Bartlet, *Étienne-Nicolas Méhul and opera : Source and archival studies of lyric theatre during the French Revolution, Consulate and Empire* (Heilbronn : L. Galland, 1999), p. 228-53, 695-748.

comme une œuvre « impériale », et par là partisane des puissances étrangères dont l'hostilité envers la Révolution était de plus en plus manifeste. Suivit au cours du mois de mars une campagne dans la presse de gauche, face à laquelle l'Opéra se vit obligé de reporter la première, le librettiste Hoffman ayant refusé de modifier son œuvre, qu'il défendit fièrement dans une lettre ouverte.

La Commune, ayant été vivement critiquée lors de la récente affaire de *L'Auteur d'un moment*, chercha, cette fois-ci, à justifier ses actions, en soutenant que la loi sur les spectacles était trop faible pour maintenir l'ordre public, et en essayant de transférer la responsabilité des troubles publics sur les auteurs des œuvres théâtrales, comme l'article 6 de la loi Le Chapelier semblait le permettre. De plus, la ville de Paris étant la gestionnaire de l'Opéra depuis avril 1790, date de sa concession par la maison du roi, on prétendit que c'était en tant que propriétaire et administratrice de l'Opéra que la Commune intervenait dans le répertoire de cette institution, et non en tant qu'organisme public, argument qui prévalut. Mais au-delà de ces questions administratives, l'affaire avait le potentiel de faire jurisprudence, dans la mesure où elle soulevait une question de fond : même en supposant que la Commune eût le droit d'exercer une censure préventive, comment interpréter les œuvres et mesurer leur impact potentiel ? Un opéra était-il contre-révolutionnaire dès lors qu'il mettait en scène un empereur, ou bien fallait-il qu'un parallèle avec la situation actuelle soit explicite ? Question à laquelle la *Chronique de Paris* répondit :

> Il est aisé de se convaincre que l'auteur n'a eu en vue aucune espèce d'allusion ; mais on ne peut pas répondre que la malveillance n'en saisisse d'imprévue : ce sont alors ceux qui font d'un trait ordinaire une application anticiviques qui sont coupables : nous croyons d'ailleurs les auteurs de cet ouvrage trop bons citoyens et trop prudents pour ne pas retrancher des mots auxquels les contre-révolutionnaires donneraient un autre sens que celui qu'ils leur ont attaché.[1]

On aboutit ainsi à la suggestion suivante : puisque l'intention auctoriale est impossible à juger, et puisque les troubles causés par les œuvres théâtrales sont souvent le résultat de projections idéologiques de la part de différentes factions du public, les organismes publics ont le devoir d'exercer une censure qui

---

[1] *Chronique de Paris*, 9 mars 1792, p. 274.

supprimerait tout aspect susceptible d'occasionner de tels troubles. C'est dans le contexte de cette affaire, et de celle de *La Chaste Suzanne* du 5 janvier 1793 (qui suscita également des plaintes populaires), que l'on doit donc placer les interventions relatives à la pièce de Laya. Ce contexte est d'autant plus important que l'*Ami des lois* donna lieu, nous le verrons par la suite, à des applications concernant le procès de Louis XVI.

Premiers affrontements : la foule, le maire et le respect des lois

Compte tenu des querelles qu'avait suscitées l'interdiction de *L'Auteur d'un moment* et d'*Adrien*, la Commune savait vraisemblablement que son arrêt suspendant l'*Ami des lois* ne passerait pas inaperçu. Personne n'aurait pu prévoir, cependant, les événements que provoqua le décret de la Commune, événements aussi chaotiques et confus que le sont les récits qu'on en a faits par la suite. Parmi les diverses relations de ces incidents, il est néanmoins possible d'identifier deux versions principales, soutenant deux interprétations antithétiques. À en croire les journalistes modérés, ainsi qu'une vaste majorité des historiens qui leur ont accordé leur confiance, les dizaines de milliers de spectateurs[1] qui se réunirent sur la place du théâtre ce jour-là attendaient paisiblement l'ouverture des bureaux, en toute ignorance de l'interdiction décrétée par la Commune.[2] Dans un communiqué placardé dans tout Paris,[3] les comédiens certifiaient d'ailleurs qu'ils n'avaient reçu l'arrêt prohibitif qu'à dix heures et quart du matin, alors qu'ils avaient déjà affiché la pièce. Ils n'étaient donc pas responsables, comme on les en avait accusés, d'avoir dissimulé l'interdiction de la Commune afin d'exciter la foule à la violence. D'après les mémoires de Fleury et le *Mercure*

---

[1] La *Biographie universelle et portative des contemporains*, 5 vols. (Paris : F. G. Levrault, 1834), II, p. 199, évalue l'assistance à 30.000 personnes, mais c'est là l'unique estimation que nous possédions. L'auteur ne cite aucune source, mais son livre datant de 1836, il est possible qu'il tienne cette information d'un témoin oculaire (Laya ne meurt qu'en 1833). Ce nombre fut très souvent repris par la suite.

[2] *Gazette nationale ou Le Moniteur universel*, 15 janvier 1793, p. 63. Voir aussi *Le Patriote français*, 14 janvier 1793, p. 56. Le même argument se trouve dans le discours que Laya devait prononcer à la Convention. Voir l'annexe C-7.

[3] Voir l'annexe C-20.

français,[1] cette stratégie décrivait au contraire la conduite de la Commune qui avait différé l'affichage de son décret pour inciter la foule désappointée à se montrer turbulente, justifiant ainsi a posteriori l'interdiction de l'*Ami des lois*. Bien entendu, les Montagnards avancèrent une version différente des faits. D'après la section du Pont Neuf qui se présenta devant la Commune le 14 janvier, les comédiens avaient été notifiés de l'arrêté du Conseil général « dès la veille à 10 heures du soir ».[2] En outre, affirmaient divers journaux, ce décret avait été publié partout dans Paris, et ce n'était qu'ensuite, vers 11h00 du matin ou midi, et donc en toute connaissance de cause, qu'une foule de contestataires s'était portée aux environs du théâtre, afin d'obliger les comédiens à une représentation contraire aux lois et aux autorités établies.[3]

Les spectateurs étaient-ils instruits du décret d'interdiction de la Commune ? La réponse à cette question avait plus d'importance qu'il n'y paraît aujourd'hui, car elle influait alors considérablement sur l'image du public de l'*Ami des lois* que se formerait la nation. Une réponse affirmative signifiait que les spectateurs s'étaient rassemblés avec l'intention expresse de porter outrage au pouvoir municipal, conduite illégale dont la presse montagnarde ne manqua pas de souligner, avec une forte dose d'ironie, l'incompatibilité avec les prétendus idéaux de l'*Ami des lois*. En effet, de véritables « amis des lois » auraient-ils malmené le premier magistrat du peuple, Chambon, maire de Paris, dont la présence n'avait rien de malveillant, puisqu'il n'avait été dépêché par la Commune qu'à la demande des comédiens, alarmé par l'ampleur et l'impatience de la foule ?[4] Était-ce vraiment là le comportement d'hommes « que dévore le saint amour des lois », demandaient les *Annales patriotiques* ? « Nous pensions au contraire, » venait l'inévitable démenti, « que le manque d'égards, de respect, enfin la mystification publique d'un magistrat du peuple étaient un nouveau triomphe de l'anarchie ».[5] Habilement, l'auteur des *Annales*

---

[1] Fleury, *Mémoires*, II, p. 157 ; *Mercure français*, 14 janvier 1793, p. 110.

[2] Voir l'annexe C-16.

[3] *Annales patriotiques*, 14 janvier 1793, p. 66 ; *Abréviateur universel*, 14 janvier 1793, p. 55.

[4] *Annales patriotiques*, 14 janvier 1793, p. 66.

[5] *Annales patriotiques*, 14 janvier 1793, p. 66.

patriotiques reprenait ainsi la distinction, établie dans la pièce de Laya, entre les véritables « amis des lois », respectant et admirant les décisions des magistrats même lorsqu'ils en sont les victimes innocentes, et les « anarchistes », qui, au nom d'idéaux telles que la liberté et l'égalité, ne cessent d'inciter le peuple à l'insurrection, quitte à enfreindre précisément les lois sur lesquelles reposent ces idéaux. Le journaliste faisait ainsi doublement mouche : il discréditait les spectateurs en insinuant qu'ils agissaient non par amour des lois mais par sectarisme, et il réfutait la pièce en montrant qu'elle attribuait à rebours les désignations d'« ami des lois » et d'« anarchiste ».

Inversement, en affirmant que la majorité des spectateurs n'avait point connaissance de l'arrêté de la Commune, les modérés peignaient une toute autre image de la foule, celle d'une assemblée, non pas de militants, mais de paisibles spectateurs, déchirés entre le désir de respecter les pouvoirs municipaux et celui de préserver la loi Le Chapelier sur la liberté des théâtres. Le public, assurait ainsi le *Moniteur*, avait fait preuve d'un respect admirable pour la loi, non seulement en dénonçant, avec ardeur mais sans écart, l'illégalité de l'arrêté, mais aussi, et surtout, en prônant une soumission absolue aux forces de l'ordre.[1] De même, dans leur communiqué, les comédiens certifiaient l'attachement du public pour les lois, attachement dont ils n'hésitèrent pas à usurper la gloire : « Le citoyen Fleury a présenté au public l'arrêté de la Commune. Quelques citoyens lui ayant objecté que cet *arrêté était contraire aux droits de l'homme, à ceux de la propriété et de la liberté* ; et lui ayant crié de le déchirer, Fleury leur a répondu : que *toute loi émanée d'un pouvoir constitué était respectable, et qu'il mourrait plutôt la loi à la main, que de lui porter atteinte.* »[2] Ce sublime précepte n'avait rien d'incongru dans la bouche de celui qui jouait, depuis dix jours, le rôle de Forlis, l'ami des lois, comme si personnage et acteur, pièce et réalité, tendaient à se confondre. Ce rapprochement n'échappa pas aux journalistes modérés, pour qui la décision des spectateurs de s'abstenir de toute violence et de faire appel à une autorité supérieure, la Convention nationale – c'est-à-dire, selon *Le Patriote français*, d'employer « des moyens

---

[1] *Gazette nationale ou Le Moniteur universel*, 15 janvier 1793, p. 64.

[2] Voir l'annexe C-20.

légaux contre un acte illégal »[1] – démontrait l'influence salutaire de la pièce de Laya, qui avait réussi à transformer de simples citoyens en de véritables Forlis.

Il importe cependant de souligner que quand il s'agissait de décider qui était l'agresseur et qui était l'agressé, la même discordance d'opinion existait, parfois même chez une seule et unique personne ! Ayant affirmé, dans une lettre adressée au Conseil général, que les spectateurs, loin de s'être montrés violents, ne lui avaient pas même dit « un seul mot injurieux »,[2] Chambon, démenti par Santerre et vilipendé par le Conseil général qui menaçait de l'improuver, assura dès lors avoir été exposé, cent fois, à la mort.[3] Cette accusation nous paraît peu probante, tant elle surpasse en gravité celles du Montagnard Santerre, dont le rapport au Conseil général ne mentionne que quelques insultes.[4] Sans doute ne faut-il pas non plus ajouter beaucoup de foi au compte-rendu contenu dans les mémoires de Fleury, souvent reproduit pour sa verve tragicomique :

> Le tambour s'entend ; les soldats marchent sur la Comédie-Française, quelques éclaireurs annoncent que la salle est entourée, qu'on va en faire *le siège*. – Nous sommes sur le nôtre, s'écrient ces Français à qui le malheur ne fit jamais oublier le calembour. – L'*Ami des lois !* – Mais, disent les moins courageux, déjà au coin de la rue de Bussy, on amène du canon : déjà *deux pièces* sont braquées. – Nous n'en voulons qu'une, répètent les mêmes voix, enchantées d'abord de l'à-propos ; puis, impatientées du retard, excitées par la menace, ce cri roule comme un tonnerre : – Nous voulons la pièce... LA PIÈCE OU LA MORT ![5]

---

[1] *Le Patriote français*, 14 janvier 1793, p. 56. En fait, en sollicitant directement le jugement de la Convention, la députation des spectateurs n'avait pas respecté la ligne d'autorité révolutionnaire, comme le signala Garran de Coulon, lorsque la Convention reçut la lettre de Chambon : « Ce n'est pas à la Convention, mais au département que le maire devrait s'adresser : pour cette considération je demande l'ordre du jour. » Voir l'annexe C-8.

[2] Voir l'annexe C-11.

[3] Voir l'annexe C-10.

[4] Voir l'annexe C-10.

[5] Fleury, *Mémoires*, II, p. 158.

Belle image que celle du parterre, brandissant, pour toute opposition à une armée entière et son artillerie, les seules armes de l'ironie et de l'abnégation, et sortant vainqueur de ce combat inégal ! Pourtant, si victimes il y eut le 12 janvier, ce furent plutôt Chambon et Santerre, les messagers de la Commune ayant été engloutis, secoués et enfin emportés par le flux et reflux de la foule. La presse jacobine n'avait donc pas entièrement tort d'insister sur le manque de respect du public à l'égard des officiers municipaux. Cependant, manque de respect n'est pas synonyme de brutalité, et nous sommes tenus de signaler, à la suite des journaux modérés, que le public ne s'adonna à nul acte de violence,[1] même lorsque cent cinquante gardes nationaux montèrent sur scène, sabres, pistolets, et fusils à la main, pour exiger que la pièce ne fût pas jouée.[2]

Le mérite d'avoir évité toute effusion de sang revient en grande partie à Laya, dont l'idée de détacher une députation à la Convention nationale pour contourner l'interdit de la Commune offrit au public la perspective d'une résolution légale. D'abord admis à la barre de la Convention, suite à l'erreur de certains députés qui croyaient recevoir Chambon, Laya ne put prononcer le discours qu'il avait préparé, plusieurs Conventionnels ayant demandé que l'on passât à l'ordre du jour. Ce discours, d'un grand intérêt, nous est parvenu : Laya y dément avoir écrit une satire et soutient, à juste titre, que la fermentation des spectateurs, citée par le Conseil général comme la cause de son décret d'interdiction, était en réalité sa conséquence. Pressentant peut-être que Laya n'aurait pas l'occasion de plaider sa cause, la foule assemblée autour du Théâtre de la Nation avait entre temps convaincu Chambon de rédiger une lettre à la Convention où il demandait que la députation soit entendue.[3] Si, à ce titre, la lettre se solda par un échec, elle rouvrit néanmoins les débats sur l'*Ami des lois*, offrant ainsi à Kersaint l'opportunité de réclamer de nouveau l'ordre du

---

[1] Nous n'avons en tout cas pas trouvé de témoignage d'agressions physiques, même dans les journaux montagnards, exception faite du rapport qui suit, qui nous semble peu crédible : « Nous n'avons pas parlé de quelques coups de sabre qu'on nous dit avoir été distribués par des amis des lois à des citoyens qui n'étaient point armés » (*Annales patriotiques*, 14 janvier 1793, p. 66).

[2] *Mercure français*, 14 janvier 1793, p. 110 ; *Abréviateur universel*, 14 janvier 1793, p. 55.

[3] Voir l'annexe C-11.

jour, en le motivant, cette fois-ci, « sur ce que l'Assemblée nationale ne connaît pas de lois qui permettent aux municipalités d'exercer la censure sur les pièces de théâtre ».[1] En dépit des protestations de Prieur et de ses confrères montagnards, la Convention adopta ce décret avec une rédaction légèrement modifiée et l'envoya sur-le-champ au Théâtre de la Nation où le maire, debout sur scène, en fit la lecture sous les applaudissements du parterre.[2] Lorsque la représentation finit enfin à 1h00 du matin,[3] les spectateurs furent accueillis par les acclamations de milliers de citoyens, ayant attendu plusieurs heures aux portes du théâtre pour fêter ensemble leur triomphe.[4]

Pour Chambon, qui avait assisté à la représentation, la nuit était cependant loin d'être finie. Le Conseil général suivait en effet cette affaire de très près, et il avait appris, presque sur-le-champ, qu'on jouait l'*Ami des lois* suite à un décret de la Convention. Le maire fut tenu responsable de cet échec, et l'on demanda qu'il fût rappelé à son poste, pour qu'il comparaisse devant le Conseil à titre d'accusé. En premier lieu, cependant, le Conseil se contenta de lui écrire une lettre lui demandant des explications. La réponse de Chambon ne se fit pas attendre, mais elle ne satisfit pas les membres de la Commune. Chambon y expliquait être resté au théâtre pour « veiller à l'ordre, tant au-dedans qu'au dehors » (ce qui était sans doute vrai), assurait le Conseil du comportement exemplaire de la foule (ce qui l'était déjà un peu moins), et prétendait n'avoir écrit à la Convention que pour détailler « les motifs des mouvements » au Théâtre de la Nation (ce qui ne l'était pas du tout).[5] De telles demi-vérités irritèrent le Conseil général qui accusa le maire d'avoir provoqué le décret de la Convention et demanda qu'il soit censuré.

---

[1] Voir l'annexe C-8.

[2] Dans leur affiche, les comédiens prétendent que le lecteur du décret tant attendu fut en fait Fleury, le maire n'ayant qu'apporté le décret sur scène. Cependant, dans sa lettre au Conseil général, Chambon affirme avoir lu le décret lui-même, version des faits que confirme le *Mercure français* (14 janvier 1793, p. 110). Nous tranchons donc en faveur du maire, avec deux voix contre une.

[3] Ce fait est souvent cité dans les histoires du théâtre révolutionnaire, mais nous n'avons pu en trouver confirmation.

[4] Edmond Biré, *Journal d'un bourgeois de Paris pendant la Terreur*, 5 vols. (Paris : Perrin et Cie, 1884-98), I, p. 390. Nous n'avons pu confirmer ce fait.

[5] Voir l'annexe C-11.

INTRODUCTION

Déjà fort mal engagée, la situation du maire fut encore aggravée par l'admission à la barre de Santerre qui s'était rendu au théâtre vers 17h00,[1] accompagné d'un seul détachement emprunté à la réserve. N'ayant pu se faire entendre au milieu d'une foule hostile, et ayant pris connaissance du décret de la Convention, il se présentait devant le Conseil général, en partie pour y rendre compte de sa déconvenue, mais aussi, et surtout, pour déverser sa colère sur la personne du maire dont la faiblesse et l'apathie avaient, selon lui, autorisé le mépris de l'arrêté de la Commune. Les débats prenant de plus en plus la forme d'un procès, il fallait que l'accusé comparût, ce qu'il fit une fois la représentation finie. Lui ayant d'abord refusé le siège de président qui était normalement le sien, on lui reprocha ensuite de ne pas s'être fait tuer au Théâtre de la Nation, et on demanda à plusieurs reprises que lecture soit faite de sa lettre à la Convention. Le Conseil y voyait une preuve de sa déloyauté, Chambon ayant délibérément tu les motifs de sûreté publique qui avaient déterminé l'interdiction du Conseil général, laissant ainsi croire à la Convention qu'il s'agissait d'une mesure de censure contre l'*Ami des lois*. Sur cette accusation, on vota l'improbation du maire à la presque unanimité, dans une adresse qui fut, cerise sur le gâteau, communiquée à tous les journaux et à toutes les sections de la capitale. Il s'est forgé par la suite une légende autour du maire, qui fait de ce dernier un martyr de la

---

[1] Dans son rapport au Conseil général, Santerre dit n'avoir pris connaissance de l'arrêté de la Commune qu'à 17h00, et s'être rendu au Théâtre de la Nation sur-le-champ. Chambon devança donc Santerre de plusieurs heures, ce que confirme d'ailleurs la presse contemporaine (*Mercure français*, 14 janvier 1793, p. 110 ; *Gazette nationale, ou Le Moniteur universel*, 15 janvier 1793, p. 63 ; *Abréviateur universel*, 14 janvier 1793, p. 55). Pourtant, presque tous les historiens du théâtre révolutionnaire ont repris le récit inexact d'Étienne et de Martainville, selon qui Santerre se porta au Théâtre de la Nation, y fut insulté par la foule et revint au Conseil général pour y faire son rapport, avant même que Chambon n'ait mis les pieds sur la place du théâtre (Étienne et Martainville, *Histoire du théâtre français*, p. 51-3 ; Fleury, *Mémoires*, II, p. 157-8 ; François-Joseph Talma, *Mémoires de J.-F. Talma, écrits par lui-même* (Paris : H. Souverain, 1850), p. 275-7 ; Théodore Muret, *L'Histoire par le théâtre : Première série*, 3 vols. (Paris : Amyot, 1865), I, p. 73 ; Eugène Jauffret, *Le Théâtre révolutionnaire, 1788-1799* (Paris : Furne, Jouvet et Cie, 1869), p. 209 ; Louis Moland, *Théâtre de la Révolution, ou Choix de pièces qui ont fait sensation pendant la période révolutionnaire* (Paris : Garnier frères, 1877), p. xiii-xiv ; Arthur Pougin, *La Comédie française et la Révolution, scènes, récits et notices* (Paris : Gaultier, Magnier et Cie, 1902), p. 84 ; et Carlson, *Theatre of the French Revolution*, p. 146).

représentation tumultueuse du 12 janvier. S'il est vrai que Chambon refusa le 14 de prendre part au renouvellement des débats sur l'*Ami des lois*, prétextant une « incommodité », séquelle des « accidents » du 12 janvier, qui le clouait au lit,[1] on ne peut qu'être surpris de lire la fable d'Étienne et de Martainville, reprise ensuite par Peltier, suivant laquelle le maire périt de cette incommodité peu de temps après.[2] Non seulement la vie de Chambon n'arriva-t-elle en fait à son terme qu'en 1826, mais ce dernier admit, dans une lettre datant de 1814, qu'il avait feint son indisposition pour éviter de prendre part à l'exécution du roi, qui n'était à ses yeux rien d'autre qu'un assassinat juridique.[3]

L'aube du 13 janvier se leva ainsi sur une victoire éclatante des modérés, qui semblait augurer de futurs triomphes, mais dont la promesse ne se concrétisa pas. En conséquence, dans les années qui suivirent la Révolution, nombreux furent ceux, forts de la sagesse que donne le recul, qui peignirent la soirée du 12 janvier comme un rendez-vous manqué avec l'histoire. Pour peu qu'il se fût trouvé un chef dans le parterre, affirmait ainsi Laya, reprenant les louanges que lui avait octroyées le duc de Lévis lors de sa réception à l'Académie française, la victoire des modérés devenait générale, le roi était sauvé, l'avenir de la Révolution et de la France à jamais transformé.[4] S'il s'agit là incontestablement d'une réécriture romantique du passé, sans doute la représentation de l'*Ami des lois* demeurait-elle, aux yeux d'une nation encore incertaine, une démonstration probante de la puissance du parti modéré. Cette démonstration marqua en tout cas les esprits des Fédérés de Marseille, car ces derniers se présentèrent dès le matin du 13 devant la Convention nationale pour assurer leurs

---

[1] *Chronique de Paris*, 17 janvier 1793, p. 67 ; *Le Républicain*, 16 janvier 1793, p. 312.

[2] Étienne et Martainville, *Histoire du théâtre français*, p. 52-3 ; Paul Peltier, 'Une Pièce interdite sous la Révolution : *L'Ami des lois*', *Revue d'art dramatique*, 36 (octobre-décembre, 1894), p. 212.

[3] Il resta enfermé chez lui, affirme-t-il, pendant trois jours, dans la plus grande consternation, « quoique [s]a santé n'éprouvât pas d'autre changement que la vive impression du chagrin de ce qui se passait ». Nicolas Chambon, *Lettre à Monsieur C. [...] sur les calomnies répandues autrefois contre moi, comme maire de Paris, et renouvelées dans ce temps* (Paris : Mame Frères, 1814), p. 9.

[4] Laya au comte de la Boudonnaye, 28 octobre 1829 (BCF : Dossier auteur/Laya). Sur les liens entre l'*Ami des lois* et le procès du roi, voir la section ci-dessous.

mandataires qu'ils n'avaient point déchiré d'affiches de l'*Ami des lois*, comme les en accusait l'*Abréviateur universel*,[1] et qu'ils s'engageaient désormais à protéger la liberté des théâtres.[2]

Cependant, les comédiens du Théâtre de la Nation commençaient visiblement à craindre, non sans raison, que la soirée du 12 janvier ne fût pour eux une victoire à la Pyrrhus. Souhaitant éviter que leur théâtre se trouvât de nouveau au centre d'un conflit impliquant les dirigeants de la nation, ils pratiquèrent une forme d'autocensure dès le lendemain (le 13), lorsqu'un groupe de spectateurs exigea que l'*Ami des lois* soit joué une nouvelle fois. Évoquant les événements de la soirée précédente, Dazincourt implora les spectateurs d'accepter que la représentation soit différée de quelques jours, « afin de donner le temps aux esprits prévenus de connaître à fond la comédie que vous désirez, et rendre à ses représentations le calme qu'elles exigent, et qui nous est si nécessaire ».[3] Satisfaits de ce compromis qui reportait la représentation suivante de l'*Ami des lois* au 15, les spectateurs permirent aux acteurs de jouer la pièce annoncée, la *Matinée d'une jolie femme*, et la soirée se déroula sans aucune autre perturbation.

Au même instant, à moins d'une lieue du Théâtre de la Nation, au sein de l'Hôtel de Ville où siégeait la Commune, se produisait une scène en tout point opposée. Alors qu'à l'intérieur du théâtre les spectateurs réclamaient la représentation de l'*Ami des lois*, plusieurs sections (des Lombards, des Gravilliers et des Arcis) défilaient devant le Conseil général pour en exiger l'interdiction. Abandonnant tout prétexte de sûreté publique et d'union nationale en faveur d'un argument bien plus crédible et significatif, elles accusèrent la pièce de Laya de viser au ralliement des Feuillants et

---

[1] *Abréviateur universel*, 14 janvier 1793, p. 55.

[2] *Archives parlementaires*, LVII, p. 33.

[3] Les *Affiches, annonces et avis divers* reproduisent le discours complet de Dazincourt : « CITOYENS, l'*Ami des lois* a été suspendu un instant par un arrêté de la Commune. Un décret de la Convention nationale en a autorisé la représentation qui a eu lieu hier. Si la réunion de nos faibles talents a pu quelquefois vous intéresser en notre faveur, nous vous demandons, comme une grâce, de nous permettre de retarder de quelques jours la représentation de cet ouvrage, afin de donner le temps aux esprits prévenus de connaître à fond la comédie que vous désirez, et rendre à ses représentations le calme qu'elles exigent, et qui nous est si nécessaire. » (p. 202) Voir aussi *Chronique de Paris*, 16 janvier 1793, p. 62-63.

des modérés dans le dessein d'influencer l'imminente conclusion du procès du roi.[1] Convié une fois de plus à s'impliquer dans le conflit opposant les sections de Paris aux partisans de l'*Ami des lois*, le Conseil général ne marqua aucune hésitation (à la différence des comédiens qui avaient tergiversé face aux exigences de leur public) et décréta la fermeture de tous les théâtres de la capitale.[2]

La part de Molière ...[3]

Pour des raisons stratégiques, les membres de la Convention et de la Commune avaient évité, lors de leurs divers débats, de relever l'existence de traits satiriques dans l'*Ami des lois*. En effet, pour les modérés, c'eût été admettre que l'œuvre de Laya était diffamatoire et légitimer ainsi son interdiction, tandis que pour les Jacobins, c'eût été se condamner soi-même que de se reconnaître dans les antagonistes de la pièce. Ainsi, la Commune, dans son premier arrêt suspendant l'*Ami des lois*, avait préféré accuser des « journalistes malveillants » d'avoir fait des « rapprochements dangereux », plutôt que d'attirer l'attention du public sur les ressemblances entre Nomophage et Robespierre et entre Duricrâne et Marat. La presse révolutionnaire était moins directement concernée et pouvait de ce fait spéculer avec plus de liberté sur l'identité à peine cachée des personnages de la pièce de Laya, ainsi que sur les implications sociales et esthétiques d'une œuvre aussi ouvertement engagée dans la situation politique actuelle.

---

[1] Voir la section ci-dessous sur le procès du roi.

[2] Le *Journal de Paris* affirme que cette séance eut lieu le 13 janvier (15 janvier 1793, p. 58), ce que confirment Étienne et Martainville (*Histoire du théâtre français*, p. 62). Cependant, la proclamation du Conseil exécutif provisoire, datée du 14 janvier, indique que l'arrêt du Conseil général fut décrété le même jour. En l'absence d'autres témoignages, il nous est impossible de dater avec certitude l'arrêt du Conseil général.

[3] Les trois sections sur l'influence de Molière, de Palissot et d'Aristophane sur Laya, ainsi que celle qui suit sur le procès du roi, soulèvent des questions générales qui concernent les liens complexes, inconstants, et sans précédent qui unissent le théâtre, la justice et la politique sous la Révolution et sous la Terreur. Le lecteur ou la lectrice qui souhaiterait étudier ces questions de manière plus approfondie, telles qu'elles prennent forme autour de pièces autres que l'*Ami des lois*, pourra consulter Yann Robert, *Living Theater : Politics, justice and the stage in France (1750-1800)* (thèse de doctorat, Princeton University, 2010).

En effet, dès les premières représentations de l'*Ami des lois*, une question fondamentale fascine la presse de l'époque : dans quelle tradition comique faut-il classer la surprenante pièce du citoyen Laya ? La réponse de ce dernier ne laisse aucun doute, tant il aime à se présenter comme le disciple de Molière. L'*Ami des lois* n'est-il pas calqué sur les *Femmes savantes* ? La pièce de Laya, comme celle de Molière, ne met-elle pas en scène une famille menacée par la folle ambition d'une mère, cette dernière s'étant entichée d'un vil hypocrite au point de lui promettre sa fille, jusqu'alors fiancée au sympathique et raisonnable héros de la pièce ? Mais voilà, la comédie des *Femmes savantes* a déjà été reprise par Charles Palissot, et aux yeux de beaucoup, l'*Ami des lois* ressemble davantage aux *Philosophes* qu'aux *Femmes savantes*.[1] La question se pose donc : en s'efforçant d'imiter Molière, Laya n'a-t-il pas plutôt imité Palissot ? Ce problème de paternité dépasse une simple affaire d'influence esthétique : pour les révolutionnaires, Molière et Palissot incarnent deux conceptions diamétralement opposées de la comédie et de sa fonction morale et politique dans la nation. À nos yeux, une grande partie de l'intérêt de l'*Ami des lois* réside ainsi dans le fait que cette pièce mixte, difficile à catégoriser, éclaire les différentes formes prises par le théâtre comique de la fin du dix-huitième siècle. Il est en effet possible de distinguer dans l'ensemble du théâtre révolutionnaire, comme dans la pièce de Laya, une oscillation continue entre deux pôles, incarnés par Molière et Palissot.

Comme tant d'autres écrivains de la Révolution, Laya se place dès ses premiers ouvrages dans la lignée de Molière.[2] Quand des journalistes l'accusent de ne pas avoir « attaqué le préjugé en face » dans les *Dangers de l'opinion*, en ce que le personnage principal ne donne permission à sa fille d'épouser Darleville qu'une fois le cousin de ce dernier innocenté et sauvé d'une mort déshonorante sur l'échafaud, Laya se réfugie derrière l'exemple de Molière, dont les protagonistes ne se corrigent pas.[3] De même, ni

---

[1] *Annales patriotiques*, 14 janvier 1793, p. 68-69. Voir également les *Révolutions de Paris*, 12-19 janvier 1793, p. 164.

[2] Mechele Leon, *Molière, the French Revolution, and the theatrical afterlife* (Iowa City : University of Iowa Press, 2009).

[3] « Molière, en reproduisant les vices et les ridicules sur la scène, les a-t-il attaqués *en face*, comme on l'a entendu en parlant de ce préjugé ? Son faux dévot

dans les *Dangers de l'opinion* ni dans l'*Ami des lois* les pères de famille ne surmontent-ils leurs préjugés, d'abord parce qu'une telle conversion va à l'encontre de la vraisemblance de la pièce, et ensuite parce qu'elle est inutile, le théâtre n'ayant nul besoin d'être moralisateur pour être moral. Fidèle à son époque, Laya est certes partisan d'un théâtre édifiant, mais, pour lui, c'est dans la salle, et non sur scène, que doit avoir lieu la conversion : « j'ai voulu offrir un tableau au législateur et au père de famille qui les effrayât des suites de ce préjugé, et qui les excitât, l'un, à s'occuper de le détruire, l'autre, à chercher dans son cœur des forces pour le braver. »[1] Selon Laya, un théâtre programmatique et didactique, où dominent une voix et une idéologie uniques (celles de l'auteur), représente un échec dramatique et moral, en ce qu'il ne vise qu'un simple assentiment des spectateurs. Par contraste, Laya affirme suivre l'exemple de Molière en mettant sur scène une image fidèle de la société contemporaine et en l'offrant ainsi au jugement du public. Seul un tableau véridique a le pouvoir d'inciter ses spectateurs à se replier sur eux-mêmes et à prendre conscience de leurs propres préjugés. Le théâtre doit donc être un miroir du monde réel, et non une idéalisation de celui-ci, s'il souhaite le perfectionner.

Il n'est donc guère surprenant que Laya se soit réfugié derrière la même conception du théâtre quand on accusa l'*Ami des lois* d'être une œuvre satirique. À l'en croire, sa pièce n'est en fait qu'un miroir : « Je n'ai point déshonoré mon art, en faisant, comme on a cru le voir, de la comédie une satire. Je n'ai pas voulu que mes vers fussent une arène où lutassent les animosités. Tout ce qu'ils peignent appartient à la nature : c'est là que le poète doit toujours puiser ses couleurs : c'est du mélange des traits épars que j'ai voulu composer mes masses. La véritable comédie est le miroir de la vie humaine, non celui d'un individu. »[2] Sans doute conscient qu'un tel argument s'applique difficilement à une pièce aussi partisane que l'*Ami des lois*, Laya prend soin dans sa préface de devancer la réponse de ses adversaires, sous forme d'une discussion fictive avec un « ami ». Ce dernier lui faisant observer

---

se corrige-t-il ? Son avare se corrige-t-il ? Tous ses personnages restent fidèles à leurs caractères. » Laya, *Les Dangers de l'opinion*, p. vii.

[1] Laya, *Les Dangers de l'opinion*, p. x.

[2] Voir ci-dessous la préface qu'il rédigea en 1793, p. 136.

qu'une comédie trop proche de la réalité risque de donner lieu à des applications, Laya en profite pour rejeter toute responsabilité sur son public.[1] Si certains se sont reconnus dans sa pièce, ils ne peuvent s'en prendre qu'à eux-mêmes : « Puis-je empêcher les gens, en bonne conscience, / De venir dans leurs traits chercher leur ressemblance ? »

Ce désaveu des traits satiriques de la pièce, pourtant bel et bien présents, fut reproduit dans tous les journaux modérés, certains osant même prétendre qu'une telle pièce ne pouvait être « l'ouvrage d'un homme de parti ».[2] Trop nombreux, publiés dès les premières représentations, alors qu'aucun trouble ne s'était encore produit, ces démentis ressemblaient à bien des égards à une confirmation, invitant les spectateurs à chercher ce qu'ils n'étaient censés pouvoir trouver. Le *Mercure français* encourageait ainsi ses lecteurs à ne pas formuler ouvertement les parallèles qu'ils discernaient entre la pièce et le moment présent, non pas parce que ces rapprochements étaient illégitimes, mais parce que « ce serait ôter à la malignité tout son plaisir que de lui montrer du doigt ceux qu'elle aime à deviner ».[3] Mieux vaut donc assumer un certain scepticisme envers ces démentis : le parti girondin avait évidemment tout intérêt à véhiculer une version des faits selon laquelle le peuple, mis en présence d'une pièce-miroir, avait spontanément et universellement associé les scélérats aux Jacobins. Autant dire, dès lors, que toute démarche contre la personne et la pièce de Laya ne représentait pas un cas de légitime défense, mais une tentative par des tyrans démasqués de limiter la liberté d'expression du peuple.[4]

Ce désir d'ériger Laya en martyr d'une puissante faction d'hypocrites explique sans doute la comparaison réitérée de l'*Ami des lois* au *Tartuffe* de Molière, plutôt qu'à l'œuvre qui l'avait inspiré, les *Femmes savantes*, où Molière s'était comporté bien

---

[1] Notons que Molière avait fait de même dans sa préface au *Tartuffe*, où il établissait une distinction entre les vrais et les faux dévots (ces derniers s'étant reconnus dans la pièce).

[2] *Gazette nationale, ou Le Moniteur universel*, 4 janvier 1793, p. 15. Voir également les *Affiches, annonces et avis divers*, 4 janvier 1793, p. 45-48 ; *Mercure français*, 14 janvier 1793, p. 109-11.

[3] *Mercure français*, 7 janvier 1793, p. 52.

[4] *Mercure français*, 13 janvier 1793, p. 99-100.

plus en agresseur qu'en victime. Dès le 4 janvier, les *Affiches, annonces et avis divers* établissent ce parallèle, voyant dans l'*Ami des lois* une réécriture du *Tartuffe*, avec cette fois-ci pour cible les « faux patriotes, qui n'ont sans cesse à la bouche les mots *Liberté, Égalité* ».[1] Mais c'est surtout suite aux tentatives de censure de la Commune que le parallèle devient omniprésent. Les journalistes et les députés girondins rejoignent dès lors l'interprétation de Laya dans le discours qu'il devait prononcer à la Convention : « Les *faux-monnayeurs* en patriotisme ont affecté de faire croire que j'avais imprimé, à la place de leur effigie, celle des plus honnêtes patriotes. C'est ainsi que, du temps de Molière, les *tartuffes* prétendirent que le poète avait voulu jouer le véritable homme pieux. »[2] Les accusations de royalisme ne seraient alors qu'une ruse des faux patriotes, un moyen de discréditer une pièce morale et universelle en faisant de celle-ci une simple affaire de parti.

Laya réitère cette accusation d'un complot mené contre sa pièce dans sa préface de 1822, en des termes qui révèlent sa conception du théâtre comique :

> On a voulu, et l'on voudrait peut-être encore y voir une pièce de circonstance : sans avoir l'impertinence d'établir des points de comparaison, l'auteur peut dire que l'*Ami des lois* est, comme *Tartuffe* et toutes les comédies de mœurs et de caractères, une pièce *de toutes les circonstances*. Sous tous les gouvernements, en effet, il y aura des classes d'hommes frondeurs par habitude, mécontents par système ; il y aura des esprits remuants, ennemis de l'ordre établi, des factieux enfin ; mais il y aura aussi de ces hommes à principes outrés, toujours en deçà de leur siècle, brouillons d'une autre espèce, qui poussent les gouvernements à leur perte avec les meilleures intentions du monde. Voilà les exagérations dont le poète comique doit s'emparer ; qu'il doit produire et personnifier sur la scène, afin que ceux qui s'y livrent s'en corrigent ; afin que ceux qu'elles séduiraient s'en méfient et s'en garantissent. Or, c'est là particulièrement le but moral de l'*Ami des lois*.[3]

---

[1] *Affiches, annonces et avis divers*, 4 janvier 1793, p. 45-48.

[2] Voir annexe C-7. Voir également *Le Patriote français*, 12 janvier 1793, p. 45 ; la *Correspondance littéraire*, éd. Maurice Tourneux (Paris : Garnier frères, 1882), XVI, p. 173-5 ; et, pour le débat du 16 janvier à la Convention, l'annexe C-21.

[3] Préface de 1822, p. 141.

À en croire Laya, l'*Ami des lois* appartient donc à la tradition enfantée par Molière, celle de la comédie de mœurs et de caractères. Ses desseins ne sont pas politiques mais moraux et universels : elle s'attaque non à des hommes, ni même à des partis, mais à des exagérations, des ridicules, qu'elle personnifie sur scène afin d'en détourner son public. *Castigat ridendo mores* : en bon classiciste, Laya est convaincu que, tel un miroir grossissant, la présentation théâtrale d'une image fidèle, à quelques exagérations près, de la société incite le spectateur à prendre connaissance de ses propres imperfections.

Sans doute Laya est-il donc sincère lorsqu'il affirme, en réponse aux journalistes et aux députés jacobins qui s'indignent des origines nobles de Forlis, preuve selon eux des sympathies aristocratiques de Laya,[1] qu'il a souhaité par ce détail entraîner la conversion des ci-devants à la Révolution. Le débat que suscita la noblesse de Forlis dans la presse et au barreau de la Convention illustre parfaitement les différentes conceptions du théâtre et de la société qu'entretenaient les deux principaux mouvements politiques en 1793. Pour Laya, ainsi que pour les modérés, les ci-devants ne sont ni une catégorie essentialiste ni un parti politique ; ils sont donc susceptibles de se rallier aux factions royalistes ou républicaines. Aucune contradiction, par conséquent, à mettre sur scène un ci-devant républicain. Au contraire, explique Laya, « faire triompher de ses préjugés celui à qui ses préjugés faisaient couler une existence commode et douce ; mais faire briser de ses propres mains à un homme les liens si puissants de son amour-propre, lui faire immoler à ses frères ses plus douces prérogatives ; mais exposer aux yeux le véritable homme libre, le sage par excellence, aux prises avec la scélératesse et l'adversité, bénissant sur les débris de sa fortune cette révolution qui le ruine, avant laquelle il vivait heureux et paisible ! N'est-ce pas la sanctifier à jamais ? »[2] Mieux encore, n'est-ce pas donner un exemple salutaire aux ci-devants, les inspirer à triompher de leurs propres préjugés politiques ?

Pour les Montagnards, une telle conversion sort du domaine du possible, en ce qu'elle est contraire à la « nature » des ci-devants.

---

[1] *Affiches, annonces et avis divers*, 4 janvier 1793, p. 47 ; *Annales patriotiques*, 8 janvier 1793, p. 34-35 ; *Annales patriotiques*, 12 janvier 1793, p. 52-53.

[2] Préface de 1793, p. 134.

INTRODUCTION

Cette vision essentialiste, assimilant naissance (ci-devant) et opinion (monarchisme), se trouve à l'origine de la question du député Prieur, lors des débats sur l'*Ami des lois* à la Convention nationale : « Je demande comment on peut être honnête homme et aristocrate. »[1] La popularité de ce manichéisme social était telle que Laya en fait le sujet d'un échange satirique dans sa pièce, comme s'il avait prévu les débats auxquels sa pièce donnerait lieu. Nomophage proclame ainsi « Que Forlis est un noble, et que tout titulaire / Ne se convertit point au culte populaire » (III.1.575-6), avant de conclure « Le serpent, constant dans ses humeurs / Change de peau, jamais il ne change de mœurs... » (III.1.577-8). Comme la plupart des Jacobins, Prudhomme partage cette vision des ci-devants, ce qui explique ses tentatives dans les *Révolutions de Paris* de discréditer le prétendu républicanisme de Forlis en montrant qu'il ne s'agit en réalité que d'un calcul financier par un être mesquin et fourbe qui n'a guère fait de sacrifices pour la Révolution, puisqu'il possède encore hôtel, fortune et valetaille.[2] Plutôt que de faire l'éloge d'un tel homme et, par extension, de tous les ci-devants, Laya aurait dû mettre sur scène « ce plébéien artiste ou artisan qui, privé d'ouvrage, sevré de ses enfants qu'il a lui-même envoyé aux frontières, végète en bénissant une révolution qui le laisse sans pain, mais qui lui rend tous ses droits d'homme et de citoyen ».[3] Il est grand temps, en effet, que le peuple prenne possession de la scène dramatique, comme il l'a fait de la scène politique.

En plus d'un différend politique sur la nature des ci-devants, ce débat témoigne de l'existence, en 1793, de deux visions conflictuelles du théâtre et de sa fonction dans la société révolutionnaire. Ainsi, dans sa préface, Laya condamne la pratique de plus en plus répandue d'exposer sur scène des peintures outrancières des monarchistes, « luttant à qui mieux mieux de fureur ou de stupidité », arguant qu'une telle représentation, au lieu de guérir ces derniers, ne fait que les irriter.[4] Son personnage monarchiste doit être tel, explique-t-il, que ses pareils dans la salle

---

[1] Voir annexe C-1.

[2] *Révolutions de Paris*, 12-19 janvier 1793, p. 158-9.

[3] *Révolutions de Paris*, 12-19 janvier 1793, p. 158-9.

[4] Préface de 1793, p. 135.

puissent s'identifier à lui. Un Baron de Versac déloyal ou monstrueux ne serait d'aucune utilité : ne pouvant reconnaître en lui leurs propres opinions, les monarchistes n'auraient dès lors aucune raison de rougir de ne pas également partager son honnêteté. Par cette volonté, héritée de la tradition classique, de susciter une conversion de son public, l'*Ami des lois* s'inscrit dans la lignée de nombreuses comédies datant du début de la Révolution. Ces pièces, dont Marie-Laurence Netter cite plusieurs exemples, mettent en scène des ci-devants, empreints des ridicules et des préjugés de leur rang, mais honnêtes et raisonnables, conquis progressivement par le nouvel ordre des choses.[1] Les partisans de cette conception du théâtre voient en celui-ci un espace de dialogue, proche du forum antique, voué à la recherche d'un compromis favorable au bien commun. Le rival royaliste n'y est pas avili : il a droit de parole, ne serait-ce que pour mieux réfuter ses arguments et l'attirer graduellement vers la Révolution. Comme l'indique sa préface, Laya partage cette vision optimiste d'un théâtre tolérant, site de débat et de conciliation indispensable à l'unité de la nation.

Or, en janvier 1793, ce théâtre tolérant et polychrome n'est plus à l'ordre du jour, et il n'est pas illégitime de suggérer que l'*Ami des lois* en signale le terme. Nombreux sont ceux qui, comme Prudhomme, ne comprennent guère qu'on continue de peupler la scène de « cette classe d'hommes suspects et incurables ».[2] À partir de 1793, il est en effet possible d'identifier deux attitudes distinctes relatives à la représentation scénique des aristocrates et plus généralement des vestiges de l'Ancien Régime. Dès lors qu'il est universellement admis que les ci-devants constituent d'incorrigibles ennemis de la Révolution, il ne reste que deux alternatives : les oublier ou les avilir. La première est adoptée par les Jacobins, ces derniers s'efforçant de suivre la recommandation de Latour-Lamontagne : « On devrait bannir absolument de la scène tout ce qui peut nous rappeler nos anciennes erreurs. »[3] Dans

---

[1] Marie-Laurence Netter, 'L'Intégration de nouvelles valeurs par le théâtre', dans *Actes du colloque : Théâtre et Révolution*, éd. Lucile Garbagnati and Marita Gilli (Paris : Les Belles Lettres, 1988), p. 29.

[2] *Révolutions de Paris*, 12-19 janvier 1793, p. 158-9.

[3] Cité par Pierre Caron, dans *Paris pendant la Terreur : Rapports des agents secrets du ministre de l'intérieur*, 7 vols. (Paris : A. Picard, 1910), I, p. 69. Le rapport de Latour-Lamontagne est daté du 11 septembre 1793. Quelques jours

ce but, ils entreprennent une campagne de censure et d'intimidation dont l'objectif est la disparition intégrale des figures et des emblèmes de l'Ancien Régime et la mise en avant d'un théâtre dit républicain, consistant principalement en la mise en scène d'événements susceptibles de susciter une adhésion immédiate, tels que « les actions héroïques des soldats de la liberté, les traits de courage et de dévouement des Républicains, et les victoires remportées par les armées françaises ».[1]

Par contraste, la seconde alternative entraîne une vague de pièces burlesques en 1793 et 1794. Dans ces comédies satiriques et carnavalesques, intitulées « théâtre sans-culotte » par Serge Bianchi,[2] défilent princes, prêtres, aristocrates et autres figures de l'Ancien Régime, vêtus de haillons, roués de coups de bâton et contraints de se tailler en pièces pour quelques miettes de pain. Précisons que ce théâtre sans-culotte ne donne guère plus la parole aux royalistes que son analogue jacobin : lorsque les ci-devants paraissent sur scène, ce n'est que pour s'accuser des crimes les plus odieux. De telles pièces s'écartent ainsi de la conception et de l'apologie classique de la comédie, en ce qu'elles ne visent nullement à provoquer la conversion de leurs spectateurs, et encore moins à stimuler leurs capacités intellectuelles.

Il est instructif, à cet égard, de comparer la préface de l'*Ami des lois* à celle du *Jugement dernier des rois*, autre grand succès théâtral de 1793. Contrairement à Laya, Sylvain Maréchal se glorifie des endroits « un peu chargés » de sa pièce : « Citoyens, rappelez-vous donc comment, au temps passé, sur tous les théâtres on avilissait, on dégradait, on ridiculisait indignement les classes les plus respectables du peuple-souverain, pour faire rire les rois et leurs valets de cour. J'ai pensé qu'il était bien temps de leur rendre la pareille, et de nous en amuser à notre tour. »[3] Dans cette optique, le ridicule n'est plus une inspiration à l'autocorrection mais un

---

plus tôt, Aristide Valcour avait fait une proposition à peu près identique dans le *Journal de la Montagne*, 7 septembre 1793.

[1] Ce décret du Comité de salut public, datant de mai 1794, est cité dans Bianchi, *La Révolution culturelle de l'An II*, p. 188.

[2] Serge Bianchi, 'Théâtre et engagement sur les scènes de l'an II', dans *Littérature et engagement pendant la révolution française*, éd. Isabelle Brouard-Arends et Laurent Loty (Rennes : Presses universitaires de Rennes, 2007), 27-48.

[3] Sylvain Maréchal, *Le Jugement dernier des rois* (Paris : C.F. Patris, 1793) p. vi.

instrument de vengeance ; aussi est-il logique de pousser la dérision à l'extrême. Vidés de toute singularité, les personnages royalistes n'affichent ni traits de caractères définis ni opinions cohérentes, exceptée la volonté ouvertement déclarée de commettre des crimes. Le plus souvent, leur fonction dramatique se limite à justifier par leur présence une litanie d'insultes et d'accusations, rebattues au point d'être banales.[1] Tandis que le théâtre tolérant, dont Laya se dit partisan, cherche une plus grande harmonie sociale dans la réflexion et l'autocorrection, les pièces jacobines et sans-culottes essayent de la trouver dans un acte collectif d'exclusion. Les spectateurs sont en effet invités à participer à ce rite d'excommunication en légitimant par leurs ovations les accusations de l'auteur et en y joignant leurs propres invectives. D'un espace de dialogue et d'échange entre les différentes classes sociales, le théâtre devient ainsi le site d'une réaffirmation collective de l'unité sociale et politique de la nation par le biais d'une dénonciation cérémonielle de tout ce qu'elle n'est pas.

...La part de Palissot...

Or, n'en déplaise à Laya, ce style dénonciateur est également présent dans l'*Ami des lois*, seulement il condamne uniquement les anarchistes de la pièce, sans flétrir de la même manière le royaliste Baron de Versac, un déséquilibre sur lequel insisteront la plupart des journalistes jacobins.[2] Le *Mercure français*, alors de tendance girondine, tente d'expliquer la différence stylistique dans le traitement des anarchistes et des aristocrates ainsi :

---

[1] Annette Graczyk a noté le déclin, à partir de 1793, de l'ampleur et de la qualité de l'argumentation dans le théâtre révolutionnaire : « Les situations conflictuelles sont désamorcées par l'imagerie simpliste du bon et du méchant jointe à l'idéologie du patriote modèle, et on voit s'étioler l'effort d'argumentation, faute d'ennemis ayant droit de réponse. » Annette Graczyk, 'Le Théâtre de la Révolution française, média de masses entre 1789 et 1794', *Dix-huitième siècle*, 21 (1989), 395-409 (p. 401).

[2] Prudhomme cite ainsi de nombreuses remarques du ci-devant Baron de Versac, tel son souhait de voir les émigrés triompher, qui auraient mérité une réponse indignée de Forlis, mais qui ne suscitèrent de ce dernier qu'un commentaire ironique. La différence de ton dans le traitement des anarchistes et des aristocrates témoigne selon Prudhomme des sympathies monarchistes de Laya. Voir *Révolutions de Paris*, 12-19 janvier 1793, p. 161.

> Qu'est-ce en effet que la comédie ? C'est, a-t-on dit, la peinture des vices et des ridicules, qu'elle corrige en faisant rire à leurs dépens. Ce rire ne s'applique sans doute qu'aux ridicules ; cette arme suffit contre eux : le vice doit être peint avec des traits plus forts, il faut le rendre odieux. On ne peut rire d'une action criminelle ; l'auteur doit la présenter de manière à la faire haïr. C'est ce qu'a fait celui de la pièce dont nous rendons compte. Il offre d'abord dans toute sa noirceur un personnage souillé d'un vice aujourd'hui trop à la mode, celui d'un faux patriote, d'un ambitieux agitateur du peuple, d'un calomniateur ; ensuite un aristocrate, tel qu'on en trouve encore quelques-uns, qui ne l'est que d'opinion, mais sa probité, les vertus même que l'auteur lui a données empêchent que cette opinion ne soit dangereuse ; il lui a suffi de la rendre ridicule, et c'est en quoi il a parfaitement réussi.[1]

C'est admettre que la pièce appartient à deux traditions, que s'est jointe, au dessein moliéresque d'une correction par le rire, une intention plus agressive et militante. L'*Ami des lois* constitue ainsi un exemple sans doute unique d'une alliance des théâtres classique et révolutionnaire : instrument de conversion et de conversation dans son traitement des monarchistes ; organe de dénonciation et d'exclusion dans son traitement des Jacobins. Ces derniers ne disposent en effet guère plus du droit de parole dans la pièce de Laya que ne l'avaient les ci-devants dans les comédies burlesques critiquées par Laya dans sa préface. Nomophage et ses complices ressemblent davantage à des méchants de mélodrame qu'à de réels adversaires idéologiques, non seulement par la noirceur de leurs crimes, mais aussi par leur propension à proclamer ouvertement l'immoralité de leurs propres actions. Ces discours monochromes, où les rivaux acceptent le code moral et politique du protagoniste et de l'auteur au lieu d'y opposer leurs propres convictions, ne sont guère favorables au dialogue et à la recherche d'un compromis. Ils relèvent davantage, quoiqu'en dise Laya, de l'animosité et de la rigidité d'un homme de parti.

Le caractère militant de l'*Ami des lois* est d'autant plus évident qu'il s'agit bel et bien d'une satire, dont les allusions n'étaient d'ailleurs guère difficiles à déchiffrer. S'il est vrai que l'identité de certains personnages de second plan suscita quelques hésitations

---

[1] *Mercure français*, 9 janvier 1793, p. 65.

dans la presse (Filto incarnait-il Pétion ou Prieur de la Marne ? Plaude représentait-il Hébert ou Chaumette ?), Nomophage et Duricrâne ne posèrent pas de semblables difficultés. Hormis Prudhomme,[1] tous reconnurent Robespierre, y compris son propre frère.[2] Duricrâne était encore plus facile à identifier : « Le poète, dans la liste de ses personnages, le qualifie de journaliste ; et l'histrion La Rochelle a, pour ainsi dire, emprunté les habits, le chapeau et les gestes de Marat. »[3] En conséquence, les journaux jacobins s'efforcèrent, plutôt que de nier l'évidence, de trouver la réaction la plus appropriée, ce qu'ils firent en examinant les causes de l'engouement de leurs parents pour les *Philosophes*, ainsi que de la présente indifférence envers cette pièce. Pour les *Annales patriotiques*, une conclusion s'imposait : confronté à un ouvrage satirique, il ne fallait témoigner d'aucun ressentiment susceptible d'attiser la polémique, mais attendre plutôt que sa pauvreté le condamne à l'oubli.[4]

À bien des égards, la pièce de Laya évoquait en effet celle de Palissot. Par son côté satirique, évidemment. La comédie des *Philosophes* demeurait, en 1793, la plus célèbre satire à avoir été produite sur un théâtre français. Elle était également d'une transparence inégalée, Palissot s'étant permis de citer des ouvrages de Diderot, ne laissant ainsi aucun doute quant à la véritable identité de son personnage Dortidius. En cela, toutefois, Palissot n'avait fait que suivre l'exemple de son modèle, Molière ayant lui aussi introduit des œuvres de l'abbé Cotin dans les *Femmes savantes*. Ceci étant, pourquoi la comédie de Palissot suscita-t-elle une telle fureur et une telle stupéfaction qu'en l'espace de quelques mois plus de vingt pamphlets furent publiés, chacun essayant de rendre compte du succès et de l'originalité de la pièce ?[5] Élie-Catherine Fréron, pourtant complice avéré de Palissot, avança une hypothèse, également émise par de nombreux critiques des

---

[1] *Révolutions de Paris*, 12-19 janvier 1793, p. 163.

[2] *Mercure français*, 16 janvier 1793, p. 123.

[3] *Révolutions de Paris*, 12-19 janvier 1793, p. 163.

[4] *Annales patriotiques*, 14 janvier 1793, p. 66.

[5] Nombre de ces pamphlets sont reproduits par Olivier Ferret dans *La Comédie des 'Philosophes' et autres textes* (Saint-Étienne : Publications de l'Université de Saint-Étienne, 2002).

Philosophes. Selon lui, la principale innovation de Palissot – et son véritable crime – n'était pas l'inclusion de traits satiriques, pratique dont Molière était tout aussi blâmable, mais la virulence de ces attaques personnelles, qui réfutait la justification classique qu'elles aspiraient uniquement à la correction de leurs victimes et non à leur châtiment :

> On eût dit, surtout à la première représentation, qu'il s'était proposé de rendre odieux les personnages qu'il avait voulu peindre dans sa pièce, au lieu de ne s'attacher qu'à les rendre ridicules ; et certainement il avait beau jeu ; il se serait par là concilié tous les suffrages. Car ce n'est pas d'avoir mis nos Philosophes sur la scène qu'on lui a fait un crime ; c'est de les avoir quelquefois présentés sous un aspect plus révoltant que comique.[1]

Comme l'a signalé Olivier Ferret, certains affirmèrent même que la pièce de Palissot ne pouvait légitimement être qualifiée de comédie, en ce que la nature de ses dénonciations et l'âpreté de son style démontraient qu'un « désir de nuire » avait supplanté chez l'auteur la seule ambition convenable de la comédie moliéresque, le « désir de corriger ».[2]

Il est vrai que les philosophes de Palissot sont plus criminels qu'ils ne sont ridicules : en cela, ils ressemblent aux Jacobins de l'*Ami des lois*. Les personnages des comédies de Molière sont ordinairement les victimes d'une passion dominante, telle l'avarice ou la vanité, qui les rendent ridicules aux yeux des spectateurs, incitant ces derniers à se replier sur eux-mêmes et à y chercher les mêmes faiblesses. Par contraste, Palissot et Laya s'attaquent à une doctrine et non à un travers dont un spectateur puisse se corriger. Leurs personnages ne sont pas dupes, d'ailleurs, de la doctrine dont ils sont les représentants, concédant sur scène qu'ils ne se sont ralliés à une idéologie susceptible d'ébranler morale, patrie et religion qu'afin de profiter de la crédulité de leurs disciples. Un philosophe ou un Jacobin sincère ne risque donc guère de se reconnaître dans un portrait aussi odieux. Et en effet,

---

[1] Élie-Catherine Fréron, *L'Année littéraire*, 4 (1760), p. 217.

[2] Olivier Ferret, 'Mises en scène satiriques des Encyclopédistes : Autour de la querelle des *Philosophes* de Palissot', dans *Le Philosophe sur les planches : L'image du philosophe dans le théâtre des Lumières (1680-1815)*, éd. Pierre Hartmann (Strasbourg : Presses Universitaires de Strasbourg, 2004), 113-28.

ces derniers ne constituent point le public ciblé par les pièces de Palissot et de Laya, qui ne prétendent pas les convertir mais s'efforcent au contraire d'attirer sur eux l'opprobre des autres spectateurs. Il s'agit donc bien là d'une toute autre conception de la comédie, semblable à celle qui triomphe après 1793 et dont Laya se montre partisan dès 1789 : « [Le théâtre] devint le champ de bataille, où l'on fit la guerre au crime et à la tyrannie, comme on l'avait faite avant au ridicule. [...] On n'eut plus de ces vils ménagements, de ces mesures de petites âmes ; on y pendit le vice en pleine scène, et tout le monde fut forcé d'être vertueux. »[1] Inutile de préciser qu'il est difficile de concilier cet éloge du nouveau théâtre révolutionnaire avec les protestations de Laya, dans sa préface à l'*Ami des lois*, qu'il ne pratique ni n'apprécie un théâtre dénonciateur et sectaire.

Cette conception dénonciatrice du théâtre avait certes acquis une certaine popularité avant Palissot. La comédie des *Philosophes* n'est en réalité que l'expression la plus illustre d'une évolution progressive vers une nouvelle tradition comique, dont les Philosophes, ironiquement les futures victimes de Palissot, étaient les principaux partisans. De nombreux ouvrages du milieu du dix-huitième siècle contiennent en effet une même critique de la charge qui, dans la tradition classique, transforme les vices du personnage principal en ridicules, permettant ainsi aux spectateurs d'en rire et, après réflexion, de s'en corriger. Même les frères ennemis, Diderot et Rousseau, s'accordent sur ce point : « la charge ne rend pas les objets haïssables, elle ne les rend que ridicules ; et de là résulte un très grand inconvénient, c'est qu'à force de craindre les ridicules, les vices n'effraient plus. »[2] Selon Diderot et Rousseau, les comédies classiques n'enseignent qu'à éviter les signes externes et ridicules du vice, et non les vices mêmes. Pire encore, elles forment les spectateurs dans l'art de la dissimulation, ajoutant au vice d'origine, dérobé à la vue mais toujours aussi actif, celui de l'hypocrisie.[3] Afin de moraliser le théâtre, ambition de la plupart

---

[1] *Voltaire aux Français sur leur constitution*, p. 54-5.

[2] Jean-Jacques Rousseau, *Lettre à d'Alembert sur les spectacles*, éd. Marc Buffat (Paris : Flammarion, 2003), p. 75.

[3] Le neveu de Rameau explique ainsi à son interlocuteur : « Quand je lis le *Tartuffe*, je me dis : sois hypocrite, si tu veux ; mais ne parle pas comme l'hypocrite. Garde tes vices qui te sont utiles ; mais n'en aie ni le ton ni les apparences qui te rendraient ridicule. » Denis Diderot, *Le Neveu de Rameau*, dans

des théoriciens de l'époque, exception faite de Rousseau, il faut donc que les vices soient présentés de manière à susciter mépris plutôt que ris.[1] À en croire Louis François Nouel de Buzonnière, « une comédie qui a beaucoup fait rire les spectateurs a manqué son effet ; car c'est une preuve que l'auteur aura pris du vice tout ce qu'il renfermait de ridicule, et qu'il s'en sera tellement occupé que les spectateurs n'auront rien trouvé d'odieux ou de révoltant dans ce vice dont on voulait cependant les corriger ».[2] Aussi est-il indispensable de remplacer ces pièces moralement inefficaces par des comédies réellement édifiantes, où seraient représentés aussi fidèlement que possible les vices susceptibles de tenter les spectateurs, afin que ces derniers puissent donner libre cours à leur indignation et réaffirmer ainsi leur propre vertu.

L'originalité de Palissot, imité par la suite par Laya, est d'avoir associé à ce style dénonciateur une satire transparente. D'universelle, la dénonciation devient dès lors personnelle, déplaçant la pièce du domaine de la morale à celui de la justice. La pièce de Palissot incarne ainsi une forme théâtrale entièrement neuve en France, profondément et ouvertement ancrée dans l'actualité culturelle et politique de la nation. Mi-tribunal, mi-tribune aux harangues, cette forme théâtrale, dont l'*Ami des lois* représente à nos yeux l'apogée, ressemble davantage aux spectacles cérémoniels de la Grèce antique qu'aux comédies de tradition moliéresque, en ce qu'elle fonctionne comme un véritable champ de bataille où divers partis politiques et idéologiques s'efforcent de discréditer leurs adversaires. C'est pourquoi la querelle des *Philosophes* se transforme-t-elle si souvent en un débat sur la culpabilité d'Aristophane : les pamphlétaires étayent leurs arguments sur le seul théâtre comparable à leurs yeux à la comédie de Palissot, celui de la Grèce antique. Adversaires et

---

Œuvres complètes, éd. H. Dieckmann, J. Proust and J. Varloot (Paris : Hermann, 1989), XII, p. 137-8.

[1] C'est là, d'après l'article du *Mercure français* cité ci-dessus, précisément ce qu'a accompli l'*Ami des lois* : « Le vice doit être peint avec des traits plus forts, il faut le rendre odieux. On ne peut rire d'une action criminelle ; l'auteur doit la présenter de manière à la faire haïr. C'est ce qu'a fait celui de la pièce dont nous rendons compte. » *Mercure français,* 9 janvier 1793, p. 65.

[2] Louis François Nouel de Buzonnière, *Essai sur les moyens de rendre la comédie utile aux mœurs,* dans Louis Riccoboni, *De la Réformation du théâtre* (Paris : chez Debure père, 1767), p. 20.

partisans de Palissot s'accordent en effet à voir dans les *Philosophes* une résurrection des *Nuées*. Pour les premiers, la pièce de Palissot annonce la perversion de la bonne comédie, en voie de redevenir un mode d'accusation arbitraire et dangereux, placé entre les mains de littérateurs médiocres et envieux dans le dessein d'humilier des citoyens aussi innocents, vertueux et sages que l'avait été Socrate. Par contraste, les partisans des *Philosophes* défendent la dénonciation dramatique d'Aristophane, et par extension celle de Palissot, sous prétexte que l'accusé, Socrate, était en réalité « un perturbateur, un ennemi de l'État et de l'humanité, un faux philosophe », ainsi qu'un impudent athée.[1] Pour eux, la pièce de Palissot marque la naissance d'un théâtre réellement efficace, ne s'attaquant plus à des cibles abstraites, tels les vices et ridicules cachés de son public, mais à des crimes concrets, perpétués par de véritables ennemis. En condamnant publiquement, avec le soutien du gouvernement (notamment le duc de Choiseul), une secte de libres penseurs représentant un grave péril à la monarchie et à la religion, la comédie des *Philosophes* avait selon eux renoué avec la fonction primitive de la comédie : assister le gouvernement en tant qu'appareil disciplinaire, analogue et complémentaire au système judiciaire.

... Et la part d'Aristophane.

De même, Aristophane est fréquemment mentionné dans les articles relatifs à l'*Ami des lois*, la presse jacobine et girondine ayant manifesté une égale curiosité quant à son influence sur la comédie de Laya. Avec Molière et Palissot, le dramaturge grec clôt la trinité de figures paternelles dont on disait Laya l'héritier. À vrai dire, il fait également figure d'ur-père, les comédies des *Femmes savantes*,[2] des *Philosophes* et de l'*Ami des lois* ayant chacune été comparée aux ouvrages de l'illustre satiriste. Palissot, nous l'avons vu, avait été condamné par certains et loué par d'autres pour avoir ressuscité l'ancienne comédie grecque. Il est significatif que Laya,

---

[1] 'Réponse aux différents écrits publiés contre la comédie des *Philosophes*, ou parallèle des *Nuées* d'Aristophane, des *Femmes savantes*, du *Méchant* et des *Philosophes*', dans *La Comédie des 'Philosophes' et autres textes*, p. 305.

[2] Molière, *Œuvres complètes*, éd. Georges Couton (Paris : Gallimard, 1971), II, p. 979.

lui aussi, ait été surnommé le résurrecteur du théâtre antique,[1] comme si l'*Ami des lois*, en imitant la comédie des *Philosophes*, l'avait également surpassée, au point de lui dérober sa place dans l'histoire dramatique. Cette place, que Laya eut volontiers laissée à Palissot, lui fut attribuée par des journalistes qui trouvaient l'*Ami des lois* plus conforme au théâtre aristophanesque, la comédie des *Philosophes* étant restée trop attachée aux conventions du théâtre classique. En particulier, Laya avait selon eux corrigé Palissot en écrivant une « comédie politique », terme employé aussi bien par Condorcet dans la *Chronique de Paris*[2] que par Pitra dans la *Correspondance littéraire*.[3] Ces derniers s'accordaient d'ailleurs à dire que l'auteur de l'*Ami des lois*, en ce qu'il avait dramatisé sous forme de satire une rivalité politique, au lieu de querelles principalement littéraires, avait introduit en France un genre nouveau, dont l'unique modèle était Aristophane.

Par l'importance qu'elle donne à la politique, la comédie de Laya diffère en effet de celles de Molière et de Palissot.[4] Tout y est politisé : ainsi, la traditionnelle impuissance du chef de famille, au lieu de refléter un vice de caractère, est motivée dans l'*Ami des lois* par le chamboulement social produit par la Révolution, de Versac ayant perdu l'autorité que lui donnait ses origines nobles sur sa femme roturière mais riche. De même, la disparition de l'intrigue amoureuse, déjà amorcée chez Palissot, est poussée à l'extrême chez Laya. Non seulement le mariage ne paraît-il dans la pièce de Laya qu'un simple prétexte, voire un faible ressort théorique, mais la jeune fiancée, si importante dans les *Femmes savantes*, n'y joue strictement aucun rôle. Les comédies de Palissot et de Laya

---

[1] *Révolutions de Paris*, 12-19 janvier 1793, p. 157.

[2] « D'ailleurs, où en serait la liberté, si on ne pouvait pas jouer, comme sur le théâtre de la Grèce, les hommes d'état et les orateurs populaciers. La comédie *politique* est un genre qui nous manquait, et cet heureux coup d'essai de Laya pourra produire des imitateurs ». *Chronique de Paris*, 4 janvier 1793, p. 16.

[3] « Mais, comme auteur, M. Laya a des droits à d'autres éloges ; notre théâtre ne lui fournissait aucun modèle de la comédie politique qu'il a composée ; il n'a pu le trouver que dans celles d'Aristophane. » *Correspondance littéraire*, XVI, p. 173.

[4] Voir à ce sujet Jacques Truchet, 'Deux imitations des *Femmes savantes* au siècle des Lumières, ou Molière antiphilosophe et contre-révolutionnaire', dans *Approches des Lumières : Mélanges offerts à Jean Fabre* (Paris : Éditions Klincksieck, 1974), 471-485.

illustrent ainsi l'amoindrissement progressif de la place attribuée à l'amour et aux questions purement privées dans la production comique du dix-huitième siècle. Cette évolution ne semble pas avoir déplu aux contemporains de Laya : nombreux furent ceux qui, comme ce journaliste du *Moniteur*, se réjouirent de pouvoir enfin contempler sur les tréteaux des « discussions d'un intérêt général », au lieu « d'intrigues de boudoir » et autres disputes de nature privée.[1] En effet, dans la pièce de Laya, et en ceci elle diffère encore de celles de Molière et de Palissot, ce ne sont pas l'unité et la stabilité de l'espace domestique que les manigances de vils hypocrites mettent en danger, ce sont celles du domaine public, dont dépend une famille bien plus importante : la nation.

Aux yeux de Condorcet, de Pitra et de leurs confrères modérés, l'*Ami des lois* constituait ainsi une correction salutaire des *Philosophes*, une création analogue mais inversée, comme un gant retourné : la comédie de Palissot était une accusation dramatique lancée contre des personnes privées par une faction politique puissante et corrompue ; celle de Laya, une accusation dramatique lancée par une personne privée contre des factions politiques puissantes et corrompues.[2] Par cette inversion, Laya ressuscitait le véritable Aristophane, non pas l'ignoble auteur des *Nuées*, mais le vertueux créateur des *Cavaliers*, pièce dans laquelle il avait dévoilé, au péril de sa vie, les forfaits de l'ambitieux démagogue Cléon. Dans l'imaginaire du dix-huitième siècle existaient en effet deux Aristophane distincts au point d'être antithétiques : le premier, écrivain employé par le gouvernement, s'efforçait de le

---

[1] *Gazette nationale, ou Le Moniteur universel*, 4 janvier 1793, p. 15. Voir également le *Mercure français*, 9 janvier 1793, p. 66.

[2] « Molière avait osé jouer les faux dévots ; Palissot, avec moins de talent et surtout avec la maligne intention de dénigrer les hommes les plus éclairés et les plus vertueux de son temps, avait joué les faux philosophes, mais ces deux espèces de tartuffes, si opposées l'une à l'autre et qui pourtant se sont succédé, ne formaient pas dans l'État une division politique et n'avaient pas un parti armé de torches et de poignards. [...] Mais, comme auteur, M. Laya a des droits à d'autres éloges ; notre théâtre ne lui fournissait aucun modèle de la comédie politique qu'il a composée ; il n'a pu le trouver que dans celles d'Aristophane. Cet auteur comique ne se bornait pas à représenter sur le théâtre d'Athènes les ridicules ou les vices privés des Athéniens, il y jouait encore les fautes de leur gouvernement, les crimes politiques de ses agents, et surtout les intrigues et les cabales à l'aide desquelles ils séduisaient le peuple et lui volaient sa confiance. » *Correspondance littéraire*, XVI, p. 173.

protéger de ses ennemis externes ; le second, censeur indépendant du gouvernement, garantissait son intégrité par une surveillance assidue. Ce second portrait d'Aristophane plaisait naturellement aux partisans de Laya, en ce qu'il correspondait à l'image de protecteur du peuple et de pourfendeur de despotes qu'ils s'étaient faite de l'auteur de l'*Ami des lois*.

Tout aussi prévisible était la tentative du sans-culotte Hébert, alias Père Duchesne, d'apparenter Laya à l'Aristophane des *Nuées*.[1] Dans cette analogie, Socrate joue le rôle du parfait Jacobin, éclairant et défendant le peuple en « pass[ant] sa vie à dénoncer ceux de son temps et surtout les prêtres ». Quant à Laya, il est incarné par Aristophane, décrit par Hébert comme une simple marionnette entre les mains d'une bande de prêtres et de royalistes. Ces derniers, relate le Père Duchesne, commandèrent une pièce dans lequel Socrate était accusé de leurs propres crimes, dénonciation malhonnête qui fit qu'on « oublia toutes les bonnes actions de Socrate, pour ne songer qu'aux prétendus défauts que ses ennemis lui reprochaient, [et] à la fin, le plus sage et le meilleur des humains fut condamné à boire la ciguë et il mourut martyr de la raison ». Notons que pour Hébert, les dénonciations de Socrate et, par extension, celles de Duricrâne-Marat, sont admirables, mais que celles d'Aristophane et de Laya ne le sont point. La raison en est simple : les premiers, par amour du peuple, s'opposent aux puissants, tandis que les seconds, par amour de la puissance, s'opposent au peuple. Cependant, n'en déplaise à Hébert, les Jacobins ne ressemblaient guère à Socrate, ne serait-ce que parce qu'en tant que membres du gouvernement, ils faisaient parti des puissants. Plutôt qu'un acte d'oppression à l'encontre d'un citoyen privé, l'*Ami des lois* constituait une escarmouche dans un plus grand conflit opposant deux factions, maniant l'une comme l'autre l'arme de la dénonciation. Il en a toujours été ainsi : quelle que soit leur affiliation politique, les dénoncés se posent en Socrate, tandis que les dénonciateurs les peignent en Cléon.

C'est d'ailleurs précisément ce que fait Pitra dans un article de la *Correspondance littéraire*, où il établit un parallèle tout aussi stratégique que celui de Hébert :

Cet auteur comique ne se bornait pas à représenter sur le théâtre d'Athènes les ridicules ou les vices privés des Athéniens, il y

---

[1] *Père Duchesne*, n. 208, p. 5-8.

> jouait encore les fautes de leur gouvernement, les crimes politiques de ses agents, et surtout les intrigues et les cabales à l'aide desquelles ils séduisaient le peuple et lui volaient sa confiance. Aristophane ne craignit pas, dans sa comédie des *Chevaliers*, de traduire sur la scène, avec le masque hideux de ses vices et de ses turpitudes, l'Athénien Cléon, fils d'un corroyeur et corroyeur lui-même, qui s'était emparé de tout le pouvoir du gouvernement de sa patrie par la sorte de mérite qu'il faut avoir pour réussir dans une république : il avait une voix tonnante, un langage populaire avec lequel il prêchait aux dernières classes de ses concitoyens les principes d'une démagogie qui fit passer dans ses mains tout le pouvoir qu'il eut ensuite l'art de leur reprendre.[1]

L'analogie est claire, tant l'accusation de démagogie réitère celle si souvent lancée contre les Jacobins et les sans-culottes. Mais l'article de Pitra nous intéresse surtout en ce qu'il résume parfaitement ce que représentait pour certains l'*Ami des lois*. Jamais Laya ne le reconnut-il, mais sa pièce était allée bien au-delà, non seulement d'une comédie de type moliéresque, mais même d'une prise de position politique, comme l'on en trouvait souvent dans les théâtres jacobins et sans-culottes. L'*Ami des lois* était plus que cela ; comme les *Philosophes* de Palissot, elle était une véritable action juridique. En dénonçant les crimes politiques de personnes véritables, la pièce de Laya instituait le théâtre en cour suprême, lui donnait droit de jugement sur ceux qui, par leur position dans le gouvernement, se croyaient au-dessus de la loi. Le théâtre devenait ainsi un prolongement du tribunal, un moyen d'alerter le peuple quant aux agissements de ses dirigeants et de s'assurer que le gouvernement ne ferait jamais main basse sur la justice.

Cette vision du théâtre diffère de celle de Palissot et de ses partisans, qui prônaient également une fonction légale du théâtre, mais qui avaient modelé celle-ci sur le système judiciaire de l'Ancien Régime, dans lequel la justice descendait du gouvernement (du roi) pour s'exercer sur le peuple, et non l'inverse. Cette différence est d'autant plus apparente dans la pièce de Laya que celle-ci a justement pour thème principal l'importance d'une justice égalitaire et indépendante de toutes considérations

---

[1] *Correspondance littéraire*, XVI, p. 174.

politiques. En effet, l'*Ami des lois* met en scène deux procès : le premier, celui de Forlis, est mené dans le plus grand secret par un parti politique contre un citoyen qui s'oppose à ses ambitions ; le deuxième, celui de Nomophage, est mené ouvertement et équitablement par le peuple, suite à la sollicitation de Forlis que ce soit celui-ci qui examina la conduite d'un de ses représentants. À l'intérieur même de la comédie de Laya sont donc reproduites les deux conceptions de la justice à l'origine du conflit entre les partisans de l'Aristophane des *Nuées* et ceux de l'Aristophane des *Cavaliers*, ainsi qu'entre ceux des *Philosophes* et ceux de l'*Ami des lois*. Ajoutons que la pièce de Laya fut écrite et perçue comme un commentaire sur le procès de Louis XVI, et l'on ne peut que s'émerveiller d'une telle intrication du théâtre, de la justice et de la politique, entrelacement propre au théâtre révolutionnaire, mais nulle part aussi étroit qu'il ne l'est dans l'*Ami des lois*.

Le Théâtre de la justice

La pièce de Laya entretient en effet un rapport avec la justice d'une remarquable complexité : outre le rapprochement qu'elle opère entre le théâtre et le tribunal, en accusant (de manière indirecte mais transparente) des personnes réelles, elle représente une tentative d'influencer un procès qui arrivait alors à son terme, après avoir longtemps monopolisé l'attention de la nation. Dans ce but, elle met en scène, sous forme d'allégorie, plusieurs des principaux événements et controverses du procès de Louis XVI.[1] Ce dernier était chargé de trahison, mais il n'existait guère de preuves matérielles étayant la conviction de ses accusateurs.[2] Aussi insistèrent-ils, en août 1792, sur la présence, parmi les documents saisis dans les bureaux du roi et de ses ministres, d'un registre de pensions et de gratifications témoignant, selon eux, d'une vaste

---

[1] Trois études sur le procès du roi sont incontournables : Albert Soboul, *Le Procès de Louis XVI* (Paris : Gallimard, 1973) ; David P. Jordan, *The King's trial : Louis XVI vs. the French Revolution* (Berkeley : University of California Press, 2004) ; et Walzer, *Regicide and Revolution*.

[2] L'existence de la célèbre armoire de fer ne fut révélée que le 20 novembre 1792, alors que la pièce de Laya était déjà terminée (puisqu'elle fut reçue le 1er décembre par la troupe du Théâtre de la Nation). Malgré l'influence qu'elle eut en tant que symbole, l'armoire de fer ne joua presque aucun rôle dans le procès du roi : les documents qui s'y trouvaient démontraient la duplicité des ministres du roi, mais aucun ne prouvait la culpabilité de Louis.

entreprise de corruption.[1] Dans l'*Ami des lois*, Forlis est similairement accusé d'avoir financé des contre-révolutionnaires, sans autre preuve qu'une liste de dons, égarée dans un jardin public. À cette accusation, il répond, comme Louis, en certifiant que ces pensions ne sont que des œuvres de charité, distribuées sans dessein politique.[2] Autre similitude : en août 1792, avant même d'avoir interrogé le roi, l'Assemblée décida, au mépris des procédures juridiques ordinaires, de publier le registre de pensions, dans l'espoir de mobiliser l'opinion publique contre la couronne et de justifier ainsi l'insurrection du 10 août.[3] De même, dans l'*Ami des lois*, Duricrâne distribue la liste de Forlis à ses partisans, sans donner à l'accusé l'opportunité de se justifier devant un tribunal, afin d'exciter un soulèvement populaire contre lui.

Compte tenu de ces ressemblances, l'acquittement de Forlis et la déchéance de ses accusateurs prenaient une signification politique évidente. L'autre drame captivant alors la nation, le procès du roi, n'était pas encore résolu, et l'*Ami des lois* constituait une tentative de la part de Laya d'en écrire la conclusion. À ses yeux, Louis risquait, comme Forlis, de devenir la victime d'une troupe d'intrigants qui avaient délibérément violé les formes juridiques instituées par la Révolution, dans le but d'inciter le peuple à souscrire à une exécution quasi-sommaire. Il est vrai qu'au moment même où Laya achevait sa pièce, en cette fin d'année 1792, les Jacobins criaient haut et fort qu'il n'était nullement nécessaire d'accorder à Louis un procès dans les formes, puisque le tribunal suprême de la nation, le peuple en insurrection, l'avait déjà condamné le 10 août. La Convention devait dès lors se contenter d'exécuter le jugement du peuple souverain en envoyant au plus vite le roi à l'échafaud. Selon les Jacobins, il était d'ailleurs

---

[1] Jordan, *The King's trial*, p. 56-7.

[2] Ce sera également la défense du roi lors de son interrogatoire le 11 décembre. Pour une transcription contemporaine du procès, voir *Révolutions de Paris*, du 8-15 décembre 1792, p. 540. Michelet résume ainsi cet échange : « Quand on lui rappela, par exemple, les millions qu'il avait donnés pour acheter des consciences, il répondit froidement : 'Je n'avais pas de plus grand plaisir que de donner à ceux qui en avaient besoin'. » Jules Michelet, *Le Procès de Louis XVI*, éd. Alain Boureau (Bruxelles : Éditions complexe, 1992), p. 109. D'après Paul et Pierrette Girault de Coursac, l'explication du roi constituait la stricte vérité : *Enquête sur le procès du roi* (Paris : Œil, 1992), p. 699.

[3] Jordan, *The King's trial*, p. 57.

non seulement superflu, mais aussi dangereux, d'accorder un procès à Louis, car c'était supposer qu'il puisse être innocent, ce qui revenait à mettre en doute la légitimité de l'insurrection du 10 août et, par là, celle du nouveau régime républicain.[1] Cet argument reposait sur la même logique essentialiste qui motiverait quelques mois plus tard l'élimination au théâtre de tout personnage appartenant à l'Ancien Régime.[2] Coupables par le seul fait d'être nés roi ou noble, de tels individus ne méritaient pas d'user du même droit à la parole que leur victime de longue date, le peuple ;[3] aussi était-il indispensable de leur barrer l'accès à la scène, aussi bien théâtrale que juridique, et de les condamner par ce moyen à l'oubli.

Les Girondins souhaitaient au contraire que Louis fût exposé sur la scène juridique au cours d'un procès dans les formes, y voyant un moyen de démontrer aux citoyens français et aux puissances étrangères encore attachés à la monarchie que le régime républicain était fondé sur un respect total de la loi, et sur le principe que nul, aussi puissant soit-il, ne pouvait s'y soustraire. Un tel procès permettrait également aux députés de la Convention de publier en tout lieu les crimes du roi (s'ils différaient quant à son châtiment, les députés étaient en effet presque tous convaincus de sa culpabilité) et servirait ainsi à légitimer rétrospectivement l'établissement d'une république. Les formes légales alors en vigueur se prêtaient d'ailleurs parfaitement à cette ambition publicitaire : le code pénal de 1791, en instituant des pratiques spectaculaires, avait éliminé une grande partie du secret qui enveloppait le système judiciaire sous l'Ancien Régime. La présence autrefois proscrite d'un public de spectateurs, de concert avec l'introduction de jurés populaires et de représentants pour la défense, réduisaient en effet considérablement l'écart entre le tribunal et le théâtre. À bien des égards, les nouvelles procédures rejoignaient ainsi les célèbres joutes oratoires publiques des

---

[1] Robespierre prétend ainsi que « proposer de faire le procès à Louis XVI [...] c'est mettre la Révolution elle-même en litige ». Voir *Le Pour et le contre : Recueil complet des opinions prononcées à l'Assemblée conventionnelle, dans le procès de Louis XVI*, III (Paris : Buisson, an 1), p. 384.

[2] Voir ci-dessus la section intitulée « La Part de Molière ... ».

[3] Le célèbre « on ne peut régner innocemment » de Saint-Just illustre parfaitement cette logique essentialiste. *Le Pour et le contre*, I, p. 185.

tribunaux de la Grèce antique, notamment par l'importance qu'elles plaçaient sur la parole libre, multiple et spontanée, sur le pathos et sur l'agôn, et sur les signes corporels d'innocence et de culpabilité.[1] Selon les Girondins, il importait que ces pratiques spectaculaires soient respectées, pour que soient rendues visibles aux yeux de tous, d'une part, la légalité du procès de Louis, et d'autre part, l'illégalité des actions de ce dernier.

Inversement, ces procédures spectaculaires, acclamées par les Jacobins en 1791, leur semblaient désormais un complot antirévolutionnaire visant à freiner l'exercice de la justice, soupçon qu'exprime Duricrâne dans la pièce : « Avec des juges vifs et prompts comme des souches, / Laissez parler des lois, qui se tairont toujours ! / Non, il faut de la forme accélérer le cours. » (II.3.492-4) Par conséquent, les Montagnards, n'ayant pu persuader une majorité de députés d'exécuter le roi sans procès, s'évertuèrent, faute de mieux, à ce que celui-ci ne se déroule pas dans les formes. De nombreux historiens ont présenté le procès qui s'ensuivit comme un des premiers « procès-spectacles » de la Révolution, signalant par cette désignation que les députés de la Convention nationale, bien que convaincus de la culpabilité de Louis, avaient accepté de jouer le rôle de juges impartiaux afin de parer un verdict principalement politique d'une légitimité juridique.[2] Le terme « procès-spectacle » ne doit cependant pas nous aveugler quant à la nature des changements promus par le parti jacobin, ceux-ci revenant à une tentative systématique d'éliminer les pratiques spectaculaires établies en 1791. Louis n'eut ainsi droit ni à un jury ni à des témoins ; les chefs d'accusation, ainsi que les documents sur lesquels ces chefs reposaient, lui furent communiqués trop tardivement pour qu'il puisse bien préparer sa défense ; et contre

---

[1] On pourra consulter, à ce sujet, Robert, *Living Theater*, p. 193-255.

[2] C'est notamment le cas de Jules Michelet dans son *Histoire de la Révolution française*, de Jean-Pierre Royer dans son *Histoire de la justice en France : De la Monarchie absolue à la République* (Paris : PUF, 1995), et de Huet dans *Rehearsing the Revolution*.

INTRODUCTION

'Interrogatoire de Louis le dernier',
Augustin Challamel, *Histoire-musée de la république française, depuis l'assemblée des notables* (Paris : Delloye, 1842), p. 273.

toute justice, les députés de la Convention revêtirent à la fois l'habit d'accusateurs et de juges. Par ces entorses aux formes, les députés jacobins s'assurèrent que le procès du roi, qui devait être un débat libre et spontané entre deux partis présumés innocents, ressemblerait davantage à une interrogation sommaire d'un coupable avéré, servant de simple préambule à son exécution.

On saisit dès lors toute la portée de la scène où Forlis, cerné par une foule qui, trompée par les mensonges des Jacobins, s'apprête à le mettre à mort, prend la parole, rappelle le peuple au respect des lois, sollicite un procès dans les formes, et établit son innocence (V.3). Laya espérait sans doute que sa pièce aurait le même effet que le discours de Forlis : à savoir, qu'elle exposerait les périls d'une vision essentialiste et utilitaire de la justice (Filto réfute explicitement la logique terroriste de Nomophage, pour qui « le salut du peuple est la suprême loi » [III.1.526]), qu'elle raviverait l'amour du peuple pour ses lois, et qu'elle encouragerait celui-ci à exiger qu'on accorde au roi un procès légitime. La fin de l'*Ami des lois* trace on ne peut plus clairement l'exemple qu'il faut que le peuple suive : « Le peuple, déposant son glaive redouté, / Ne veut point de ses mains souiller la pureté ; / Et laissant à la loi le soin de sa justice, / Le traîne à la prison où l'attend son complice. » (V.6.1425-8) La pièce de Laya se termine ainsi sur une condamnation du mode de justice insurrectionnel qui sous-tend la tentative jacobine d'exécuter Louis sans procès.

Il serait néanmoins hyperbolique d'affirmer, comme P. Michel, que l'*Ami des lois* « faillit sauver la tête de Louis XVI ».[1] Cette interprétation ne se fonde pas sur des faits historiques, mais sur l'éloge faite à Laya par le duc de Lévis pour marquer la réception du dramaturge à l'Académie française : « Si le théâtre eût été dans ces vastes proportions que la munificence des Anciens donnait à ces grands édifices dont les ruines sont encore si imposantes, il en serait sorti une armée entière ; la tyrannie était détruite, le roi était sauvé ! »[2] Laya reprit par la suite cette légende et, pour l'étayer, n'oubliait jamais de rappeler que le roi avait sollicité et parcouru

---

[1] P. Michel, 'L'*Ami des lois* par Laya', *Bulletin du bouquiniste*, 36 (1875), 487-90 (p. 489).

[2] Welschinger, 'L'*Ami des lois* sous la Terreur et la Restauration', p. 80.

l'*Ami des lois* quelques jours avant sa condamnation.[1] Mais si la pièce de Laya ne représentait sans doute pas une menace directe pour le gouvernement, comme le suggère l'image peu crédible d'une armée jaillissant du Théâtre de la Nation, il est vrai qu'elle posait le théâtre comme un espace susceptible de rivaliser avec le tribunal qu'était alors la Convention. L'*Ami des lois* ne s'arrêtait pas, en effet, à une simple condamnation du pseudo-procès dont le roi faisait alors l'objet. En reproduisant sur scène plusieurs des principaux événements de ce procès, la pièce de Laya donnait la parole à l'accusé, Forlis, et par extension à Louis, et invitait le public à assumer le rôle d'un jury : elle se présentait ainsi comme un nouveau procès du roi, plus conforme aux procédures spectaculaires instituées en 1791, soit précisément celles supprimées par les Jacobins.

Le public comprit d'ailleurs l'intention de Laya et adopta volontiers le rôle de jury que la pièce lui proposait. Les *Annales de la République française* observent ainsi :

> Les spectateurs y saisissent avec transport toutes les allusions. Lorsque *Forlis* a présenté au peuple furieux contre lui *la liste* dont ses ennemis veulent se servir comme une preuve de ses trahisons, et que ce peuple voyant que cette *liste* ne contient que *les noms de quelques infortunés pères de familles, que Forlis aidait à secourir leur pénible existence*, revient de sa fatale erreur, comble de bénédictions *son véritable ami*, et demande la punition de ses persécuteurs, alors la salle retentit d'applaudissements.[2]

Les applaudissements du public exprimaient un verdict juridique affirmant non seulement l'innocence de Forlis et de sa liste, mais aussi celle du roi et de son registre. Edmond Biré, dans son *Journal d'un bourgeois de Paris pendant la Terreur*, cite un second exemple de ce double jugement :

> Nomophage répétant cette maxime, dont la tribune de la Convention retentit chaque jour depuis le commencement du

---

[1] Laya au Comte de la Bourdonnaye, 28 octobre 1829 (BCF : Dossier auteur/Laya) : « Le 12, le malheureux roi me fit demander ma pièce. Je lui en fis passer le premier exemplaire par M. de Sèze. Il me fit remercier le 15 par cet homme honorable (le 21, il n'était plus). » Voir également Jean-Baptiste Cléry, *Mémoires de Cléry, de M. le duc de Montpensier, de Rioufe* (Paris : Firmin Didot frères, 1856), p. 89.

[2] *Annales de la République française*, 11 janvier 1793, p. 171.

> procès de Louis XVI : *le salut du peuple est la suprême loi*, Filto a répondu : « Non, non, quoi que du peuple ordonne l'intérêt, / S'il frappe l'innocence, il n'est plus qu'un forfait. » Les applaudissements qui ont souligné ce passage ont dit assez haut quels étaient les sentiments de la salle entière sur le jugement du roi.[1]

En saisissant, aux dires de Cléry, valet de chambre du roi, « toutes les allusions au procès de Sa Majesté »,[2] les spectateurs de l'*Ami des lois* réalisaient les désirs de Laya, en ce qu'ils transformaient le Théâtre de la Nation en un vaste tribunal, où se déroulaient simultanément le procès du roi et le procès de son procès.

En raison de son passé, de son architecture, et de l'importance qu'il place sur le corps, sur le pathétique et sur l'agôn, le théâtre a une longue et riche association avec la cour de justice.[3] Peut-être est-ce pour cela que le procès du roi, ayant été vidé d'une partie des formes spectaculaires alors en usage, se déversa dans les théâtres de Paris. Les modérés souhaitant s'exprimer sur le procès du roi pouvaient en effet se rendre à de nombreux théâtres, outre celui de la Nation. Au Vaudeville se jouait *La Chaste Suzanne*, où l'on pouvait applaudir l'acquittement de l'héroïne (pour certains une incarnation de Marie-Antoinette), secourue par Daniel (Desèze) au moment même où la fausse accusation des trois vieillards (les Jacobins) semblaient l'avoir condamnée à une mort certaine.[4] Selon toute vraisemblance, cette interprétation de *La Chaste Suzanne* était conforme aux intentions de ses auteurs, puisque ces derniers avaient mis dans la bouche de Daniel une version approximative de l'illustre phrase de Desèze : « Je cherche parmi vous des juges, et je n'y vois que des accusateurs ! » De même, au Théâtre des Italiens, la pièce *Raoul, sire de Créqui* faisait le bonheur des royalistes : d'abord, parce qu'elle montrait sur scène les souffrances d'une famille injustement emprisonnée, et ensuite, parce qu'elle s'achevait sur la libération du père innocent.[5]

---

[1] Biré, *Journal d'un bourgeois de Paris pendant la terreur*, I, p. 389.

[2] *Mémoires de Cléry, de M. le duc de Montpensier, de Riouffe*, p. 89.

[3] Voir *Théâtre et justice*, éd. Laurent Bove (Paris : Quintette, 1991) ; et *Représentations du procès : Droit, théâtre, littérature, cinéma*, éd. Christian Biet et Laurence Schifano (Nanterre : Université Paris X, 2003).

[4] *Annales patriotiques*, 12 janvier 1793, p. 52.

[5] *Annales patriotiques*, 2 janvier 1793, p. 7.

Introduction

Rien de surprenant, donc, à ce que les Jacobins aient accusé les théâtres parisiens de mener une campagne en faveur du roi.[1] La tentative jacobine de mettre un terme à la liberté des théâtres fut certainement motivée par les nombreuses allusions au procès du roi citées ci-dessus, mais elle reflétait également une angoisse plus profonde, engendrée par la nature même du théâtre, qui était alors, bien plus qu'aujourd'hui, un espace de débat, de pathos, et de participation populaire. Nous l'avons déjà signalé : la pièce de Laya n'était pas seulement un plaidoyer en faveur d'un individu (le roi) ; elle illustrait, par son sujet et par sa forme, une théorie de la justice fondée sur les principes des Philosophes des Lumières, notamment la présomption d'innocence, l'égalité devant la loi, et par-dessus tout, la liberté et la publicité des débats. Par respect pour ces idéaux, l'*Ami des lois* s'attaquait explicitement au projet montagnard d'instituer un mode de justice différent, fondé sur l'insurrection, ce moment sublime, selon les Jacobins, où le peuple reconquiert tous les pouvoirs souverains et, parlant d'une seule voix, rend une justice infaillible. La célèbre phrase de Danton, « c'est pour eux [les contre-révolutionnaires] que ce tribunal doit suppléer au tribunal suprême de la vengeance populaire [...] Soyons terribles pour dispenser le peuple de l'être », exprime à merveille la conviction jacobine que les tribunaux devaient adopter les caractéristiques de la justice populaire, s'ils souhaitaient la capter et la contrôler.[2] Aux yeux des Jacobins, le peuple en insurrection possédait en effet une connaissance instinctive et instantanée du bien et du mal, intuition qui ne tolérait ni débat ni zone grise, et qui plaçait le bien public au-dessus de toute autre considération. Aussi était-il essentiel, pour que les tribunaux suppléent à la justice du peuple, qu'ils ne s'égarent pas dans d'interminables débats susceptibles de procurer une estrade à des coupables avérés, dont les discours éloquents pourraient introduire un doute pernicieux dans l'esprit du peuple et mettre fin par ce moyen à l'unité de la nation.

Ce rejet du dialogue en faveur d'une pensée manichéenne et essentialiste, évolution que nous avons déjà tracée dans le monde dramatique, explique pourquoi, à partir de 1793, seront éliminés le droit de l'accusé à la parole, les témoins et les avocats pour la

---

[1] *Journal universel*, 9 janvier 1793, p. 3732.

[2] *Archives parlementaires*, LX, p. 62-3.

défense, les jurés, et même les preuves matérielles (la naissance, l'altérité, et l'indifférence deviennent des critères suffisants pour envoyer un suspect à l'échafaud). Vidé de ces formes, le tribunal cesse d'être un site de débat, où se mesurent deux partis égaux devant la loi, chacun s'efforçant de convaincre le public (juge, jurés et spectateurs) de l'authenticité de sa version des faits. La justice devient au contraire l'expression d'une voix unique (celle du peuple, affirment les Jacobins ; celle des Jacobins, affirment les modérés), une voix qui appelle, non au dialogue, mais à l'exécution expéditive des prétendus ennemis du peuple.

Une des principales ambitions de l'*Ami des lois* est d'illustrer les dangers posés par cette conception insurrectionnelle de la justice. Les multiples agressions contre la propriété et la personne de Forlis montrent qu'en l'absence de lois et de procédures fixes, assurant à l'accusé un lieu et un moyen de défense, il devient trop aisé pour une faction d'exciter l'opinion publique contre un individu, jusqu'à ce que violence s'ensuive. L'insurrection ne peut, selon Laya, servir de modèle à la justice, parce qu'elle émane d'une présomption de culpabilité (et non d'innocence), se développe à l'insu des premiers concernés (et non en public), et n'offre pas à l'accusé l'occasion d'engager un débat avec ses adversaires. Si Laya, à l'instar des Jacobins, ne cesse de proclamer l'infaillibilité du peuple, il précise que ce dernier peut être provisoirement trompé par sa candeur et par son enthousiasme, et qu'il importe donc de maintenir des formes légales qui lui permettent d'entendre les plaidoyers des deux partis sans médiateurs, afin de rendre un verdict en toute connaissance de cause. Une seconde ambition de l'*Ami des lois* est d'ailleurs d'enseigner au peuple qu'il tient son pouvoir de la loi, et qu'il se met lui-même en danger en acceptant qu'on la pervertisse sous prétexte que la sûreté publique l'exige. Par chance, les troubles suscités par la pièce fournirent à Laya l'occasion de prouver qu'il pratiquait ce qu'il prêchait. Quand la Commune tenta d'interdire sa pièce, invoquant, comme toujours, le motif de la sûreté publique, Laya nota que la loi ne le permettait pas, puis il fit appel à une instance supérieure, la Convention, évitant ainsi une insurrection potentielle des spectateurs.

Sur un point, cependant, Laya ne sembla guère agir selon les idéaux de sa pièce. En effet, celle-ci identifie le débat, le tribunal et le respect des formes comme des éléments essentiels au bon fonctionnement de la justice. Cette vision de la justice s'avère toutefois difficile à concilier avec la dénonciation virulente des

Jacobins que contient l'*Ami des lois*. Cette dénonciation ressemble en effet de manière troublante aux fausses accusations de Duricrâne et de Nomophage dans la pièce. En lieu et place de preuves, elle offre une caricature simpliste de ceux qu'elle accuse, ce qui ne favorise guère le débat. De plus, elle s'adresse non pas à un tribunal officiel, mais directement au peuple, dont elle cherche à exciter les passions, notamment la colère. La pièce de Laya ne serait-elle qu'un exemple parmi tant d'autres d'une accusation purement et bassement politique, contribuant ainsi à cette même perversion de la justice dont elle fait la critique ? Ou bien constitue-t-elle, comme on l'a souvent affirmé par la suite, une défense héroïque de la suprématie des lois, qui l'opposait aux adeptes d'une conception utilitariste et terroriste de la justice ? Il serait difficile, voire impossible, de trancher, et c'est là précisément ce qui fait tout l'intérêt de cette pièce, au sein de laquelle se trouvent inscrites les différentes tentatives sous la Révolution d'assigner au théâtre une fonction politique et juridique sans précédent.

La Convention s'emporte ... et la Commune l'emporte

Au rapport remarquablement complexe qui reliait l'*Ami des lois* et le procès du roi, nous devons signaler une dimension supplémentaire : aux dires des Jacobins, l'œuvre de Laya était un moyen détourné d'entraver la marche de la justice. Cette hypothèse formait d'ailleurs l'un des principaux points de contention qui émergèrent lors des débats du 14 janvier à la Convention, en réponse à la clôture des théâtres de Paris par la Commune.[1] L'étape finale du procès du roi (les délibérations et le verdict des députés) devait commencer le jour même (le 14), comme le rappela Garnier en s'opposant à toute polémique qui pourrait de nouveau retarder une « discussion définitive sur le procès du ci-devant roi ».[2] Depuis des mois, en effet, les modérés saisissaient prétexte après prétexte pour reporter une décision qu'ils savaient décisive, tandis que les Montagnards les accusaient haut et fort, comme ils le firent de nouveau ce jour-là, de souhaiter « éluder la discussion sur l'affaire de Louis Capet ». Ceci explique sans doute l'empressement des

---

[1] Voir l'annexe C-13.

[2] La décision d'ouvrir les délibérations le 14 janvier avait été prise la semaine précédente, lors de la séance du 7. *Archives parlementaires*, LVI, p. 265.

Montagnards non seulement à passer à l'ordre du jour (ce qui revenait à rejeter la motion de Buzot) mais aussi à « mettre la question aux voix », c'est-à-dire à se soumettre à un vote qui leur serait contraire (la Convention ayant déjà voté en faveur de l'*Ami des lois* deux jours auparavant), mais qui aurait l'avantage de clore le débat. La pièce de Laya, que tous les partis de gauche s'accordaient à trouver dangereuse par l'influence qu'elle pouvait avoir sur le procès du roi, était également redoutable en tant que diversion susceptible d'ajourner la conclusion de ce même procès. En fin de compte, s'il est vrai que la pièce détourna plusieurs fois l'attention des députés de l'œuvre monumentale de juger un roi – ce qui n'est pas peu dire : souvenons-nous du cri de rage de Danton, « il s'agit de faire tomber sous la hache des lois la tête d'un tyran, et non de misérables comédies »[1] – la Montagne eut gain de cause, la discussion n'ayant pas duré assez longtemps pour retarder l'ouverture des délibérations. La Convention nationale, ayant passé le reste du 14 à déterminer la formulation et l'ordre des questions qui seraient mises aux voix, vota dès le lendemain la mort du roi.

Le second contentieux concernait les mesures de sécurité nécessaires à la tranquillité de la ville, chaque faction imputant à l'autre des velléités insurrectionnelles. Ainsi, pour les Girondins, la fermeture des théâtres était un « moyen d'occasionner le trouble » en modifiant les habitudes du public et en donnant à de larges groupes un motif de se rassembler et de s'affronter autour des théâtres. Inversement, pour les Jacobins, ouvrir les théâtres revenait à « facilit[er] la réunion des malveillants, la réunion de ceux qui ont juré de porter le feu et la flamme dans Paris ». À vrai dire, les arguments des deux partis étaient aussi éculés que l'étaient leurs procédés rhétoriques, notamment l'usage de dénonciations suffisamment imprécises pour discréditer sans démenti possible les intentions de leurs adversaires.[2] Kersaint seul eut l'originalité de proposer un compromis, certes factice mais particulièrement révélateur : « Je fais la motion expresse que si on ferme les

---

[1] Voir l'annexe C-21.

[2] Ainsi, le modéré Hardy avertit la Convention d'un complot jacobin ourdi lors d'un dîner chez Venua, et les Montagnards Thuriot et Pons accusèrent les comédiens d'être subventionnés par les aristocrates.

théâtres, on ferme aussi les sociétés populaires. »[1] Sa proposition, qui s'attaquait nommément au club des Jacobins, avait le mérite de montrer que le débat portait en vérité moins sur le fait qu'il existât des rassemblements à contenu politique que sur le contenu politique de ces rassemblements.

Le troisième et dernier contentieux appartenait au domaine plus restreint de la procédure administrative, en ce qu'il opposait deux conceptions de l'étendue des droits et des responsabilités de la Convention nationale. Ainsi, pour le député Seconds, « la Convention a tout pouvoir, et il dépend d'elle de prendre, aussi bien que la Commune, telle ou telle mesure, en faveur de l'ordre, qu'il appartiendra. » À cette vision d'une Convention omnipotente Thuriot opposait l'existence de lois incontestables, rappelant aux députés qu'il appartenait au Conseil exécutif provisoire, et non à la Convention, de décider de la légalité des arrêtés du Conseil général. Le respect de la procédure exigeait d'autant plus que l'on consultât le Conseil exécutif provisoire que ce dernier était responsable des mesures de sûreté générale aussi longtemps que durerait le procès de Louis XVI.[2] Comme elle l'avait fait le 10 janvier, lors des débats sur l'attribution de la mention honorable à l'*Ami des lois*, la majorité centriste de la Convention nationale (la Plaine) accueillit favorablement le compromis que lui proposaient les Jacobins. Plutôt que de prendre vraiment parti, ce qui eût été périlleux au moment où le conflit entre Girondins et Jacobins était proche de son paroxysme, le renvoi de la décision au Conseil exécutif permettait aux centristes, sous le prétexte inattaquable de respecter la lettre de la loi, d'entretenir l'image sans doute illusoire mais sécurisante d'une neutralité absolue.

Une semblable intention de neutralité explique sans doute la décision mixte que prit le Conseil exécutif provisoire le jour même, suite à des débats dont nous n'avons pu retrouver la transcription. Sans autre justification que l'opinion forcément subjective que les circonstances ne nécessitaient point la fermeture des théâtres, le décret du Conseil exécutif cassa l'arrêté du Conseil général, prenant ainsi le parti des modérés. Cependant, ce décret contenait également une injonction générale qui fournissait à la Commune

---

[1] Voir l'annexe C-13.

[2] Bien qu'uniquement dans le dessein de s'y opposer, Barbaroux rappela aux députés la teneur de ce décret datant du 6 décembre 1792. Voir l'annexe C-13.

précisément le semblant de légalité dont elle avait besoin pour justifier de nouvelles attaques sur sa véritable cible, l'*Ami des lois* : « [le Conseil exécutif provisoire] enjoint néanmoins, AU NOM DE LA PAIX PUBLIQUE, aux directeurs des différents théâtres, d'éviter la représentation des pièces qui, jusqu'à ce jour, ont occasionné quelque trouble, et qui pourraient les renouveler dans le moment présent. »[1] Que cette addition ait été motivée par de réels égards pour le Conseil général ou par simple pusillanimité, le Conseil exécutif venait de signer l'arrêt de mort de l'*Ami des lois*, alors même qu'il prenait parti pour la liberté des théâtres en général.

En premier lieu, pourtant, le Conseil général, par inattention ou par lassitude, sembla disposé à laisser passer l'opportunité que lui présentait l'ambivalence du décret édicté par le Conseil exécutif provisoire. Ayant appris la décision du Conseil exécutif à 19h30,[2] le Conseil général résolut d'abord de passer à l'ordre du jour, « motivé sur ce que la lettre au maire annonce que la proclamation du Conseil exécutif a été directement envoyée aux autorités supérieures, au commandant général provisoire, et aux administrateurs de police, avec recommandation d'assurer le bon ordre et de maintenir le calme dans les spectacles ».[3] En effet, le Conseil exécutif avait envoyé en guise d'introduction à son décret une lettre de Roland qui informait la Commune que le maire de Paris (Chambon) et le commandant général de la garde nationale (Santerre) avaient déjà été instruits par courrier de la décision d'ouvrir les théâtres.[4] Ce ne fut pas, toutefois, l'unique missive reçue par Chambon ce soir-là : nous avons retrouvé aux Archives de Paris une lettre inédite de la section du Faubourg de Montmartre.[5] Peu de documents résument aussi exactement les arguments et les griefs des radicaux, aux yeux de qui l'*Ami des lois* participait à un complot visant à « armer les habitants de Paris les uns contre les autres », dans l'espoir de sauver la « tête coupable [du roi] de la hache des lois » et de rétablir un jour la monarchie.

---

[1] Voir l'annexe C-14a.

[2] *Le Républicain*, 16 janvier 1793, p. 312.

[3] *Chronique de Paris*, 17 janvier 1793, p. 67.

[4] Pour ces deux lettres, voir l'annexe, C-14b.

[5] Voir l'annexe C-15.

Suivait une longue liste d'invectives qui accusaient Chambon d'avoir envoyé sa lettre du 12 à la Convention dans le but d'inciter les sans-culottes à mettre Paris à feu et à sang, confortant ainsi les calomnies que publiaient journellement contre eux les modérés. Les sectionnaires concluaient leur lettre en déclarant qu'ils tiendraient le maire « responsable de tous les évènements que la représentation de cette pièce produira ». Ayant déjà été échaudé lors de la soirée du 12, Chambon n'avait nulle envie d'une telle responsabilité. Pour unique réponse à la missive du Conseil exécutif, il écrivit au président du Conseil général qu'une incommodité le mettait « dans l'impossibilité absolue de sortir de sa chambre ».[1]

L'envoi par le Conseil exécutif de directives claires et précises aux responsables des forces de l'ordre, suivi de près par la décision du Conseil général de passer à l'ordre du jour, semblaient indiquer que le conflit s'arrêterait là, mais c'était sans compter sur la pression des sections de Paris sur la Commune. Après les sections de la Réunion, de la Cité, des Lombards, des Gravilliers et des Arcis, ce fut au tour de la Section du Pont-neuf de se présenter devant le Conseil général pour l'« inviter » à interdire la pièce de Laya.[2] Confronté une fois de plus à l'épineux problème de l'*Ami des lois*, le Conseil général rédigea un décret dans lequel il défendait les raisons qui avaient motivé la première interdiction de la pièce. Cette liste de justifications, en tout point conforme aux arrêtés précédents, s'achevait toutefois sur un nouvel argument : le Conseil général prétendait appliquer le décret du Conseil exécutif en suspendant la représentation d'une pièce qui avait déjà occasionné quelques troubles.[3] Ce faisant, il déformait le sens de l'injonction du Conseil exécutif qui était resté dans la plus stricte légalité en adressant sa pétition aux directeurs des théâtres (et non aux forces de l'ordre), soit aux seules personnes ayant le droit d'annuler ou de suspendre une pièce affichée. En effet, une telle invitation à l'autocensure n'était nullement identique à une proscription officielle, en dépit de ce que suggérait habilement le

---

[1] *Chronique de Paris*, 17 janvier 1793, p. 67 ; *Le Républicain*, 16 janvier 1793, p. 312. Or, nous l'avons signalé antérieurement, Chambon admettra plus tard qu'il s'agissait en vérité d'une feinte.

[2] Voir l'annexe C-16.

[3] Voir l'annexe C-17.

décret du Conseil général. Il nous faut cependant reconnaître que l'esprit en restait essentiellement le même : si le Conseil général cita l'injonction du Conseil exécutif, c'est qu'il y avait trouvé confirmation de sa conviction qu'il était nécessaire en ces moments de trouble, sinon de fermer les théâtres, du moins de limiter leur influence politique et juridique en plaçant leur répertoire sous la surveillance d'une assemblée exécutive.

Nouvelle Altercation au Théâtre de la Nation...

Le lendemain (le 15), le Directoire du Département confirma l'arrêté du Conseil général et ordonna en conséquence que « la pièce dite l'*Ami des lois* [serait] provisoirement suspendue ».[1] Le soir même (et non le 14, comme l'affirmèrent par la suite la majorité des historiens)[2] eut lieu la seconde et dernière grande rixe de l'*Ami des lois*. Alors que le conflit du 12 janvier avait engendré parmi les contemporains de Laya autant de versions différentes qu'il y avait de journaux et d'opinions politiques, les troubles du 15 furent rapportés en termes pratiquement identiques aussi bien par la presse girondine et jacobine que par leurs principaux participants. Les deux épisodes étaient pourtant fort semblables, ayant les mêmes origines, antagonistes et péripéties, et auraient peut-être eu les mêmes aboutissements, si les comédiens ne s'étaient montrés le 15 nettement moins désireux de s'exposer aux représailles de la Commune. Ce soir-là, ils choisirent ainsi de suivre les consignes du pouvoir exécutif en tout point plutôt que de

---

[1] Voir l'annexe C-18.

[2] C'est notamment le cas d'Étienne et de Martainville (*Histoire du théâtre français*, p. 62-63), de Rodmell (*French Drama of the revolutionary years*, p. 30), et de Hemmings (*Theatre and state*, p. 81). Quant à Peltier, il affirme, à tort, qu'il y eut deux représentations distinctes de l'*Ami des lois*, l'une le 14 et l'autre le 15 ('Une pièce interdite sous la Révolution', p. 210-11). Seuls Biré et Liéby font exception à cette règle. Pourtant, les sources ne sont guère ambiguës : le *Journal de Paris* du 16 janvier, dans sa description des désordres au Théâtre de la Nation, emploie le déictique « hier », de même qu'un article du 16 paru dans les *Annales patriotiques* le lendemain. Le *Mercure français* du 17 précise quant à lui que les troubles eurent lieu « avant-hier ». Les *Annonces, affiches et avis divers* du 15 janvier nous rappellent également que Dazincourt avait supplié le 13 que la représentation de l'*Ami des lois* soit retardée de « quelques jours ». Il eût été curieux que les spectateurs, ayant accepté le 13 le délai de Dazincourt, aient redemandé la pièce dès le lendemain. Les rapports de Santerre à la Commune et au Comité de sûreté générale corroborent aussi cette datation.

paraître attendre une permission de jouer la pièce de Laya. Dès les premiers signes de mécontentement du public, ils se retirèrent dans leur loge[1] et proposèrent même aux spectateurs de leur rendre leur argent pourvu qu'ils sortissent calmement du parterre.[2] Quelques heures auparavant, déjà, ils avaient consenti volontairement à « l'invitation du Pouvoir exécutif » de substituer une pièce anodine (l'*Avare*) à celle qu'ils avaient promise et affichée : l'*Ami des lois*.[3]

L'épisode du 15 différa également de celui du 12 par l'absence du flegmatique Chambon, ce qui eut pour résultat une intervention autrement plus vigoureuse des forces de l'ordre. Le commandant général Santerre, fort des leçons du 12 janvier et convaincu notamment que Chambon avait fait preuve alors d'une circonspection synonyme de faiblesse, dépêcha secrètement des patrouilles armées aux environs du Théâtre de la Nation, avant même qu'il n'y ait eu la moindre escarmouche.[4] Ceci lui permit d'intervenir promptement quand il apprit que trois cents spectateurs, en réaction à la retraite précipitée des comédiens, avaient séquestré l'administrateur de police Vigner à l'intérieur d'une des loges du théâtre, d'où ils ne cessaient de l'insulter. À peine Santerre fut-il entré dans le théâtre qu'il attira sur lui ce torrent d'insultes, splendide représentation de la vaste panoplie d'injures révolutionnaires, des plus générales, tel le « gueux du 2 septembre », aux plus particulières, tel le « général mousseux » (une allusion au métier – brasseur – de Santerre).[5] À cet affront Santerre répondit avec fermeté, mais sans débordement, exception faite d'une seule invective (il traita les spectateurs d'aristocrates) qui lui valut d'être l'objet d'une plainte à la section des Cordeliers. Cette plainte n'aboutit cependant à rien, le président Momoro ayant pris la défense du commandant général. Santerre fit également preuve d'une louable retenue en ne procédant qu'à une seule arrestation, un jeune domestique « qui paraissait être un des chefs

---

[1] *Mercure français*, 17 janvier 1793, p. 133.

[2] Voir l'annexe C-19a.

[3] *Journal de Paris*, 13 janvier 1793, p. 64.

[4] Voir l'annexe C-19. Sauf indication contraire, les détails qui suivent sont tirés de ce rapport.

[5] Voir également les *Annales patriotiques*, 17 janvier 1793, p. 77.

de la sédition »,¹ alors qu'il ne manquait ni de motifs ni de soldats pour infliger une punition d'une toute autre sévérité à une ligue d'insurgés selon lui armés de bâtons et de pistolets.²

Si la plupart des journaux couvrirent Santerre d'éloges, attribuant à sa fermeté et à sa prudence l'absence d'événements fâcheux,³ il est certain que les spectateurs y furent aussi pour quelque chose. Aucun journal, qu'il soit de gauche ou de droite, ne rapporta le moindre exemple d'agression physique de la part du public, ce qui suggère que les spectateurs se montrèrent hostiles en paroles, mais non en actes. Leur bonhomie fut telle, du reste, qu'elle offrit au *Moniteur* une illustration idéale de l'absurdité des craintes montagnardes : « Les spectateurs […] prirent leur parti assez gaiment ; on chanta et l'on dansa la *Carmagnole* jusqu'à l'heure où les spectacles finissent. Voilà les troubles effrayants et l'agitation factieuse que produit cette comédie ! Il faut convenir que cette conspiration comique n'est pas, au moins par les effets, d'une bien grande noirceur. »⁴ Ni conspirateurs comiques ni même simples agitateurs, les spectateurs adoptèrent, comme lors de la soirée du 12, une forme de protestation non violente. Interrompant brièvement les chants et les danses de ses compagnons, un spectateur monta sur scène, sortit son édition de l'*Ami des lois* et en lut quelques scènes, sous les applaudissements tonitruants du public.⁵

---

¹ Voir également *Le Républicain*, 17 janvier 1793, p. 318.

² Voir le rapport de Santerre au Conseil exécutif provisoire, lu par Garat à la Convention nationale, inclus dans l'annexe C-22.

³ Voir par exemple le *Journal de Paris*, 13 janvier 1793, p. 64 ; et les *Annales patriotiques*, 17 janvier 1793, p. 77.

⁴ *Gazette nationale ou Le Moniteur universel*, 19 janvier 1793, p. 89.

⁵ De nombreux historiens, dont Étienne et Martainville, Muret, Welschinger et Lumière, ont affirmé que plusieurs spectateurs avaient lu les rôles principaux de la pièce, transformant ainsi une simple lecture en une véritable représentation dramatique. Cependant, les rapports contemporains ne mentionnent qu'un seul spectateur (*Mercure français*, 17 janvier 1793, p. 133 ; *Le Républicain*, 17 janvier 1793, p. 318 ; annexe C-19b). À vrai dire, la méprise d'Étienne et Martainville paraît fort insignifiante à côté de celles de Lunel et de Carlson, le premier soutenant que les spectateurs lurent les scènes parce que les acteurs ne connaissaient pas bien leurs rôles (*Le Théâtre et la Révolution* [Paris : H. Daragon, 1911], p. 103), le deuxième, que les acteurs acceptèrent de faire une lecture de la pièce au lieu d'en faire la représentation afin de contourner l'interdit du Conseil général (*Theatre of the French Revolution*, p. 147).

Cet acte d'insoumission, hautement symbolique en ce qu'il incarnait le désir du public de revendiquer un rôle prééminent dans la sélection du répertoire et dans la création dramatique, s'avéra cependant moins efficace que ne l'avait été la décision du 12 janvier de faire appel à la Convention. En sollicitant l'arbitrage de la Convention, les spectateurs du 12 janvier s'étaient soumis à l'autorité de leurs délégués, reconnaissant ainsi que ces derniers avaient, de concert avec l'obligation de défendre la liberté, le droit d'y prescrire certaines limites. Si injustice il y avait, il revenait aux institutions législatives ou judiciaires d'y mettre un terme. La maxime principale de l'*Ami des lois*, ainsi que l'explication du comportement des spectateurs du 12 janvier, était en effet la suivante : chacun détient le droit de faire appel à – et pression sur – ses représentants, mais nul ne peut violer un décret officiel, aussi injuste soit-il. La lecture illicite de la pièce qui eut lieu le 15 témoignait donc d'un autre système de croyance, fondé sur le droit de chacun à s'opposer activement à un décret injuste, quitte à usurper la place des « représentants » (à comprendre ici aussi bien dans le sens de politiciens que de comédiens). Derrière cet acte audacieux se dissimulait ainsi le rêve d'une démocratie directe, caractérisée par un contrôle populaire non seulement sur la réception mais aussi sur la production du sens. Cependant, la force symbolique de cet événement – son rejet des structures gouvernementales et théâtrales – en constituait également la faiblesse : en l'absence de règles et de participants désignés, il ne pouvait s'offrir comme solution systématique et durable aux velléités censoriales de la Commune.

... *Et nouveaux débats à la Convention !*

Bien qu'on ne l'y ait cette fois pas invitée, la Convention tenta une nouvelle fois de rectifier légalement l'injustice que constituait l'interdiction de l'*Ami des lois*. Nous nous contenterons ici de résumer cette discussion captivante qui portait principalement sur le problème de la censure théâtrale.[1] Commençons par signaler que cette discussion ne se construisit pas autour de plusieurs points de contention distincts, comme lors des débats du 14, mais se développa par une suite de glissements théoriques. En premier lieu, la discussion s'ouvrit sur une opposition d'une binarité exemplaire

---

[1] Voir l'annexe C-21.

par sa simplicité, avec d'un côté les adeptes d'une liberté complète des théâtres, et de l'autre les partisans d'une surveillance étroite et continue par le corps exécutif. Pour Bancal, qui lança le débat, le pouvoir exécutif n'avait pas « le droit d'indiquer aux directeurs de spectacles les pièces qu'ils doivent faire jouer », proposition à laquelle Thuriot répondit immédiatement par son antithèse : « le Conseil exécutif et le corps municipal ont le droit et le devoir de prendre tous les arrêtés qui leur paraissent convenables pour la maintenir [la tranquillité publique]. » Cependant, cette parfaite binarité fut aussitôt compromise par un premier glissement qui s'opéra lorsque Pétion, souhaitant prendre le parti de Bancal, suggéra que le droit de censure était inutile, attendu que les représentants pouvaient « inviter » les directeurs des spectacles à ne pas laisser jouer une pièce susceptible de provoquer des désordres. Cette proposition était doublement maladroite : primo, en ce que de telles invitations, entre les mains d'un pouvoir exécutif puissant, deviendraient inévitablement une censure *de facto*, d'autant plus insidieuse qu'elle serait irréprochable puisque « volontaire » ; secundo, en ce qu'elle étayait la thèse montagnarde, en admettant implicitement qu'une surveillance officielle des théâtres était souhaitable. Suite à cette proposition, la position modérée se décala d'un cran, et le principal contentieux devint les différentes modalités d'une intervention jugée dès lors nécessaire.

Ce fut encore Pétion qui définit les nouveaux paramètres du débat, mettant entre parenthèse la question plus abstraite de la légitimité d'une censure officielle, afin de se prononcer en faveur de l'unique alternative apte à concilier légalité et pragmatisme : la censure répressive. Cette dernière était préférable, selon lui, à la censure préventive des Montagnards, en ce qu'elle se fondait uniquement sur la présence avérée de troubles et non sur des craintes hypothétiques ou sur des désaccords idéologiques. La suspension d'une pièce, aussi satirique ou subversive soit-elle, ne pouvait donc être décrétée que lorsque la pièce avait déjà été représentée. Par conséquent, le débat se résumait à une seule question : la pièce de Laya avait-elle provoqué des troubles ? Les Montagnards répondaient bien évidemment par l'affirmative, tandis que les Modérés soutenaient que les modestes querelles ayant eu lieu au Théâtre de la Nation ne résultaient nullement de la pièce elle-même mais de son interdiction par la Commune. À vrai dire, qu'un tel débat sur l'origine des troubles au Théâtre de la Nation eût même été possible montre que la censure répressive, quoique préférable à la préventive, comportait néanmoins ses propres risques. En effet, en statuant qu'une pièce pouvait être suspendue sans autres motifs que l'existence d'affrontements dans le parterre le soir d'une de ses représentations, ne risquait-on pas d'encourager chaque faction à se conduire le plus tumultueusement possible dans l'espoir d'entrainer la suspension des pièces dont elle n'approuverait pas les préceptes politiques ?

Personne, il est vrai, n'envisagea sérieusement cette éventualité le 16 janvier, mais elle refit surface quelques semaines plus tard dans une lettre de Laya aux membres du Conseil exécutif. Ces derniers étaient selon lui coupables d'avoir suggéré à la police qu'elle pourrait aisément intimider les comédiens en leur rappelant qu'ils seraient tenus responsables des troubles auxquels leurs représentations donneraient lieu.[1] Révoltante injustice qu'un tel châtiment, s'indignait Laya, en insistant lourdement sur le fait que les comédiens n'avaient guère d'influence sur les désordres que pourrait provoquer une « malveillance étrangère ». Selon Laya, l'existence de troubles constituait une condition nécessaire mais non suffisante pour justifier la suspension d'une pièce : encore fallait-il également démontrer que celle-ci avait incité les spectateurs à l'incivisme en prônant l'insoumission aux lois ou à la moralité. L'*Ami des lois* constituant selon lui un plaidoyer en faveur de la probité éthique et juridique, les comédiens ne pouvaient être tenus responsables de la conduite immorale de quelques tapageurs. Cependant, en insistant ainsi sur le principal défaut de la censure répressive, Laya risquait sans s'en rendre compte de légitimer la réapparition du fondement arbitraire sur lequel reposait autrefois la censure monarchique, puisque l'interdiction d'une pièce dépendrait de nouveau d'un corps officiel et de son interprétation forcément subjective des intentions morales et politiques de l'auteur et des comédiens.

Curieusement, la proposition de Laya de prendre en considération le contenu de la pièce rejoignait en partie la réponse que firent les Montagnards à Pétion lors des débats du 16 janvier. Les Jacobins soutinrent en effet qu'il était indispensable de tenir compte de la teneur idéologique de la pièce, mais ils affirmèrent également, contrairement à Laya, que celle-ci constituait un motif

---

[1] Voir l'annexe C-25. Nous décrivons les événements à l'origine de la lettre de Laya ci-dessous, dans la section intitulée « Un Dernier soubresaut : le 4 février 1793 ».

suffisant, en l'absence même de troubles, pour justifier l'exécution d'une mesure de censure, attendu qu'une pièce subversive portait toujours en elle la possibilité d'une émeute qu'il appartenait à la municipalité de prévenir. En outre, remarquait à juste titre Dubois-Crancé, dès lors qu'on établissait la réception de la pièce comme condition préalable à la censure, il devenait impossible d'interdire des pièces de tendance monarchique, telle *Richard-Cœur-de-Lion*, tant qu'elles ne provoqueraient aucun désordre. Pour les Montagnards, cela revenait à légitimer l'existence de théâtres spécialisés, subvenant aux désirs d'un public composé exclusivement d'aristocrates et autres insoumis qui seraient dès lors libres d'écouter des principes contrerévolutionnaires en toute sécurité. Deux pôles se dessinaient ainsi, que l'on peut associer à l'opposition traditionnelle de la salle et de la scène, dans la mesure où la préoccupation principale de la censure devait être pour les modérés les actions de la salle et pour les Montagnards celles de la scène – Laya se situant lui quelque part entre les deux. Ce désaccord profond ne fut point résolu durant la session du 16 janvier. Si les modérés l'emportèrent quant à la définition légale de la censure, puisque la Convention nationale cassa l'arrêté du Conseil exécutif en raison de l'illégalité de son injonction,[1] ils perdirent la partie quant à la représentation de l'*Ami des lois*. En effet, bien qu'elle ne fût plus interdite, les comédiens du Théâtre de la Nation ne se risquèrent pas aussitôt à remettre sur scène une pièce capable d'inspirer un tel acharnement chez ses adversaires.

Un Dernier soubresaut : le 4 février 1793

La querelle reprit cependant après un entracte de deux semaines,[2] au cours duquel les devants de la scène, délivrés de l'*Ami des lois*, furent occupés par la tragédie de l'exécution du roi, pour reprendre l'expression de Danton, et par la guerre avec l'Angleterre et la Hollande. L'affaire fut relancée le 4 février par la parution dans les *Annonces, affiches et avis divers* de l'annonce

---

[1] Voir l'annexe C-21.

[2] Welschinger affirme que des spectateurs demandèrent le 20 janvier que la pièce fût jouée, mais qu'ils furent de nouveau éconduits par Santerre et par ses troupes (*Théâtre de la Révolution*, p. 408). L'unique source citée par Welschinger, un article du *Moniteur universel*, date en effet du 20 janvier, mais il indique dès sa première phrase qu'il relate en réalité les péripéties du mardi précédent (le 15).

suivante : « Demain 5, pour les frais de la guerre, l'*Ami des lois*. » Sans doute les comédiens espéraient-ils que les Montagnards n'oseraient interdire une représentation dont la recette intégrale devait aller à l'armée nationale, alors en fâcheuse posture. La naïveté de ce calcul montre à quel point les comédiens se méprenaient sur la virulence de la haine des Montagnards à l'égard de la pièce de Laya. Pour s'en convaincre, il suffit de consulter le rapport que fit le 6 février un administrateur de police à la société des Jacobins, dans lequel il rendait fièrement compte de la manière dont, deux jours auparavant, son administration avait déjoué le complot des comédiens du Théâtre de la Nation.[1] Ces derniers, expliquait-il, avaient déployé « l'astuce criminelle » propre à leur profession en faisant appel au patriotisme du public dans l'unique dessein de donner l'impression d'avoir cédé à une volonté prétendument populaire, mais en réalité sous leur contrôle, lorsqu'ils remettraient sur scène l'*Ami des lois*. Par bonheur, l'administration avait pris une mesure salutaire en exprimant son mécontentement aux comédiens pendant l'après-midi du 4, les avertissant notamment qu'elle les tiendrait « responsables des troubles qui pourraient résulter de la représentation de l'*Ami des lois* ».

Un tel avertissement n'avait rien d'illégal et ressemblait même d'assez près aux « invitations » que disait pratiquer Pétion. Est-ce par prudence que l'administrateur choisit de dissimuler aux Jacobins les mesures plus litigieuses qu'il avait également prises ? Toujours est-il qu'un journaliste des *Annales de la République française*, restituant des dires qu'il disait tenir de Mercier, affirma le 9 février que l'administration de la police avait menacé les comédiens en signifiant à ces derniers que s'ils jouaient la pièce, « la force publique serait requise, mais qu'il ne pouvait pas répondre de ses intentions ultérieures, ni de ses bonnes dispositions ». Les comédiens, face à de telles insinuations qui les menaçaient de troubles dont ils seraient ensuite tenus responsables, donnèrent leur parole que la pièce ne serait pas jouée le lendemain. Nous ne savons comment les spectateurs furent instruits de cette promesse, mais il est certain que la rumeur se répandit rapidement, puisque le soir du 4, le public demanda « au Citoyen Dazincourt pourquoi, malgré l'annonce d'une représentation de l'*Ami des lois*

---

[1] Voir l'annexe C-24.

INTRODUCTION

pour le lendemain, cette représentation n'aurait pas lieu ».[1] Après avoir insisté sur le péril que représentait pour son théâtre la pièce de Laya, Dazincourt implora le public : « Si vous consentez à nous continuer les bontés dont vous nous comblez tous les jours, n'exigez pas les représentations d'un ouvrage dont les suites pourraient nous devenir funestes. »[2]

Le public consentit à continuer ses bontés, à tel point qu'il n'y eut aucune altercation et que la soirée du 4 février marqua la dernière fois que des spectateurs réclamèrent l'*Ami des lois*.

L'Ami des lois *enfin proscrit : mars 1793*

La pièce de Laya, rappelons-le, n'avait jamais été interdite officiellement : seules l'animosité de la Commune et la prudence des comédiens faisaient obstacle à sa reprise. De plus, le scandale aidant, la pièce était devenue un véritable succès de librairie, comme en témoignent ses nombreuses rééditions en 1793.[3] Rien de surprenant donc à ce que les sections de Paris aient poursuivi leur campagne contre l'*Ami des lois*, en dépit du fait qu'aucun théâtre n'envisageait sérieusement en mars 1793 de ressusciter une pièce aussi controversée. Ainsi, le 7 mars,[4] une députation de la Société des Défenseurs de la République se présenta devant le Conseil général pour exiger que la vente de l'*Ami des lois* soit interdite. Le Conseil général refusa net, sur le motif qu'on pouvait légalement suspendre la représentation tumultueuse d'une pièce mais qu'on ne pouvait en empêcher la vente sans enfreindre la liberté de la presse. Michel de Cubières profita cependant de cette occasion pour demander « qu'il soit défendu aux comédiens de prendre le titre de *Théâtre de la Nation* ».[5] Si les Montagnards n'osaient encore au printemps de 1793 s'opposer trop ouvertement à la liberté de la presse, l'un des principes fondamentaux, voire fondateurs, de la Révolution, la liberté des théâtres chancelait sensiblement depuis

---

[1] *Journal de Paris*, 6 février 1793, p. 148.

[2] Le *Journal de Paris*, 6 février 1793, p. 148 et les *Annonces, affiches et avis divers* du 6 février 1793, p. 514-5 contiennent deux versions quasi-identiques de ce discours.

[3] Voir la section intitulée « Publication de l'œuvre ».

[4] *Journal de Paris*, 9 mars 1793, p. 270. L'article porte la date du 7.

[5] *Journal de Paris*, 9 mars 1793, p. 270.

l'affaire de l'*Ami des lois*. Il fut ainsi aisé pour la Commune d'interdire définitivement la représentation de la pièce, ce qu'elle fit le 31 mars à l'instigation, par une tragique ironie du sort, du corps parlementaire qui s'était montré jusque là le plus fidèle protecteur de l'*Ami des lois* : la Convention nationale.

En effet, le 31 mars, la Convention prit une décision fort semblable à celle qui l'avait conduite à affronter la Commune lors de l'affaire de l'*Ami des lois*.[1] Le député Génissieux ouvrit la discussion en recommandant l'interdiction de *Mérope*, la tragédie de Voltaire ayant donné lieu à des applications lors de sa reprise au Théâtre Montansier. Admettons avec Génissieux que ces applications étaient attribuables davantage au contenu de la pièce qu'à l'imagination maligne de spectateurs aristocrates : difficile en effet de ne pas distinguer d'analogies avec la situation présente de la France dans une pièce qui mettait sur scène une reine pleurant son mari nouvellement décédé et attendant impatiemment le retour de deux frères absents. Toujours est-il que Génissieux exigeait une censure strictement idéologique qui était, en l'absence de désordres pouvant la justifier, indéniablement illégale. Qu'aucune voix ne s'éleva en opposition témoigne de l'ampleur des transformations qui avaient eu lieu depuis janvier 1793. Boissy d'Anglas proposa alors un décret qui fut adopté, chargeant la Commune « de donner les ordres nécessaires pour empêcher la représentation de cette pièce ». La Commune ne manqua pas d'accéder à une telle invitation : elle défendit toute représentation de *Mérope*, puis en profita pour ajouter que les sages motifs avancés par la Convention l'incitaient à proscrire également l'*Ami des lois*.[2]

Dernières représentations : de juin à septembre 1795

Deux ans passèrent, pendant lesquels la pièce fut frappée d'anathème, comme si une sombre malédiction s'attachait à ceux qui avaient participé à son succès. Sous la menace d'un décret d'arrestation, ses biens placés sous scellés, Laya dut se cacher pendant près de quinze mois, durant lesquels il perdit la petite fortune dont il tenait son indépendance. Son sort fut cependant préférable à celui de ses compères comédiens qui furent écroués la

---

[1] *Archives parlementaires*, LXI, p. 26.

[2] Voir l'annexe C-27.

INTRODUCTION

nuit du 3 septembre 1793, le scandale de la *Paméla* de François de Neufchâteau servant de prétexte à l'infliction d'un châtiment motivé en grande partie par la querelle de l'*Ami des lois*.[1] Plusieurs furent condamnés à mort, mais tous survécurent, grâce à l'intervention inespérée d'un commis des tribunaux révolutionnaires, le comédien amateur Labussière, qui retarda l'exécution des acteurs assez longtemps pour que leur place sur l'échafaud fût prise, le 9 Thermidor, par leurs adversaires jacobins.

Aussi n'y a-t-il rien de surprenant à ce qu'il fallut attendre le 6 juin 1795 pour que la pièce de Laya retrouva enfin la scène, cette fois-ci celle du Théâtre de la rue Feydeau.[2] Nous ne possédons guère de renseignements sur cette représentation, si ce n'est qu'elle attira une forte affluence,[3] suffisante en tout cas pour que l'expérience fût répétée à onze reprises,[4] mais ne sut captiver l'attention (favorable ou non) des divers journaux et assemblées révolutionnaires. De cette absence quasi absolue d'articles dans la presse, ainsi que des réflexions peu flatteuses que firent à ce sujet Étienne et Martainville,[5] est née une interprétation unique, qualifiant d'échec la reprise de l'*Ami des lois* et attribuant cette déconvenue à l'incapacité des pièces de circonstance à « survivre

---

[1] Ainsi, le 3 septembre, au beau milieu du scandale provoqué par la représentation de *Paméla*, la *Feuille du salut public*, véritable porte-parole du gouvernement jacobin, justifiait la clôture du Théâtre de la Nation en rappelant aux lecteurs que cet auditorium était le lieu « où le poignard qui a frappé Marat a été aiguisé lors du faux *Ami des lois* ». Cité dans Noëlle Guibert et Jacqueline Razgonnikoff, *Le Journal de la Comédie-Française, 1787-1799 : La Comédie aux trois couleurs* (Antony : SIDES, 1989), p. 233.

[2] Quelques mois plus tard, le Théâtre de la rue Feydeau poursuivit son « best-of » des pièces proscrites de 1793 en reprenant la *Paméla* de François de Neufchâteau.

[3] Étienne et Martainville, *Histoire du théâtre français*, p. 195.

[4] Kennedy et al., *Theatre, opera, and audiences in revolutionary Paris*, recense douze représentations de la pièce en 1795 (p. 185). André Tissier, *Spectacles à Paris*, dénombre quant à lui onze représentations (II, p. 106). Seul le site internet César fait une liste des dates précises, à partir desquelles il devient possible d'évaluer à douze le nombre de représentations en 1795.

[5] Étienne et Martainville insinuent en effet que le succès limité qu'eut la pièce provint entièrement du désir des spectateurs de « payer un tribut de reconnaissance » à un auteur et à des comédiens qui avaient risqué leurs vies en attaquant de front les « terroristes » jacobins (*Histoire du théâtre français*, p. 196).

aux conjonctures qui [les] avaient inspirée[s] ».[1] Pourtant, douze représentations ne constituaient pas à l'époque un échec, surtout pour une pièce ne disposant plus de l'attrait de la nouveauté. Aussi nous semble-t-il légitime, en l'absence de rapports contemporains indiquant que l'*Ami des lois* fut mal reçu, d'envisager la possibilité que son prétendu échec témoigne avant toute chose de la présomption, évidente même dans certaines études récentes, que la pièce de Laya et, de manière générale, le théâtre révolutionnaire tiraient leur succès, non pas d'un quelconque mérite esthétique ou formel, mais de l'étroite relation qu'ils entretenaient avec les conjonctures historiques de leur création. Nous ne souhaitons pas séparer ainsi l'esthétique du politique – entreprise singulièrement difficile et trompeuse pour la période révolutionnaire – aussi nous refusons-nous de juger les représentations de 1795 à partir de l'un ou de l'autre critère. Tout au plus pouvons-nous affirmer qu'elles furent les dernières.

Laya après 1795 : l'ironie du sort

À lire les lettres de Laya, écrits intimes où s'exprime le plus librement son for intérieur, divers traits de sa personnalité se dessinent. Sans pour autant mettre en doute la sincérité de sa foi dans les vertus morales et pédagogiques d'un théâtre-miroir, il est indéniable que cet idéalisme était chez lui mitigé par un pragmatisme et une adaptabilité aux circonstances qui résultèrent en de nombreuses contradictions tout au long de sa carrière. Laya ne cessa jamais de nier qu'il était un homme de parti, mais peut-être n'était-ce vrai que parce qu'il était en réalité un homme de tous les partis, prêt à retoucher sa pièce pour se plier aux exigences du moment. Si nous devions écrire le roman de la destinée de Laya après son quart d'heure de gloire, il serait placé sous le signe de l'ironie. Ironique, en effet, le démenti de Laya dans sa préface de 1822 qu'il était un auteur de pièces de circonstance, alors même qu'il publiait une réécriture quasi-intégrale de sa pièce afin de refléter la transition d'une république à une monarchie constitutionnelle. Ironique, également, pour un écrivain qui s'était

---

[1] Moland, *Théâtre de la Révolution*, p. xxii. Voir aussi Jauffret, *Le Théâtre révolutionnaire*, p. 212. Dans l'édition la plus récente de la pièce, Truchet se contente quant à lui d'affirmer que la reprise de la pièce eut peu de succès (*Théâtre du XVIIIe siècle*, II, p. 1546).

longtemps évertué à disculper l'*Ami des lois* de l'accusation qu'il s'agissait d'une pièce royaliste dissimulée sous un vernis républicain, de voir par la suite cette même pièce accusée de républicanisme et de se trouver dans l'obligation d'insister qu'elle avait toujours été royaliste. Ironique, enfin, la décision de Laya, au crépuscule de sa vie, d'accepter un poste de censeur, lui qui avait été la première victime du rétablissement officieux de la censure dramatique en 1793.

Pourtant, sous le Directoire, la conduite de Laya fut d'abord conforme aux principes modérés dont il s'était fait le porte-parole dans sa pièce. Le projet politique du Directoire de déterminer et d'occuper le « juste milieu » entre l'arbitraire monarchique et l'anarchie jacobine, s'il ne fut pas toujours respecté dans la pratique, avait tout pour attirer un homme qui se voulait avant toute autre chose un ami des lois et de l'ordre public. Lorsque Tallien, Fréron et Barras lui demandèrent de rédiger le célèbre *Rapport fait au nom de la commission chargée de l'examen des papiers trouvés chez Robespierre et ses complices*, il consentit à cette tâche, bien qu'il sût que tout le mérite en serait attribué au député Courtois, parce qu'il était convaincu que ce rapport affermirait le Directoire en exposant l'hypocrisie et la cruauté de l'extrême gauche qui s'efforçait alors de revenir au pouvoir.[1] Laya espérait renouer de la sorte avec le rôle qu'il avait assumé en écrivant l'*Ami des lois*, celui de dénonciateur des factions subversives et violentes qui menaçaient la stabilité de la Révolution. La modération étant sa devise, il fut cependant déçu par le manque de retenue esthétique et politique dans la version finale du rapport, accusant Courtois et l'abbé Mulot de l'avoir « surcharg[é] d'un placage révolutionnaire du plus mauvais goût ».[2]

---

[1] Telle est en tout cas l'explication qu'il avance dans sa lettre au Comte de la Bourdonnaye du 28 octobre 1829 (BCF : Dossier auteur/Laya) : « Le bon mouvement qui avait produit cette Révolution commençait à se ralentir. Les héritiers de Robespierre reprenaient leurs espérances : afin de les détruire, les chefs des Thermidoriens firent décréter qu'il serait fait un rapport sur les papiers des conspirateurs des Comités de salut public et de sûreté. Plusieurs députés qui avaient, successivement, accepté cette mission épineuse, y renoncèrent, quand il fallait la remplir. On sentait pourtant la nécessité de ce rapport, afin d'arrêter ce mouvement imminent de réaction sanglante que préparaient les partisans de la Terreur. »

[2] Voir la note précédente.

INTRODUCTION

Las d'être le « nègre administratif » de Courtois, désireux de retrouver les devants de la scène, Laya s'efforça par la suite de réintégrer le monde du théâtre. Parmi ses ouvrages dramatiques, *Falkland*, admirablement interprété par Talma, lui valut un certain succès, sans pour autant lui permettre de retrouver la gloire qu'il avait si brièvement goûtée en janvier 1793.[1] Sa réception à l'Académie française en 1817 couronna sa carrière, mais les éloges qu'il reçut alors confirmèrent que celle-ci n'avait guère décollé, tant les discours de ses nouveaux confrères restèrent tous axés sur l'*Ami des lois*. En effet, au grand désespoir de Laya, une fois l'*Ami des lois* oublié, son influence sur le théâtre français s'exprima davantage à travers le travail d'autrui que par ses propres pièces. Devenu commentateur bien plus qu'auteur, il mit son enthousiasme et son savoir faire littéraire au profit des ouvrages de ses confrères. D'abord, il écrivit d'innombrables articles pour *Les Veillées des muses* et l'*Observateur des spectacles* et, surtout, pour le très influent *Moniteur*, dont il fut le critique littéraire pendant plus de quinze ans. Puis, en tant que titulaire de diverses chaires, dont celle d'histoire littéraire et de poésie française à la faculté des lettres du lycée Napoléon (aujourd'hui Henri IV), il contribua à la formation d'une nouvelle génération d'écrivains.[2] Enfin, à partir de 1827,[3] il influença le théâtre de son temps de la manière la plus concrète et péremptoire qu'il fût : par la censure.

En intégrant le Bureau des théâtres, comme s'intitulait alors le comité de censure, Laya faisait preuve d'une certaine audace, étant donné la longue période, de 1814 à 1822, où il avait été l'un de ses principaux adversaires. Nous n'entrerons pas dans les détails de ces huit années de supplications, de compromis et de prises de bec publiques qui opposèrent Laya, les trois membres du Bureau des théâtres, et Abel-François Villemain, directeur de la division de l'imprimerie et de la librairie.[4] En voici toutefois les grandes

---

[1] *Falkland* fut représenté pour la première fois le 25 mai 1798 et remis au théâtre le 13 novembre 1821.

[2] Voir la notice bibliographique de l'édition de l'*Ami des lois* de 1824, p. 113-22 ; et la *Biographie universelle*, p. 200.

[3] Voir Odile Krakovitch, *Les Pièces de théâtre soumises à la censure (1800-1830)* (Paris : Archives Nationales, 1982), p. 28 ; et Victor Hallays-Dabot, *Histoire de la censure théâtrale en France* (Paris : E. Dentu, 1862), p. 276-7.

[4] Pour un récit plus complet de cette querelle, voir Welschinger, 'L'*Ami des lois* sous la Terreur et la Restauration' ; Laya, *Un Mot sur M. le directeur de*

lignes : en 1814, Laya estima que le retour au pouvoir des Bourbons en la personne de Louis XVIII, frère de Louis XVI, dont l'*Ami des lois* avait pris la défense, marquait une occasion rêvée de relancer sa pièce. Dans ce but, alors qu'il n'avait cessé de répéter en 1793 que son ouvrage n'était pas royaliste mais républicain, sous la Restauration, il reprit à son compte les accusations jacobines et affirma que l'*Ami des lois* avait toujours été une pièce monarchiste qu'il avait déguisée en comédie républicaine pour qu'elle fût représentée.[1] Authentiques ou non (et nous pouvons en douter), les origines royalistes de l'*Ami des lois* ne suffirent pas pour que les censeurs consentent à sa représentation, et ils exigèrent qu'il y soit apporté de nombreuses révisions. Laya s'efforça alors de faire (ou de refaire) de Forlis un monarchiste constitutionnel, une transformation si radicale qu'elle ne laissa que trois cents vers intacts.[2] Après maintes temporisations, les censeurs approuvèrent enfin la nouvelle version de l'*Ami des lois* le 28 mars 1817,[3] mais Laya se querella avec Villemain, et la pièce resta en suspens. Excédé, Laya écrivit deux ans plus tard son *Mot sur M. le directeur de l'imprimerie et de la librairie, ou abus de la censure théâtrale*, et se résolut à publier sa pièce en 1822, dans l'espoir, disait-il dans sa préface, de trouver de meilleurs juges chez ses lecteurs.

La querelle entre Laya et le Bureau des théâtres n'a en elle-même rien de bien singulier, mais elle est révélatrice d'une évolution générale dans la pratique de la censure. En 1793, pour la première de l'*Ami des lois*, il n'existait plus de censure. En 1795, la représentation de la pièce de Laya avait été permise en partie parce que la censure y avait vu un soutien à la philosophie centriste du Directoire, étant donnée sa condamnation virulente des Jacobins, les principaux ennemis du gouvernement. Le caractère actuel et politique de l'*Ami des lois* avait ainsi été favorable à sa représentation. Aussi Laya s'étonnait-il, dans sa préface de 1822,

---

l'imprimerie et de la librairie, ou abus de la censure théâtrale ; et Hallays-Dabot, *Histoire de la censure théâtrale en France*, p. 254-5.

[1] *Un Mot sur M. le directeur de l'imprimerie et de la librairie*, p. 12.

[2] *Ibid.*, p. 14. Voir l'annexe A pour une sélection des variantes les plus révélatrices.

[3] Le rapport des censeurs est reproduit par Laya dans sa préface à l'édition de 1822.

de ce qu'une pièce qui respirait, selon les censeurs, le respect du roi et l'amour de l'ordre puisse être interdite. Les censeurs lui avaient pourtant fourni une explication du nouveau fonctionnement de la censure : « M. Laya est trop éclairé pour ne pas sentir que la représentation de la pièce la plus irréprochable qui transporte sur la scène des questions purement politiques est susceptible d'inconvénients dont la nature et le danger peuvent, au gré des circonstances, varier d'un jour à l'autre. »[1] Sous la Restauration, la censure aspirait en effet à la suppression de toute allusion à la politique et à l'actualité, même lorsque ces allusions rejoignaient la position du gouvernement, de peur qu'elles n'inspirent des applications qui puissent altérer le sens de la pièce. Ainsi, tandis que Laya pensait s'attirer les bonnes grâces de la monarchie en ajoutant à sa pièce un passage critiquant explicitement les républicains, les censeurs s'inquiétaient : « On applaudira ironiquement ce passage. On rira du gouvernement. »[2] En dramatisant des débats politiques toujours actuels, l'*Ami des lois* risquait de provoquer un conflit sectaire au sein du parterre, sans être en mesure de garantir que les partisans du gouvernement en sortiraient vainqueurs.

Ce risque était d'autant plus important que la pièce de Laya appartenait à une période historique récente, contentieuse et, pour les royalistes, douloureuse. Les censeurs avaient d'ailleurs expliqué dans leur rapport de 1817 qu'ils craignaient « de réveiller des souvenirs trop récents ». À l'inverse de Laya, ils avaient compris que la réécriture de l'*Ami des lois*, aussi complète fut-elle, ne pourrait effacer ses versions antérieures. Tel un palimpseste, la pièce de Laya retiendrait à jamais la trace des idées et des expressions républicaines qui avaient été les siennes, ainsi que des conflits auxquels elle avait donné lieu. Pour une partie importante de la population, l'*Ami des lois*, par son passé, souffrait d'un vice irrémédiable, celui-là même que les censeurs avaient noté à propos du mot « citoyen » dans le dernier vers de la pièce : « C'était rappeler [...] le souvenir de mauvais jours. »[3] En cela, l'*Ami des lois* allait à l'encontre de la politique culturelle de la Restauration,

---

[1] Cité par Laya dans une lettre à M. le rédacteur du *Courrier*, datée du 24 décembre 1819 (BCF : Dossier auteur/Laya).

[2] Welschinger, 'L'*Ami des lois* sous la Terreur et la Restauration', p. 75.

[3] Welschinger, 'L'*Ami des lois* sous la Terreur et la Restauration', p. 78.

qui aspirait à l'effacement du passé révolutionnaire, dont la survivance dans le présent représentait une source intarissable de conflit et d'instabilité. En effet, les corrections des censeurs suggèrent qu'à leurs yeux le théâtre ne devait servir ni de lieu de mémoire ni de site de débat sur les circonstances présentes. Une distance devait être maintenue avec l'actualité, précisément cette distance salutaire, d'un point de vue esthétique aussi bien que politique, qu'avait codifiée le théâtre classique, avant que la Révolution ne popularise un théâtre de circonstance parfaitement illustré par l'*Ami des lois*. Il est ironique que le retour au pouvoir de la monarchie, tant applaudi par Laya dans la nouvelle version de sa pièce, ait entraîné le renouveau d'une conception classique de la censure en tout point contraire à l'esprit d'une pièce telle que l'*Ami des lois*.

Enfin, sans vouloir attribuer une valeur morale à la décision de Laya d'accepter un poste de censeur (Odile Krakovitch l'accuse d'être un « personnage versatile et lâche », à l'inverse de Marie-Pierre Le Hir qui émet l'hypothèse qu'il ne devint censeur que pour faciliter la représentation de pièces subversives[1]), nous ne pouvons manquer de souligner l'inconséquence d'une telle conduite pour un auteur dont l'infime place dans le panthéon littéraire français résultait principalement de son martyre au nom de la liberté théâtrale. Cela n'empêcha pourtant pas Laya de prendre la place de Lacretelle à la présidence du Bureau des théâtres, le même comité de censure qu'il avait violemment critiqué suite au refus de l'*Ami des lois*. Peut-être croyait-il réellement pouvoir remplacer une « censure impériale » par une « censure raisonnable », comme il l'avait souhaité en 1819.[2] Quoi qu'il en soit, Laya n'occupa son poste que brièvement, comme en témoigne sa lettre incendiaire au comte de la Bourdonnaye, en réponse à l'insulte que représentait à ses yeux la nouvelle de son licenciement, effectif à partir du 1er novembre 1829.[3] Il n'en savait rien alors, mais sa carrière de

---

[1] Krakovitch, *Les Pièces de théâtre soumises à la censure*, p. 27-8 ; Marie-Pierre Le Hir, *Le Romantisme aux enchères : Ducange, Pixerécourt, Hugo* (Philadelphia : Benjamins, 1992), p. 87-88.

[2] Lettre de Laya à M. le rédacteur du *Courrier*, datée du 24 décembre 1819 (BCF : Dossier auteur/Laya).

[3] Lettre de Laya au Comte de la Bourdonnaye, datée du 28 octobre 1829 (BCF : Dossier auteur/Laya).

INTRODUCTION

censeur n'aurait de toute façon guère pu durer beaucoup plus longtemps : en 1830, l'article 7 de la Charte mettait un terme, certes de courte durée, à la censure théâtrale ;[1] en 1833, Laya n'était plus.

---

[1] Odile Krakovitch (éd.), *Censure des répertoires des grands théâtres parisiens (1835-1906)* (Paris : Centre historique des Archives Nationales, 2003), p. 36.

Publication de l'œuvre

La pièce figure dans le recueil de pièces révolutionnaires publié par Louis Moland en 1877. Jacques Truchet en a également présenté une édition dans son anthologie du *Théâtre du XVIIIe siècle*, parue en 1974. Cette dernière a le grand mérite de proposer un choix de variantes des éditions de 1795 et de 1822, ainsi que l'ensemble des variantes des deux impressions majeures de 1793. Elle relève aussi celles du manuscrit du souffleur, et contient une introduction sommaire (5 pages), dans laquelle quelques-uns des principaux enjeux de l'œuvre sont résumés. Cependant, les nombreuses autres impressions de 1793 n'y sont pas prises en compte. Leurs variantes sont mineures, certes, mais abondantes : surtout, le nombre d'impressions différentes témoigne du succès qu'eut la pièce de Laya dans les premiers mois de 1793, raison pour laquelle il importe de reconstituer l'historique de sa publication, dans la mesure du possible. Pour la période postérieure à l'administration étatique de la libraire française, les sources sont lacunaires, et l'absence de registres de privilège complique la datation précise de la publication : il est donc difficile d'en donner un historique complet. Notamment, il s'avère impossible d'arranger dans un ordre chronologique strict les diverses versions de la pièce imprimées en 1793. Voici toutefois quelques éléments pouvant servir à l'histoire de sa publication.

La version que nous avons prise comme texte de base, ci-dessous dénommée L1, porte sur sa page de titre la mention « janvier 1793 » : c'est la seule version à indiquer un mois de parution. Cette datation est tout à fait vraisemblable, Laya ayant vendu un manuscrit de sa pièce à l'imprimeur Maradan le 8 janvier 1793 (le contrat fut signé en présence du notaire M^e. Nicolas Hua).[1] Comme le montre une note insérée par Laya dans la *Chronique de Paris* du 9 janvier 1793, Maradan fut seul autorisé à imprimer la pièce ; aussi considérons-nous les deux versions de 1793 ne faisant pas mention de cet imprimeur comme des versions pirates : il s'agit de la version ci-dessous dénommée L6, imprimée par Chambon,[2] et

---

[1] Voir ci-dessous, p. 130-31.

[2] À la différence de Maradan, il s'agit d'un petit imprimeur clandestin avant la Révolution, qui a profité du bouleversement de l'imprimerie et de la librairie après 1789. Chambon n'est pas mentionné dans Jean-Dominique Mellot et Élisabeth Queval, *Répertoire d'imprimeurs-libraires (vers 1500-vers 1810)* (Paris : Bibliothèque Nationale de France, 2004). Voir toutefois Frédéric Barbier, Sabine

d'une autre, publiée anonymement (L12). Maradan, quant à lui, imprima plusieurs versions différentes de l'œuvre. Son catalogue pour l'année 1793 fait référence à trois types de publication, comme suit :
- L'Ami des loix, comédie en 5 actes, par M. Laya, caractère de Didot, pap. vélin avec le portrait de l'auteur. 4 l. (Le portrait de l'auteur se vend séparément 1eres épreuves 1 l.)
- L'Ami des loix, pap. ord. 1 l. 10 s.
- Le même, papier commun 15 s.[1]

On peut donc légitimement en conclure que ces trois versions furent toutes disponibles à la vente au même moment, quel que soit l'ordre de leur parution. Autrement dit, aucune des versions ne fut imprimée pour en *remplacer* une autre. Nous savons en outre que Maradan fut l'un des premiers imprimeurs-libraires à abandonner le commerce exclusif des éditions de luxe des ouvrages monumentaux, entraînant la réorientation de l'édition théâtrale parisienne vers l'impression d'œuvres mineures à faible coût (ce qui lui permit de faire fortune).[2] Cette triple publication témoigne de la large gamme de clients auxquels s'adressait cet imprimeur, ce qui n'est guère surprenant étant donné la notoriété de l'œuvre.

La première édition citée dans le catalogue de Maradan, au prix de 4 *livres* (ci-dessous dénommée L1), est une édition de luxe vraisemblablement tirée à un nombre réduit d'exemplaires. Le seul exemplaire de cette édition que nous ayons trouvé n'inclut pas le portrait de l'auteur, mentionné dans son catalogue. Un article signé Napoléon Marchal fait référence à un exemplaire de la pièce portant la date de janvier 1793 et contenant un portrait de Laya, mais nous n'avons pu le retrouver.[3] Le cabinet des Estampes possède deux exemplaires séparés de cette illustration, qui fut

---

Juratic, Annick Mellerio, *Dictionnaire des imprimeurs, libraires et gens du livre à Paris, 1701-1789, A-C* (Genève : Droz, 2007), p. 415-6.

[1] *Notice de livres nouveaux et autres, brochés, qui se trouvent chez Maradan, libraire, rue du Cimetière St-André des arts, No. 9.* (Paris : s.n., s.d. [1793]), p. 1, sous la rubrique « Comédies nouvelles, représentées sur les 1$^{rs.}$ théâtres ».

[2] Carla Hesse, *Publishing and cultural politics in revolutionary Paris, 1789-1810* (Berkeley : University of California, 1991), p. 194 ; sur Maradan voir aussi les p. 196-7, et Mellot et Queval, *Répertoire d'imprimeurs-libraires*, entrées 2461 et 2588.

[3] Napoléon Marchal 'L'Ami des lois, par Laya', *Bulletin du bouquiniste*, 15 février 1876, p. 83-87.

INTRODUCTION

composée à partir d'une peinture à l'huile de Louis Landry conservée aujourd'hui au Musée Carnavalet, et gravée par Adrien-Pierre-François Godefroy.[1]

Cette édition de luxe fut-elle la première version imprimée de la pièce ? Marchal affirme qu'il est impossible que deux éditions aient pu paraître au même moment et que les autres versions sont toutes postérieures à septembre 1793, affirmation fondée sur sa comparaison de L1 avec une seule autre version (vraisemblablement L12, étant donné sa description, qui parle notamment d'anonymat). Cette affirmation est erronée. Il est certain que la version que nous avons dénommée L2 parut avant le 18 mai 1793, date d'un compte-rendu dans le *Mercure français*, qui fait référence à une édition dont le prix de vente était de 30 sous, et dont la page de titre portait la mention « auteur des *Dangers de l'opinion* et de *Jean Calas* ».[2] En outre, l'*Abréviateur universel* du 12 janvier, dans une discussion d'une deuxième version, vraisemblablement ce même L2, contient l'affirmation suivante :

> On a fait en même temps six compositions différentes de cet imprimé ; et il a été tiré en 24 heures par six presses sans interruption. Les libraires avaient parfaitement pressenti l'opinion du public, qui s'est porté avec enthousiasme pour acheter cette nouvelle production. Des colporteurs en ont fait un objet de spéculation dans la soirée de jeudi. On en voyait, au coin de plusieurs rues du quartier St.-André-des Arts, qui les vendaient à 40 et 50 sous.[3]

---

[1] BnF-Cabinet des Estampes : Portraits : D185555 et D185555b. Un troisième exemplaire est relié avec l'exemplaire de la pièce coté BnF-Arts du spectacle : Rf-18495. L'original de la peinture est conservé au Musée Carnavalet. François Miel, *Notice sur Godefroy, graveur* (Paris : Imprimerie Ducessois, [s.d.]) ne mentionne pas cette gravure. La peinture n'est pas mentionnée dans le *Catalogue de tableaux, miniatures, [etc.] du cabinet de feu M. Landry* (Paris : Salbart, Regnault-Delalande, 1810).

[2] 'Nouvelles littéraires', p. 98-101.

[3] *Abréviateur universel*, 12 janvier 1793, p. 46. Cet article donne une description matérielle qui correspond à L2, y compris le prix de 30 sous, le format in-8°, et la mention « 178 pages ». Il s'agit vraisemblablement d'une erreur pour *118* pages, qui est l'étendue du texte de L2 sans ses paratextes (aucune des éditions que nous avons retrouvées ne comptant 178 pages).

Il s'agit là manifestement d'une édition bon marché ; la *Chronique de Paris* du 13 janvier soutient également que la pièce se vendait à 2000 exemplaires, ce qui semble peu vraisemblable pour une édition de luxe.[1] De même, les *Révolutions de Paris* du 12-19 janvier affirment que la pièce avait déjà été imprimée et que Laya aurait reçu de Maradan quelque 6000 livres en droits d'auteur,[2] passage qui laisse supposer que l'impression de L2 eut lieu pendant la nuit du 10 janvier.

La vitesse de l'impression prouve, selon nous, la forte demande produite par la première série des représentations de l'œuvre. L2 a laissé le plus grand nombre d'exemplaires, et on peut donc considérer cette version comme l'édition la plus courante. Cette deuxième version, imprimée sur du « papier ordinaire », comprend tous les paratextes préliminaires, et occupe 8 cahiers (de A à H). D'une typographie relativement soignée, L2 contient beaucoup moins de coquilles que les versions contrefaites. Elle fut corrigée plusieurs fois, d'où un grand nombre de variantes mineures d'un exemplaire à l'autre. Le passage de l'*Abréviateur* cité ci-dessus indique que six presses furent employées pour imprimer cette version, et suggère que six formes furent créées pour chaque feuille, permettant ainsi à chaque presse de tirer un ensemble complet de feuilles. Cependant, une telle pratique aurait été extrêmement laborieuse, et il est également possible qu'il n'y ait existé qu'un seul ensemble de formes, que chacune des six presses imprimait un seul cahier de l'œuvre à la fois (ce fut notamment le procédé employé pour l'impression des *Réflexions* de Burke à Londres quelques années auparavant), et que des corrections mineures y furent apportées pendant l'impression. Ceci expliquerait la présence de variantes d'un exemplaire à l'autre dans des cahiers qui autrement sont identiques : les signatures et les réclames apparaissent au même endroit, ainsi que d'autres aspects

---

[1] *Chronique de Paris*, 13 janvier 1793, p. 52: 'Pendant que l'on disputait à la Convention pour savoir si on lui accorderait la mention honorable, le libraire en vendait deux mille exemplaires'. Voir aussi *Révolutions de Paris*, 12-19 janvier 1793, p. 157 : « à présent qu'il est imprimé, on peut appeler du prestige des représentations au calme de la lecture », bien que ce texte ne permette pas de dire de quelle édition il s'agit.

[2] Notons que le contrat prévoyait un prix de 4.000 livres, à payer en trois fois : un acompte de 2.000 liv., 1.000 liv. supplémentaires à payer 10 jours après la mise en vente de l'ouvrage ; et enfin 1.000 liv. en marchandises.

de la mise en page, tels que les fins de vers et la numérotation des pages. Il est difficile de trancher, étant donné le peu d'exemplaires qui ont survécu (sur les 2000 exemplaires auquel la *Chronique de Paris* fait référence, nous en avons retrouvé 16), mais une comparaison systématique des exemplaires a permis de dresser une liste de variantes mineures qui suggère que les exemplaires diffèrent souvent les uns des autres, et que les variantes de chaque exemplaire sont conformes sur l'ensemble d'un cahier : autrement dit, que les différents exemplaires contiendraient un mélange de feuilles provenant de presses différentes.[1] Les variantes en question sont essentiellement des corrections de coquilles ou des modifications mineures de ponctuation ; nous dressons ci-dessous une liste des leçons rejetées. C'est une raison de plus pour prendre L1 comme texte de base, car cette version contient très peu d'erreurs typographiques par rapport à L2.

La version L3, imprimée sur du « papier commun » (bleuté) et vendue à 15 sous, n'occupe que 5 cahiers, et supprime tout paratexte : c'est une version qui reste relativement soignée mais qui fut imprimée par Maradan à plus faible coût. À lui seul, Maradan aurait ainsi satisfait une forte demande d'exemplaires. Il existe également plusieurs autres éditions, soit sans nom d'imprimeur soit Maradan tout seul, qui sont vraisemblablement pirates. C'est notamment le cas de L5, de L7 et de L8, chacune contenant un grand nombre d'erreurs typographiques. La version L4 est difficile à classer : elle ne mentionne pas Lepetit, emploie des fleurons et ornements typographiques différents de ceux des autres versions imprimées par Maradan, et contient quelques coquilles assez grossières. Étant donné par ailleurs l'absence de ces versions du catalogue de Maradan, il est probable qu'il s'agit de contrefaçons, mais il est difficile d'en être sûr : aussi en relevons-nous les variantes, ainsi que celles de L2 et de L3.

---

[1] Seule exception : la feuille E qui contient un plus grand mélange, et dont au moins quatre versions ou états ont dû exister.

INTRODUCTION

i. Éditions datant de 1793

ÉDITIONS AUTORISÉES

[L1] {Édition de luxe}
L'AMI / DES LOIS, / COMÉDIE / EN CINQ ACTES, EN VERS, / Représentée par les Comédiens de la Nation, / le 2 janvier 1793. / Par le Citoyen LAYA. / [entre filet] Tùm, pietate gravem ac meritis si fortè virum quem / Conspexêre, silent, arrectisque auribus adstant : / Ille regit dictis animos, et pectora mulcet. / A PARIS, / Chez MARADAN, rue du Cimetière S. André-des-Arcs, n°. 9. / JANVIER 1793, / L'an deuxième de la République Française.

Faux titre :] L'AMI / DES LOIS, / COMÉDIE / EN CINQ ACTES, EN VERS, / Représentée par les Comédiens de la Nation, / le 2 janvier 1793.

In-8°. A-G^{8}H^2: pp. [i]-[xix], 20-113, [3]. $4 signé (-Ai-ij). Réclames par cahier. Imprimé sur papier vélin.

pp.[i] Faux-titre, [ii] Propriété, [iii] Titre, [iv] bl., [v] Epître dédicatoire, [vi] bl., vii-xvii [Préface], [xviii] Personnages, [19]-113 Texte.

ADS : Rf.18489
Le Faux-titre de cet exemplaire comporte l'annotation suivante, à l'encre : 'Prix Coulant 1"....15.sols.' Il comporte en outre une illustration hors texte reliée à la suite de la p. [ii].

[L2] {Édition recensée dans le *Mercure* le 18 mai 1793}
L'AMI / DES LOIX, / COMÉDIE EN CINQ ACTES, EN VERS. / *Représentée par les Comédiens de la Nation,* / *le 2 janvier* 1793. / PAR LE CITOYEN LAYA. / AUTEUR DES DANGERS DE L'OPINION ET DE JEAN CALAS. / [entre filet] *Tùm pietate gravem ac meritis si fortè virum quem / Conspexêre, silent, arrectisque auribus adstant* : / *Ille regit dictis animos, et pectora mulcet.* / PRIX, 30 sols. / A PARIS, / Chez MARADAN, Libraire, rue du Cimetière- / Saint-André-des-Arcs, N°. 9. / Et chez

LEPETIT, Commissionnaire en Librairie, quai / des Augustins, N°. 32. / [filet] 1793.

In-8°. a^{8}A-G^{8}H^4: pp. 16, 118 [2 bl.]; $4 signé [- H3, 4], réclames par cahier.

pp. [1] Titre, [2] Propriété, [3] Epître dédicatoire aux représentans de la Nation, [4] bl., [5]-15 [Préface], [16] Personnages, [1]-118 Texte.

Cette édition existe en plusieurs états ; des corrections d'imprimeur affectent tous les cahiers.
Une page publicitaire intitulée 'Livre nouveau' est reliée à la suite de p. 118 dans certains exemplaires [= H^4].
La p. 15 est paginée 51 dans certains exemplaires.
La signature F3 manque dans certains exemplaires.

ADS : 8-RF-18484 ; 8-RF-18485.
Ars : GD-106 ; GD-5120 ; GD-22738 ; Th.N.2397.
BHVP : 603485, 919433, 611693, 611761, 603283.
BL : F.428.(2) ; 164.d.57 ; 11738.h.4.
BnF : 8-Yth-646 ; 8-Yth-647 ; 8-Yth-648 ; 8-Yth-651 ; 8-Yth-652 ; 8-Yth-21043.
Port-Royal : Fonds Grégoire, RV255=11
Sorbonne : LFT.10-4.in-8

L'exemplaire coté GD-22738 manque à la Bibliothèque de l'Arsenal (absence constatée le 9 novembre 1995).

On trouve, relié à la suite de l'exemplaire 603283 de la BHVP, un article de 4 pages tiré du *Feuilleton du Journal de Rouen*, 29 mai 1861, sur la pièce.

Note sur l'exemplaire de la BnF 8-Yth-648: par inadvertance, le cahier H est relié deux fois : à la suite du cahier E où il remplace le cahier F, et à la suite du cahier G.

[L3]
L'AMI / DES LOIS, / COMÉDIE EN CINQ ACTES, EN VERS. /
Réprésentée par les Comédiens de la Nation, le 2 / janvier 1793. /
PAR LE CITOYEN LAYA, / AUTEUR DES DANGERS DE

L'OPINION ET ET DE JEAN CALAS. / [entre filet] *Tùm Pietate gravem ac meritis si forté virum quem / Conspexêre, silent, arrectisque auribus adstant : / Ille regit dictis animos, et pectora mulcet.* / [filet enflé] / A PARIS, / Chez MARADAN, Libraire, rue du Cimeteère-Saint- / André-des-Arcs, n°. 9. / Et chez LEPETIT, Commissionnaire en Librairie, quai des / Augustins, n°. 32. / 1793.

Faux-titre :] L'AMI / DES LOIS, / COMÉDIE EN CINQ ACTES, EN VERS.

Imprimé sur papier bleuté

In-8°. π^6A-D^8: pp. [iv], [8], 64; $4 signé (-D4), réclames par cahier.

pp. [i] Faux-titre, [ii] bl., [iii] Titre, [iv] bl., [1]-5 [préface], [6] Propriété, [7] Epître dédicatoire aux représentants de la Nation, [8] Personnages, [1]-64: Texte

ADS : 8-RF-18487 ; 8-RF-18488.
BHVP : 8343, 942301
BnF : Yf-11198 ; 8-Yth-645.

On remarque des corrections à la page de titre dans certains exemplaires : Cimeteère Saint--/ et Cimitière Saint--/.

L'exemplaire de la BnF Yf-11198 a servi pour la reproduction numérique BnF : NUMM-48297, disponible à www.bnf.Gallica.fr.

CONTREFAÇONS VRAISEMBLABLES

Etant donné l'absence du nom de Laya et du texte de propriété, ainsi que la mauvaise qualité de la typographie, dans les cas suivants il s'agit vraisemblablement d'éditions contrefaites.

[L4]
L'AMI DES LOIS, / COMÉDIE. / EN CINQ ACTES, EN VERS, / *Représentée par les Comédiens de la Nation, / le 2 Janvier* 1793. / PAR LE CITOYEN LAYA, / AUTEUR DES DANGERS DE L'OPINION ET DE JEAN CALAS / [entre filet] *Tùm pietate*

gravem ac meritis si fortè virum quem / Conspexêre, silent, arrectisque auribus adstant : / Ille regit dictis animos, & pectora mulcet. / [fleuron] / *A PARIS,* / Chez MARADAN, Libraire, rue du Cimetière- / Saint-André-des-Arcs, N°. 9. / [filet enflé] / 1793.

In-8°. A-F^{4}G^2: pp. 52, $2 signé, réclames par cahier

pp. [1] titre, [2] Personnages, [3]-52 Texte

Coquilles : goôts (vers 55), furirux (982), btigands (983). Usage ponctuel de l'i inversé à la place de !.

ADS : Rf-18490

[L5]
L'AMI DES LOIX, / *COMEDIE,* / EN CINQ ACTES, EN VERS. / *Représentée par les Comédiens de la Nation, le* / 2 *janvier* 1793. / PAR LE CITOYEN LAYA. / AUTEUR DES *DANGERS DE L'OPINION* ET DE *JEAN CALAS*. / [entre filet] *Tùm pietate gravem ac meritis si fortè virum quem / Conspexêre, silent, arrectisque auribus adstant ; / Ille regit dictis animos, et pectora mulcet.* / [filet enflé] *A PARIS,* / Chez MARADAN, Libraire . rue du Cimetière / Saint-André-des-Arcs, N°. 9. / Et Lepetit, Commissionnaire en Librairie, quai des Augustins, / N°., 32. / [filet] / 1793.

In-8°. π^{2}A-C^{8}D^6: [ii], 62p ; $4 signé, réclames par cahier.

pp. [i] titre, [ii] bl., [1] ÉPITRE DÉDICATOIRE. AUX REPRÉSENTANS DE LA NATION., [2] PERSONNAGES, [3]-62 Texte

Erreurs de pagination : 35 à la place de 25.

Coquilles : beauboup (vers 127), honnore (255), â traité (314), nn [un] (459), paroîtta (583), instrui (727), leurs front (797), ftanchement (810), misaligned 's' of 'pas' (821), méurtrier (986), qne [que] (1064), sauvé (1080), evec (1146), Te [De] (1166), soupçous (1167), ménaçant (1359), trembléz (1394). Usage fréquent de caractères miniscules en début de vers.

BHVP : 609992, 603284

Exemplaire de la BHVP : Avec liste des Pièces de théâtres disponibles chez Gambier, rue des Paroissiens, à Bruxelles, à la p. [ii]/π^2.

[L6] {Copie corrigée de L5?}
L'AMI DES LOIX, / *COMÉDIE*, / EN CINQ ACTES, EN VERS. / *Représentée par les Comédiens de la Nation, le* / *2 janvier 1793.* / PAR LE CITOYEN LAYA. / AUTEUR DES *DANGERS DE L'OPINION* ET DE *JEAN CALAS* / [entre filet] *Tùm pietate gravem ac meritis si fortè virum quem* / *Conspexère, silent, arrectisque auribus adstant ;* / *Ille regit dictis animos, et pectora mulcet.* / [filet enflé] / *A PARIS*, / Chez CHAMBON, Libraire, rue des Grands- / Augustins, N°. 25. / [filet enflé] / 1793.

In-8°. A-C^{8}D^6 : pp. [2], 62, \$4 signé (-D4), réclames par cahier

pp. [1] titre, [2] bl., [1] Epître dédicatoire aux Représentans de la Nation, [2] Personnages, [3]-62 Texte

ADS : Rf.18491

[L7]
Faux-titre : L'AMI / DES LOIX, / COMÉDIE./

L'AMI / DES LOIX, / COMÉDIE EN CINQ ACTES, EN VERS. / *Représentée par les Comédiens de la Nation, le* / *2 janvier* 1793. / PAR LE CITOYEN LAYA, / AUTEUR DES DANGERS DE L'OPINION ET DE JEAN-CALAS. / [entre filet] *Tùm pietate gravem ac meritis si fortè virum quem* / *Conspexère, silent, arrectisque auribus adstant :* / *Ille regit dictis animos, & pectora mulcet.* / [filet enflé] / *A PARIS,* / Chez MARADAN, Libraire, rue du Cimetière-Saint- / André-des-Arcs, N°. 9. / Et chez LEPETIT, Commissionnaire en Librairie, quai des Au- / gustins, N°. 32. / [filet enflé] / 1793.

In-8°. π^1a^{5}A-G^{4}H^2: [ii], [10], 60p. [-1bl.] \$2 signé [-H2], réclames par cahier.

pp. [i] Faux-titre, [ii] bl., [1] Titre, [2] Épître dédicatoire, [3]-9 [Préface], [10] Personnages, [1]-59 Texte.

Coquilles : dircussions (p. 4, l. 2), lihre (252), paiys (325), Pare [par] (624), non [nos] (652), tons [tous] (779), qu'elle [quelle] (1048), voilez [violez] (1320), qne (1402).

BHVP : 967591

[L8]
L'AMI / DES LOIX, / COMÉDIE EN CINQ ACTES, EN VERS. / *Représentée par les Comédiens de la Nation, le 2 / Janvier 1793.* / PAR LE CITOYEN LAYA, / AUTEUR DES DANGERS DE L'OPINION ET DE JEAN CALAS. / [entre filet] *Tùm pietate gravem ac meritis si fortè virum quem / Conspexêre, filent, arrectisque auribus adstant : / Ille regit dictis animos, & pectora mulcet.* [fleuron : deux oiseaux entourés de feuillages] / *A PARIS,* / Chez MARADAN, Libraire, rue du / Cimetiére-Saint-André-des-Arcs, N°. 9. / [filet enflé] 1793.

In-8°. A-G^{4}H^1 : 58p. $2 signé. réclames par cahier.

pp. [1] Titre, [2] bl., [3]-7 : Épitre dédicatoire, [8] Personnages, [9]-58 Texte.

Coquilles : donc [dont] (vers 122), exciter [exister] (181), bougeoisie (210), nous nous [sous nous] (319), bout [cou] (464), le [les] (513), légale [légal] (535), s'émouvoir [se mouvoir] (546), frans [francs] (660), mammene [m'emmène] (764), argent [agent] (769), est [eh] (830), innocent [innocence] (833), nécessares (877), vienne (878), qu'ell [quelle] (1048), elle [belle] (1201), veilliez (1223), devoient [devez] (1357), air [art] (1367). ! souvent malalignés.

BHVP : 610002

[L9]
L'AMI DES LOIS, / *COMÉDIE* / EN CINQ ACTES, EN VERS, / *REPRÉSENTÉE par les Comédiens de la / Nation, le 2 janvier 1793.* / PAR LE CITOYEN LAYA, / AUTEUR DES DANGERS

DE L'OPINION ET DE JEAN CALAS. / [entre filet] *Tùm pietate gravem ac meritis si fortè virum quem / Conspexêre, silent, arrectisque auribus adstant : / Ille regit dictis animos, & pectora mulcet.* / [fleuron : 2 rameaux] / A PARIS, / Chez MARADAN, Libraire, rue du Cimetière- / Saint-André-des-Arcs, N°. 9. / [filet] / 1793.

In-8°. A-H^4: 64p. $2 signé, réclames par cahier.

pp. [1] Titre, [2] PERSONNAGES, [3]-8 [Préface], [9]-64 Texte.

Coquille : nous-même [nous-mêmes] (vers 905)

BHVP : 736660

[L10]
L'AMI / DES LOIS, / COMÉDIE EN CINQ ACTES, EN VERS. / *Représentée par les Comédiens de la Nation, le / 2 janvier 1793.* / PAR LE CITOYEN LAYA, / AUTEUR DES DANGERS DE L'OPINION ET DE JEAN CALAS. / [entre filet] *Tùm pietate gravem ac meritis si fortè virum quem / Conspexêre, silent, arrectisque auribus adstant : / Ille regit dictis animos , et pectora mulcet.* / filet enflé / A PARIS, / Chez MARADAN, Libraire, rue du Cimetière-Saint- / André-des-Arcs, N°. 9. / Et chez LEPETIT, Commissionnaire en Librairie, quai / des Augustins, N°. 32. / [filet] / 1793.

In-8°. A-I^4: pp. 72, $1 signé [- A, C], réclames par cahier.

pp. [1] Titre, [2] Personnages, [3]-72 Texte.

Coquilles : Nomophahe (vers 222), nn pour un (342), me pour mes (745), apdendre pour apprendre (1074), laissaut pour laissant (1167), nose pour n'ose (1437).

Manchester/John Rylands : SC/7364B,(81)

[L11]
L'AMI / DES LOIX, / COMÉDIE EN CINQ ACTES, EN VERS. / *Représentée par les Comédiens de la Nation, / le 2 Janvier 1793.* /

PAR LE CITOYEN LAYA, / AUTEUR DES DANGERS DE L'OPINION ET DE JEAN CALAS. / [entre filet] *Tùm pietate gravem ac meritis si fortè virum quem / Conspexêre, silent, arrectisque auribus adstant : / Ille regit dictis animos, et pectora mulcet.* / PRIX, 30 sols. / A PARIS, / Chez MARADAN, Libraire, rue du Cime- / tière-Saint-André-des-Arts, N°. 9. / Et chez LEPETIT, Commissionnaire en Librairie, / quai des Augustins, No. 32. / [filet enflé] / 1793.

In-8°. A-E^8: pp. [1]-79, [1], \$2 signé, réclames par cahier.

pp. [1] Page de titre, [2] Personnages, [3]-79 Texte, [80] bl.

Coquille : fsmme [femme] (I.3, p. 12)

ADS : Rf.18486

[L12]
L'AMI / DES LOIX, / COMÉDIE EN CINQ ACTES, EN VERS, / *Représentée par les Comédiens de la Nation, / le 2 Janvier 1793.* / PAR LE CITOYEN LAYA, / AUTEUR DES DANGERS DE L'OPINION ET DE JEAN CALAS. / [entre filet] *Tùm pietate gravem ac meritis si fortè virum quem / Conspexêre, silent, arrectisque auribus adstant : / Ille regit dictis animos, et pectora mulcet.* / PRIX, 30 sols. / A PARIS. / [double filet] / 1793. / *L'an 2e. de la République.*

In-8°. π^6A-I^{4}K^2 : pp. [iv], viii, 76, \$1 signé, réclames par cahier [-H]

pp. [i] titre, [ii] bl., [iii] Epître dédicatoire, [iv] bl., [i]-vii [Préface], [viii] Personnages, [1]-76 Texte

ADS : Rf.18492

ii. *Éditions postérieures à 1793*

[L1795]
L'AMI DES LOIX, / COMÉDIE EN CINQ ACTES / ET EN VERS. / *Représentée, pour la première fois, à Paris, par les / Comédiens de la Nation, le 2 janvier 1793; et / remise au théâtre de la rue Feydeau, le 18 prai- / rial, an troisième de la République.* / NOUVELLE EDITION, corrigée et augmentée, / PAR LE CITOYEN LAYA. / [filet] / *Tum pietate gravem ac meritis si forte virum quem / Conspexêre, silent, arrectisque auribus adstant : / Ille regit dictis animos, et pectora mulcet.* / [filet enflé] / A PARIS, / Chez BARBA, Libraire, au Magasin de Pièces de / Théâtre, rue André-des-Arts, n°. 27. / [filet] / AN TROISIÈME.

In-8°. A-E^{8}F^4: pp. 88, $4 signé (-F3, 4), réclames : B^8, D^8, E^8.

pp. [1] Titre, [2] Personnages et acteurs, [3]-88 Texte

ADS : 8-RF-18493 ; 8-RF-18494 ; 8-RF-18495 ;
Ars : Th.N.34978(4) ; 8o.Th.N.35285
BHVP : 968743, 613160, 603285.
BnF : 8-Yth-649 ; 8-Yth-650

L'exemplaire coté Ars : 8°Th.N.35285 comporte une liste de 4p. de 'Pièces de théâtre qui se trouvent chez Barba, au magasin de Pièces de théâtre, rue André-des-Arts, N°. 27', d'une pagination indépendante, reliée à la suite de la p. 88.

[L1822]
L'AMI DES LOIS, / COMÉDIE EN CINQ ACTES ET EN VERS, / PAR M. LAYA, / MEMBRE DE L'ACADÉMIE FRANÇAISE, / ET DE LA LÉGION D'HONNEUR. / Représentée pour la première fois à Paris, par les Comédiens / français, le 2 janvier 1793, et remise au théâtre le 6 juin / 1795. / CINQUIÈME ÉDITION, / AUGMENTÉE ET CORRIGÉE. / [trait horizontal] / « Haine à tous les partis, respect à tous les droits, / « Amour, hommage au prince, obéissance aux lois. » / (3e *acte de la pièce*) / A PARIS, / CHEZ J. N. BARBA, LIBRAIRE, / ÉDITEUR-PROPRIÉTAIRE DES ŒUVRES DE PIGAULT-LEBRUN, / AU PALAIS-ROYAL, N° 51. / [filet ondulé] / M DCCC XXII. /

In-8°. $\pi^4 1\text{-}5^8 6^4 7^2$ (-7^2): pp. [viii], 90, \$2 signé, sans réclames

pp. [i] Titre, [ii] bl., [iii]-vii Avertissement, [viii] bl., [1] Faux-titre, [2] Personnages, [3]-90 Texte

Colophon : 'DE L'IMPRIMERIE DE FIRMIN DIDOT.' (p. 90)

ADS : 8-RF-18496 ; 8-RF-18497
Ars : GD-5119 ; Th.N.2395
BL : 11740.s.13
BnF : 8-Yth-653 ; FB-29521

L'exemplaire coté Ars : GD-5119 comporte, à la p. [i], l'annotation ms. à l'encre suivante : 'à Monsieur [illisible] homme de lettres. de la part de l'auteur. En le priant d'en parler.'

[L1824]
L'AMI DES LOIS, / COMÉDIE EN CINQ ACTES, / PAR M. LAYA ; / Représentée, pour la première fois, sur le Théâtre- / Français, le 2 janvier 1793, et remise au même / théâtre le 6 juin 1795. / « Haine à tous les partis, respect à tous les droits, / « Amour, hommage au prince, obéissance aux lois. » / *Acte III.*

pp. 1-116 du recueil suivant :
FIN / DU RÉPERTOIRE / DU / THÉATRE FRANÇAIS, / AVEC UN NOUVEAU CHOIX DES PIÈCES DES AUTRES / THÉATRES, / RASSEMBLÉES PAR M. LEPEINTRE, / [filet] / COMÉDIES EN VERS, - TOME VII. / [fleuron] / A PARIS, / CHEZ MME VEUVE DABO, / A LA LIBRAIRIE STÉRÉOTYPE, RUE DU POT-DE-FER, N° 14. / 1824.

In-18°. 1-$9^6 10^4$: 116p., \$1, 3 signés, sans réclames. Titre courant en pied de page : 'F. Comédies en vers. 7.'

pp. 1 titre, [2] bl., [3]-9: Notice Sur M. Laya, Extraite de diverses biographies, [10]-15 Avertissement, 16: Personnages, 17-116: Texte

BnF : Yf-5492

Introduction

iii. Manuscrit

Le manuscrit du souffleur, conservé à la Bibliothèque de la Comédie-Française, comporte également quelques particularités textuelles que nous rangeons parmi les variantes, exception faite des fautes d'orthographe et de ponctuation mentionnées ci-dessus que nous corrigeons systématiquement sans le signaler. C'est un ms. de [1]+120+[11] p. de 21 x 28 cm, écrit recto-verso et relié en brochure, datant de l'époque de la création de l'œuvre, mais cartonné à une époque postérieure (vraisemblablement fin 20e siècle), comme suit :

p. [1] – Page de titre ; p. [2] – blank ; p. 1 – Faux-titre ; p. 2 – Personnages ; p. 3 – Départ du texte ; p. 120 – Fin du texte ; pp. [1-11] – Blank.

Deux becquets sont en outre ajoutés aux p. 22 et 118, becquets dont le texte est celui de la version publiée de la pièce, que nous pouvons donc légitimement considérer comme postérieure à ce ms. La version primitive du texte (lisible sous les becquets) est donnée dans les notes à la scène 3 du premier acte et à la scène 6 de l'acte 5. Le ms. comporte en outre quelques traces marginales à l'encre et au crayon. Il s'agit de symboles, le plus souvent au crayon, à côté de certains vers, et de chiffres accompagnant des noms de personnages aux débuts de scènes, peut-être relatifs à la disposition des acteurs sur la scène. Nous les reproduisons dans les notes.

Titre : Les intrigands politiques / ou / L'ami des lois / par le Citoyen Laya, [dans une autre main que les phrases précédentes] Jouée, pour la premiere fois, / par les Comédiens français le Mercredi 2 Janvier 1793. / [trait horizontal] / 1er. acte / Versac. / forlis. / Le Domestique. / Me. Versac.

Faux-titre : Les intrigands politiques / ou / L'ami des lois. / Comédie En cinq actes en vers. / [trait horizontal].

INTRODUCTION

Principes de l'édition

L1 forme notre texte de base : c'est la version la plus soignée. Pour la collation des variantes, nous nous sommes limités au manuscrit du souffleur, aux éditions vraisemblablement autorisées par Laya, c'est à dire celles publiées par Maradan en 1793, et celles comportant le nom de cet éditeur mais qui sont vraisemblablement contrefaites (L1, L2, L3, L4, L5, L7, L8, L9, L11), ainsi que celles de 1795, de 1822 et de 1824. Nous n'avons pas relevé les variantes dans les éditions non-autorisées de 1793 qui parurent chez Chambon et sans nom d'imprimeur respectivement (L6, L12). Pour l'édition de 1822, qui est très largement réécrite pour le nouveau contexte politique et culturel, nous présentons un choix de variantes majeures. L1824 adopte le texte de L1822 sans modifications : toute variante de L1822 s'entend donc également pour cette édition plus tardive.[1]

L2 et L3 ont tendance à utiliser certains signes de ponctuation de façon excessive par rapport à l'usage moderne, notamment en ce qui concerne les deux-points et le point-virgule, et contiennent plusieurs erreurs simples : interrogations suivies de point d'exclamation et *vice versa*. C'est pour cette raison que nous avons adopté comme texte de base L1 qui s'avère généralement plus conforme à l'usage moderne. Nous respectons systématiquement la ponctuation de cette version. Nous avons toutefois corrigé les quelques coquilles et fautes d'impression évidentes. Hormis la graphie des noms propres qui présente quelques particularités, nous avons modernisé l'orthographe en corrigeant les aspects suivants :

1. Consonnes
a. consonnes simples : aprouve, conut, alégresse
b. consonnes manquantes : talens, serpens, [je] voi, [je] croi, Etincelans, pleuvans, comune, tems, entens, torrens, fondemens
c. doubles consonnes : apperçois, grouppes, jetté, allarmes
d. substitutions : horison, fabriquans, verrouz, loix, canaus, dez

---

[1] Seule particularité de L1824 par rapport à L1822 : une correction typographique qui rétablit les particules de noblesse à chaque occurrence des noms M. de Versac, Mme de Versac, et M. de Forlis en tête de scène et avant les répliques les concernant (mais pas dans le texte des répliques lui-même, car cela aurait fait basculer la versification). Ces particules, bien que présentes dans la distribution et à la première page du texte de L1822, manquent à partir de la p. 4.

2. Voyelles
a. voyelles manquantes : cervaux, encor, dénoument
b. substitutions : feseurs, ayeux, coëffé, coeffé, embrions, -oi pour –ai [nombreuses occurrences différentes. Leur correction ne modifie en rien la rime, puisque les terminaisons en –oi ne se trouvent jamais en fin de vers.] Filteau [pour Filto]

3. Accents
a. accents manquants : ame, Duricrane, siecle, haissez, déja, la [à la place de là], gateau, zero, accélerer, grace, sureté, m'emmene, pole, inoui
b. accents superflus : chûte, nïez, atômes, flâme, pû, embrâsemen[t]s
c. substitutions pour un autre accent/pour une voyelle : systêmes, systémes, dévoûment, dénoûment

4. Majuscules à la place de minuscules et vice versa : madame, monsieur, Français (adjectif), bénard (nom propre)

5. Divers
m'al'ez [m'allez], aujourd'hui [aujourd-hui], qu'elle [quelle], aussi-tôt, bein-tôt

Leçons rejetées
Les différents états de L2 présentent un certain nombre de variantes mineures d'orthographe ou de ponctuation, vraisemblablement des coquilles d'imprimeur, et que nous ne relevons pas dans les notes mais que nous classons comme des leçons rejetées, comme suit :

Vers	Leçon rejetée
[préface]	p. 51 pour p. 15
142	assoupir [assouplir]
180	trop affermi
203	calculs
323	sol [sou]
404	*parenthèse en lettres italiques*
505	mon
557	confond
583-5	*phrase en lettres italiques*
744	votre compte :
783	quoique

817		d'horreur
906		diadêmes
909		conséquence ?
994		armes
1028		quoiqu'ils
		quoiqu'il puisse
1047		votre ami ?
		votre ami !
1080		sauvé
1131		pourrons
1151		honneur/horreur
1174		éclaire la colérè
1253		dieu merci ?
1297		répété.
1312		Citoyen,
1336		compte ;
1386		sein ?
1419		Didascalie après la fin de la réplique
FIN		*Absent*

Sigles

[-] : Passage biffé
[+] : Passage ajouté en interligne
[+/-] : Passage ajouté en interligne puis biffé
< > : Passage absent

L'AMI DES LOIX,

COMÉDIE EN CINQ ACTES, EN VERS.

Représentée par les Comédiens de la Nation, le 2 janvier 1793.

PAR LE CITOYEN LAYA.

AUTEUR DES DANGERS DE L'OPINION ET DE JEAN CALAS.

---

*Tùm pietate gravem ac meritis si fortè virum quem
Conspexére, silent, arrectisque auribus adstant:
Ille regit dictis animos, et pectora mulcet.*

PRIX, 30 sols.

A PARIS,
Chez MARDAN, Libraire, rue du Cimetière-Saint-André-des-Arcs, N°. 9.
Et chez LEPETIT, Commissionnaire en Librairie, quai des Augustins, N°. 32.

1793.

Page de titre de L2
Rare books : 7735.d.710
Avec l'aimable permission de la Cambridge University Library.

Propriété[1]

Par acte passé devant HUA, notaire public à Paris, et son confrère, le 8 janvier 1793,[2] le second [an] de la république française, il appert que le citoyen LAYA, auteur d'une comédie intitulée l'*Ami des lois*, désirant, après l'impression d'icelle, jouir de l'effet de la loi du 30 août 1792, relative aux conventions à faire entre les Auteurs dramatiques et Directeurs des spectacles des départements, et se conformer à l'article V de cette même loi, a déposé pour minute audit citoyen HUA le double original de l'écrit sous signature privée relatif à l'impression, fait entre lui et le citoyen MARADAN, libraire à Paris ; lequel écrit, ainsi que la minute de l'acte de dépôt, sont restés en la possession dudit HUA, l'un des notaires soussignés.

Les exemplaires souscrits du nom de l'Auteur sont les seuls certifiés véritables. Tous les autres seraient tronqués et contrefaits.[3] Tous contrefacteurs et faussaires seront en conséquence poursuivis

---

[1] Ce texte fut supprimé dans toutes les éditions postérieures à 1793. L'ordre des paratextes variant entre L1/2 et L3 (voir la description des éditions ci-dessus), nous suivons l'ordre de L1.

[2] Il s'agit d'une convention faite entre Laya et Maradan datant du 7 janvier qui fut en effet enregistrée le lendemain chez Me Nicolas Hua, dont l'étude se trouvait rue des Fossés Saint-Germain des Prés (secteur : Luxembourg) : AN : Minutier central : ET/XLIV/641, 8 janvier 1791 : 'Depost de la Vente du manuscrit de l'ami des Loix, Comedie en 5 actes par M Laya auteur a M. Maradan, Libraire.' Le minutier central conserve également, dans le même carton, une convention faite avec Louis-François Ribier et Charles-Antoine Bourdon, datant du 11 janvier, qui octroie à ceux-ci un droit de représentation de la pièce au Théâtre de Rouen, moyennant 1000 livres. Ainsi, Laya privilégie la forme plus ancienne de convention libre plutôt que le principe de parts d'auteur entériné par la législation récente, et selon lequel un pourcentage fixe des recettes par représentation était versé aux auteurs.

[3] Laya inséra la note suivante dans la *Chronique de Paris* du 9 janvier 1793 : « Plusieurs personnes sont venues m'avertir que d'honnêtes tachigraphes se sont logés dans les cintres de la Comédie, aux dernières représentations de l'*Ami des lois*. Comme il m'importe, ainsi qu'aux citoyens qui désirent connaître mon ouvrage tel qu'il est, que ces honnêtes pirates ne tirent aucun profit de leur larcin, j'avertis le public [...] que le seul éditeur de l'*Ami des lois* est Maradan, libraire, rue du Cimetière Saint-André-des-Arts, n°. 9, qui seul est en possession de mon manuscrit ; et que tout exemplaire qui ne sera point souscrit de mon nom au dos du livre, et sorti de chez lui, est tronqué et contrefait » (p. 36).

comme tels par l'Auteur, qui réclamera contre eux la justice des lois.[1]

[Signature de Laya]

On trouve chez le même Libraire les *Dangers de l'Opinion* et *Jean Calas*, du même Auteur.

---

[1] Les deuxième et troisième paragraphes manquent à L1.

ÉPÎTRE DÉDICATOIRE

AUX REPRÉSENTANTS DE LA NATION.[1]

CITOYENS LÉGISLATEURS,

Je ne vous fais point un hommage en vous dédiant ma Comédie : c'est une dette que j'acquitte. L'*Ami des lois* ne peut paraître que sous les auspices de ses modèles.[2]

---

[1] Texte supprimé dans les éditions postérieures à 1793.

[2] Dans L8, le texte de la préface suit immédiatement, et constitue le deuxième paragraphe et les suivants de l'épître.

[Préface][1]

Je ne ferai point de préface pour cet ouvrage ; il faudrait produire un volume, et j'ai besoin seulement d'écrire quelques réflexions que je crois indispensables. Mon succès ne m'aveugle pas ; je le dois plutôt au sujet que j'ai traité, qu'au talent de l'exécution. Tous les vrais citoyens ont dû se déclarer pour celui qui n'aime qu'eux, rien qu'eux ; et c'est, à cet égard, de nouvelles actions de grâce que je leur rends pour eux-mêmes. Qu'elle est imposante cette masse d'opinions qui se prononce si énergiquement, si unanimement pour le saint amour des lois, de l'ordre et des mœurs ! Que son poids est accablant pour les ennemis cachés et ouverts de la liberté ! Vous qui calomniez Paris, venez le voir : il n'est pas dans ces assemblées tumultueuses où triomphent l'intrigue et le crime ; où c'est le plus déraisonnable ou le plus furieux qui l'emporte : venez le voir dans ce concours de citoyens ivres de liberté, mais de lois, sans lesquelles il n'est point de liberté ; s'enflammant tous à ces saints noms ; s'embrasant d'étincelles civiques ; attachant leurs yeux et leurs cœurs sur cet *ami des lois*, dont chacun d'eux est le modèle.

Je ne répondrai point à toutes les calomnies qu'on fait courir contre moi : j'ai dû m'y attendre, et j'ai un tort irréparable à me faire pardonner ; celui d'avoir voulu faire quelque bien. Ceux qu'a pu blesser ce motif, peuvent prendre leur parti ; car je me sens pour l'avenir incorrigible à cet égard. Je ne serai jamais avare de mes idées, dès que je les croirai utiles. Malheur à celui qui possède, et qui craint de s'appauvrir en répandant ses bienfaits ! Ses mains recueilleront peu au jour des récoltes, puisqu'elles n'auront rien semé. Je ne réfuterai point ces misérables imposteurs qui n'admettent que la vertu qui rapporte, et lui contestent un désintéressement qu'ils montrent souvent dans le crime. Je n'ai qu'un mot à répondre : je livre ma vie entière à leurs discussions calomnieuses ; et s'ils y découvrent un seul instant qui ne soit pas digne de moi, je consens à ce qu'ils me proclament leur semblable.

Des personnes d'un rare mérite, d'excellents patriotes, m'ont fait des observations auxquelles je dois une réponse sérieuse. La première, est le reproche d'avoir fait de mon *ami des lois* un ci-

---

[1] Texte supprimé dans les éditions postérieures à 1793, ainsi que dans L4 et L11.

devant noble. D'abord, il eût été difficile que Versac, enivré de sa noblesse et de ses titres, voulût choisir pour son gendre un homme d'une caste qu'il regarde au-dessous de la sienne. Mais ce motif eût été faible sans celui-ci. Qu'ai-je peint ? un vrai philosophe. Qu'ai-je voulu faire valoir ? une Révolution qui sera toujours, aux yeux du sage, le triomphe de l'humanité et de la raison. Était-ce donc un grand effort, qu'un homme sorti de la caste opprimée se ralliât au nouvel ordre, et fît la guerre à la caste des oppresseurs ? Était-ce prêcher en faveur de la révolution, que de lui chercher des apôtres dans ceux dont elle agrandissait l'existence et les droits ? Non. Mais faire triompher de ses préjugés celui à qui ses préjugés faisaient couler une existence commode et douce ; mais faire briser de ses propres mains à un homme les liens si puissants de son amour-propre, lui faire immoler à ses frères ses plus douces prérogatives ; mais exposer aux yeux le véritable homme libre, le sage par excellence, aux prises[1] avec la scélératesse et l'adversité, bénissant sur les débris de sa fortune cette Révolution qui le ruine, avant laquelle il vivait heureux et paisible ! N'est-ce pas la sanctifier à jamais ? Qu'est-ce avouer, si ce n'est que ce qu'on préfère à tout au milieu de tant de désastres, renferme des jouissances surnaturelles au-dessus des perceptions du vulgaire, pareilles peut-être aux tourments si doux de l'amour, qui n'en rendent ses faveurs que plus enivrantes ? Le véritable amour de la liberté se prouve par les sacrifices. Qui peut douter que ce sentiment n'enflamme le cœur de Forlis ? Molière, dans *Tartuffe*, n'a fait de son vrai dévot qu'un moraliste. Ce grand homme nous a donné dans le personnage de Cléante, la théorie de la véritable piété. Quelque humoriste du temps eût pu élever des doutes sur la tenue de son caractère dans les applications de la vie ; mais ici c'est un philosophe pratique : ce n'est pas seulement par ses discours, c'est par ses actions qu'il prêche, et qu'il persuade. Mes deux contendants une fois mis en scène, l'un n'est occupé qu'à repousser les traits ou les infamies de l'autre. Je sais bien que les *Nomophages* de nos jours, qui ont pris à tâche d'honorer comme patriotes les incendiaires et les assassins, ont traité de *Feuillant*[2] ce

---

[1] L2, L3, L8, L9 : en prise.

[2] *Feuillant* : Au sens strict, ce terme désigne un membre de la 'Société des amis de la Constitution séante aux Feuillants', formée en juillet 1791 par un groupe de Jacobins restés partisans de la monarchie constitutionnelle, ceci malgré la fuite du

Forlis qui, ne voulant point d'une liberté furibonde, fait la guerre aux subvertisseurs, veut de l'ordre, des mœurs, des lois ; n'a point encore accoutumé ses yeux timides à voir couler des flots de sang, ses faibles mains à le verser, ses oreilles à entendre les cris des victimes. Les hommes honnêtes ne verront dans les premiers que des tigres qui s'entredévorent ; dans Forlis, et tous ceux qui lui ressemblent, qu'un peuple d'amis et de frères.

Un des griefs de quelques personnes contre mon ouvrage, c'est de n'avoir pas fait un imbécile ou un monstre de mon *aristocrate* ; car, ont[1] dit ces gens profonds, par-là l'auteur veut faire aimer l'aristocratie. Ainsi l'intention la plus morale peut-être de ma comédie a été calomniée ! Je m'explique. J'ai dû prêcher pour convertir : mais j'avoue que je n'ai jamais cru jusqu'ici que l'injure fût un moyen bien propre à se faire des prosélytes. Ce n'est pas en blessant les cœurs qu'on parvient à les gagner. J'ai distingué d'abord (et quiconque a un peu de sens l'a déjà fait avec moi), j'ai distingué l'aristocrate de Coblentz, de *l'aristocrate de Paris* ; celui qui a tourné les armes contre son pays, de celui qui est resté fidèle à son pays et à ses foyers. L'un est coupable, l'autre n'est qu'aveugle. Croit-on que toutes ces peintures exagérées qu'on expose sur la scène, d'aristocrates luttant à qui mieux mieux de fureur ou de stupidité, soient bien efficaces pour guérir ceux qu'on attaque ? On les irrite, et c'est tout. Loin de moi, me suis-je dit, ces portraits que réprouvent[2] le goût et la raison ! Je mets aux prises un aristocrate et un républicain : faisons un honnête homme du premier ; le second aura encore plus de mérite à le paraître. Dans ce tableau que j'expose, j'obtiendrai déjà beaucoup, si je puis faire rougir ceux qui partagent les opinions de Versac, de ne point partager son honnêteté : ce sera déjà un commencement de conversion. Mais comment y parvenir, si ce n'est en leur rendant aimable cet homme aveugle, mais honnête ? Si j'en fais un méchant au contraire, les aristocrates seulement d'opinion, crieront à l'exagération, à l'imposture ; et les méchants chercheront dans ce modèle une excuse pour demeurer toujours ce qu'ils sont.

---

roi à Varennes. Par extension, et surtout à partir de 1792, le terme désigne tout réactionnaire ou opposant au régime républicain.

[1] L9 : on

[2] L2, L9 : réprouve ; L8 : qui réprouve.

Qu'aurai-je produit ? rien sans doute ; et le but de cet ouvrage, qui doit être l'utile, sera manqué.

 Quant au personnage de Filto, un mot suffira pour en développer tous les motifs : ils sont puisés dans cet axiome dont abusent les scélérats, *qu'on ne fait point vers la vertu de pas rétrograde*. J'ai voulu fournir, dans l'exemple de cet homme faible, une ressource à ceux qui ne sont qu'égarés.

 Le but principal, le but réel de mon ouvrage a été d'éclairer le peuple ; mais surtout de le venger des calomnies qui lui attribuent tous les crimes des brigands. C'est en rappelant sans cesse au peuple le sentiment de sa dignité, qu'il s'en pénétrera à jamais : mais je n'ai point déshonoré mon art, en faisant, comme on a cru le voir, de la comédie une satire. Je n'ai pas voulu que mes vers fussent une arène où lutassent les animosités. Tout ce qu'ils peignent appartient à la nature : c'est là que le poète doit toujours puiser ses couleurs : c'est du mélange des traits épars que j'ai voulu composer mes masses. La véritable comédie est le miroir de la vie humaine, non celui d'un individu.[1] J'avais commencé un prologue où je développais ces idées ; je ne l'ai point achevé. En voici quelques vers. C'est un dialogue entre l'auteur et son ami. L'ami dissuade l'auteur de donner sa comédie.

   Oui, (*dit-il*) monsieur l'homme à talent,
Oui, votre ouvrage enfin, fût-il même excellent
Doit tomber. D'ennemis des torrents, des nuées
Fondront sur vous, mon cher, avec mille huées ;
On n'écoutera pas ; et le titre annoncé,
Avant que d'être au jour, vous serez trépassé.

      L'AUTEUR.

Eh bien, s'il est ainsi, si leur fureur est telle,
C'est aux vrais citoyens alors que j'en appelle.

---

[1] Cp. *Essai sur la satire, par le citoyen Laya* (Paris : Imp. de Demonville, An VIII [1800]), p. 11 : « Tout ce qui porte atteinte aux mœurs, au goût, à la foi publique, est de son [la satire] ressort. Le poète généreux, entraîné par une sainte indignation, dénonce à la cité les corrupteurs de la morale et du goût ; mais toujours par des sorties *générales*, non sous des dénominations *individuelles* qui, n'attaquant que des exceptions, n'éveilleraient point l'alarme des citoyens honnêtes. »

L'AMI DES LOIS

L'AMI.

Que d'ennemis ! Ô ciel !

L'AUTEUR.

                Tous les fripons ; tant mieux !
Les vrais honnêtes gens seront pour moi contre eux.
Mais le vice d'ailleurs est toujours un faux brave,
Tyran de qui le craint, de qui l'attaque esclave.
Molière le censeur, avec les charlatans,
Descendit-il jamais aux accommodements ?
« Ce me sont, disait-il, de mortelles blessures
« De voir qu'avec le vice on garde des mesures ; »
Et son vers immortel, dans son âme enfanté,
Sut créer pour le vice une immortalité.
J'aurai tout son courage.

L'AMI.

                Aurez-vous son génie ?

L'AUTEUR.

Moi, suivre ce géant dans sa course infinie !
Jamais. Très faible auteur, mais très bon citoyen,
Je borne ici ma gloire à faire un peu de bien.
Au reste, si le cœur peut agrandir la tête,
L'amour de mon pays doit créer le poète.

L'AMI.

Que de gens après vous vont crier au méchant !

L'AUTEUR.

Des sots et des fripons c'est l'ordinaire champ :
Ils y courent, frappant de cette arme insensée
L'homme de bien adroit qui lit dans leur pensée.
La comédie, au reste, est un commun miroir
Offert à tout le monde, où chacun peut se voir.
Eh ! combien peu, mon cher, savent s'y reconnaître !

L'AMI.

Les portraits burinés sous la main du grand maître
Ont tous été saisis : Tartuffe et Trissotin,
Ont fait montrer au doigt et Pirlon et Cottin.

L'AUTEUR.

Scrupule ! Pour qu'au vrai mes portraits soient fidèles,
Je dois dans la nature en chercher les modèles.
Mes fripons vinssent-ils de Rome ou de Pékin,
Auront, non pas le cœur, mais le visage humain.
Puis-je empêcher les gens, en bonne conscience,
De venir dans leurs traits chercher leur ressemblance ? etc.

 Je ne quitterai point la plume sans remercier ceux des citoyens qui ont joué des rôles dans ma Pièce, et dont il n'y a que le zèle qui puisse égaler le talent. Je ne parlerai d'aucun en particulier. Ils me pardonneront sans doute de confondre en un seul, tous les éloges que je dois à chacun d'eux. Ils ont séparément trop bien mérité, je ne dis point de l'Auteur, mais de tout le public de Paris, mais de tous les Français peut-être, en établissant un ouvrage dont le but n'est pas sans utilité, pour diviser entre les membres les félicitations qu'on doit au corps entier : c'est affaiblir ses sentiments que de les partager ; qu'ils me permettent donc de généraliser sur eux ma reconnaissance.

Avertissement [de 1822][1]

La comédie de l'*Ami des lois* fut représentée, pour la première fois, le 2 janvier 1793, dans ces temps d'anarchie et de terreur, où la Convention nationale s'occupait avec le plus de violence du jugement de Louis XVI. Ce vertueux prince, ayant été informé de l'effet extraordinaire que produisait l'ouvrage, désira de le connaître. On lui en fit passer un exemplaire, par M. Cléry, qui transmit, quelques jours après, à l'auteur, les félicitations de l'auguste prisonnier, dans les termes les plus[2] honorables.

Deux années plus tard, l'*Ami des lois* fut remis au théâtre, d'après le vœu même des députés *thermidoriens*, qui formaient, à cette époque, le gouvernement. Chose étrange ! cette comédie, donnée en 1793, reprise en 1795, sous l'administration des hommes qui avaient le plus à s'en plaindre, puisque c'était contre eux qu'elle avait été composée, se trouve, depuis cinq ans, frappée d'interdiction, sous le règne des Princes qui ont félicité l'auteur de l'avoir fait représenter, au moment où les idées d'ordre et de modération étaient un arrêt de mort. Depuis cinq ans, l'auteur éprouve un *déni-de-justice*, dont les étrangers, non moins que les nationaux, auront peine à comprendre les motifs, quand ils auront lu la pièce. On ne concevra pas qu'un homme de lettres qui énonce des principes tellement louables, qu'on peut souhaiter (lui a dit l'un des ministres) qu'ils deviennent la morale politique de tous les peuples, soit plus rigoureusement traité que tel écrivain de qui les œuvres, reproduites souvent sur nos théâtres, sont un outrage fait à la morale, à la raison et au goût. L'auteur *mis hors la loi*, pendant quatorze mois, par les ennemis de toutes les lois, est repoussé hors de la scène, depuis cinq ans... Par qui ? par d'excellents citoyens qui s'honorent de partager ses opinions. Depuis cinq ans, ils étouffent sa voix qui n'est que l'écho de la leur ; car, et leurs voix et la sienne rappellent les peuples au respect du prince, à l'amour des lois, à cet esprit d'ordre public qui seul peut maintenir la

---

[1] Tous les paratextes ci-dessus (acte de propriété, épître dédicatoire, préface) furent remplacés en 1822 par cette nouvelle préface (qui fut également adoptée sans modifications par L1824).

[2] NOTE DE L'AUTEUR : Ce fait se trouve relaté dans les mémoires de Cléry.

stabilité des gouvernements, ou ramener l'équilibre au sein des états que de longues secousses ont ébranlés.

Quand donc le relèveront-ils de cet *interdit*, porté en sens inverse des bonnes intentions qui les animent ? Quand donc cessera cette *suspension*, inique autant qu'illégale, qui atteint, sans *indemnité préalable*, le citoyen dans sa propriété, et, sans un honorable dédommagement, l'écrivain dans ce qu'il doit avoir de plus précieux, l'intérêt de sa réputation ?

Le jury *renouvelé* des examinateurs des pièces de théâtre, en 1822, sera-t-il aussi[1] favorable à l'auteur que le fut le jury des examinateurs de 1817 ; ou bien le sera-t-il davantage que le jury de 1820 ? Que vont décider messieurs les censeurs sur cette pièce monarchique et nationale que son auteur soumet de nouveau ; mais, cette fois, publiquement, à leur examen ? S'ils sont aujourd'hui les juges de l'auteur, le public un jour sera leur juge.

Avant de terminer, il faut donner quelques éclaircissements sur cette nouvelle édition.

---

[1] NOTE DE L'AUTEUR : Il faut être juste : si *l'Ami des lois* n'a pas reparu sur la scène depuis cinq ans, ce n'a pas toujours été la faute des censeurs. En 1817, ils avaient fait un rapport favorable. L'auteur est loin sans doute de vouloir réveiller de vieilles animosités qu'il croit assoupies, cependant, il doit rappeler qu'il a donné connaissance des obstacles apportés, en ce temps, à la représentation de sa comédie. Depuis, les tentatives qu'il a faites ont toutes été infructueuses.

Voici les termes du rapport adressé *par MM. les examinateurs des pièces de théâtre à son excellence le ministre de la police générale, le 28 mars 1817.*

« Cette pièce, qui est une satire des anarchistes et des factieux, fut jouée en 1793, et attira sur l'auteur une honorable persécution. Ces temps de désordre, où la modération était réputée crime, sont loin de nous. L'auteur a changé quelques nuances de son ouvrage... Son *Ami des lois* est *l'ami de la Charte monarchique*.

Quoique la reprise de cette pièce ait été demandée depuis longtemps, on avait hésité à la permettre, parce qu'on avait craint de réveiller des souvenirs trop récents : mais nous paraissons être arrivés au point où de telles craintes seraient peu fondées. Les anarchistes que l'auteur attaque avec force ne sont plus un parti. Ces anciens partisans ne sont pas les moins ardents à le désavouer. Les factieux, dans l'autre extrémité, reçoivent des reproches très adoucis, et n'oseront pas se plaindre d'une comédie *déjà ancienne*, qui fut proscrite par des Jacobins, auxquels probablement ils ne voudront pas ressembler. *L'ouvrage respire le respect du roi, l'amour de l'ordre et cette modération qui est désirée par tous les gouvernements.*

Et s'en rapportant aux lumières de votre excellence, dont ils sollicitent particulièrement l'attention, les examinateurs ont l'honneur de lui proposer D'AUTORISER LA REPRISE DE L'AMI DES LOIS, etc. ».

L'auteur ayant voulu que sa comédie fût un fidèle tableau de mœurs, l'*Ami des lois* de 1822 n'est et ne doit être au fond que l'*Ami des lois* de 1793. On a voulu, et l'on voudrait peut-être encore y voir une pièce de circonstance : sans avoir l'impertinence d'établir des points de comparaison, l'auteur peut dire que l'*Ami des lois* est, comme *Tartuffe* et toutes les comédies de mœurs et de caractères, une pièce *de toutes les circonstances*. Sous tous les gouvernements, en effet, il y aura des classes d'hommes frondeurs par habitude, mécontents par système ; il y aura des esprits remuants, ennemis de l'ordre établi, des factieux enfin ; mais il y aura aussi de ces hommes à principes outrés, toujours en deçà de leur siècle, brouillons d'une autre espèce, qui poussent les gouvernements à leur perte avec les meilleures intentions du monde. Voilà les exagérations dont le poète comique doit s'emparer ; qu'il doit produire et personnifier sur la scène, afin que ceux qui s'y livrent s'en corrigent ; afin que ceux qu'elles séduiraient s'en méfient et s'en garantissent. Or, c'est là particulièrement le but moral de l'*Ami des lois*.

Ce qui vient d'être dit est pour le fond de l'ouvrage.

Quant aux formes, on pourra remarquer que les augmentations que la pièce a reçues sont un développement d'effets de scène qui étaient inachevés, de situations plutôt indiquées que tracées et soutenues, de raisonnements écourtés qui manquaient de force et quelquefois de justesse. Ces additions sont un éclaircissement ou un complément de ce que la peinture des caractères et la marche de l'action offraient de vague, de heurté et d'incomplet dans une œuvre écrite avec toute la précipitation du jeune âge. On ne veut pas dire que l'exécution soit aujourd'hui sans reproche ; mais elle offre du moins un mieux relatif, qui pourra satisfaire les personnes instruites des difficultés de l'art. Cette classe de juges, qui est la plus éclairée, n'est pas la moins indulgente.

PERSONNAGES[1]

M. DE VERSAC,[2] ci-devant Baron.	VANHOVE.[3]
Mme DE VERSAC,[4] sa femme.	Mme SUIN.[5]
FORLIS,[6] ci-devant Marquis.	FLEURY.
NOMOPHAGE.[7]	SAINT-PRIX.
FILTO, son ami.	SAINT-PHAL.
DURICRÂNE, journaliste.	LAROCHELLE.
M. PLAUDE.	DAZINCOURT.[8]
BÉNARD, homme d'affaires de M. Forlis.[9]	DUPONT.
Un OFFICIER et sa suite.	DUNANT.[10]
Domestiques de M. de Versac.[11]	

La scène est à Paris, dans la maison de M. de Versac.[12]

Le Théâtre est éclairé.

---

[1] La distribution des rôles se trouve aussi à la p. 2 du ms (les noms des acteurs y furent rajoutés à un moment plus tardif).

[2] ms : [- Pressac] [+ Versac]

[3] L1795 : Naudet.

[4] ms : [- Pressac] [+Versac]

[5] L1795 : La cit. Suin.

[6] L5, L7, L8, L9, L10 : M. DE FORLIS.

[7] ms ajoute à cet endroit: grand démagogue. L5, L7, L8, L10 : M. NOMOPHAGE.

[8] L1795 : Caumont.

[9] L1795 : de Forlis.

[10] L1795 : Florence.

[11] ms : Domestiques de Mr. Pressac.

[12] ms : de Mr. Pressac

PERSONNAGES [version de 1822]

M. LE BARON DE VERSAC.
MADAME DE VERSAC, femme du Baron.
LE MARQUIS DE FORLIS.
DUBRISSAGE.
FILTEAU, ami de Dubrissage.
LAROCHE, journaliste.
PLAUDE, membre du comité des recherches.
BÉNARD, intendant de Forlis.
UN OFFICIER et sa suite.
DOMESTIQUES.

La scène est à Paris, dans l'hôtel de M. de Versac

L'AMI DES LOIS[1]

Tùm, pietate gravem ac meritis si fortè virum quem
Conspexêre, silent, arrectisque auribus adstant :
Ille regit dictis animos, et pectora mulcet.[2]

---

[1] ms : Les intrigands politiques ou L'ami des lois [+ par le Citoyen Laya. Jouée, pour la première fois, par les Comédiens français le Mercredi 2 Janvier 1793.]

[2] Virgile, *Enéide*, I-VI, texte établi par Henri Goelzer et R. Durand, traduit par André Bellessort (Paris : Les Belles Lettres, [1925]), pp. 11-12 : « Mais alors, si un homme paraît que ses services et sa piété rendent vénérable, les furieux s'arrêtent, se taisent, dressent l'oreille : sa parole maîtrise les esprits et adoucit les cœurs. »

ACTE PREMIER[1]

SCÈNE PREMIÈRE.

M. DE VERSAC,[2] *FORLIS.*

M. DE VERSAC.

Vous avez vu ma fille ? Au moins je suis tranquille ;
Elle est mieux : sa santé m'inquiétait ; la ville,
Tout son ennui, le train qui règne en ma[3] maison,
Où vos petits messieurs, héros en déraison,
5   Veulent régir la France, et ma table, et ma femme,
Ce fracas allait mal aux goûts purs de son âme.
Tout son cœur a bientôt revolé vers les champs :
Chez sa tante du moins, livrée à ses penchants,
Elle n'écoute pas les discours emphatiques
10 De ces nains transformés en géants politiques ;
Elle y cultive en paix votre idée et son cœur.
Mais je vous le redis, Forlis, avec douleur,
Leurs fonds sont rehaussés : vos quinze jours d'absence,
Aux dépens de la vôtre, ont grossi leur puissance :
15 Madame de Versac[4] en est ivre, et je crains
Pour ma Sophie et vous, mon cher, bien des chagrins.

FORLIS.

J'ai votre aveu, le sien.

VERSAC.

        Ma parole ? Elle est sûre :
Je la tiendrai.

---

[1] ms porte à cet endroit : le théâtre est éclairé

[2] ms : pressac (passim).

[3] L10 : sa

[4] ms : [- pressac] [+ Versac].

L'AMI DES LOIS

FORLIS

Tant mieux ! Ce mot seul[1] me rassure :
Car je vous vis toujours maître dans la maison.

VERSAC.

20 Le bon temps est passé.

FORLIS.

Vraiment ! Et la raison ?
C'était un grand abus !

VERSAC.

La chance est bien changée.
Ma femme était soumise ; elle s'est corrigée :
Elle acquiert, mais beaucoup de résolution ;
Et c'est, mon cher monsieur, la révolution
25 Qui m'ôte, avec mes droits, ceux que j'eus sur son âme.

FORLIS.

Oh ![2] le tour est piquant !

VERSAC.

J'avais contre Madame
Deux grands torts : j'étais noble, et de plus son mari.

FORLIS.

Vous voilà du premier, comme moi,[3] bien guéri.

---

[1] L5 : Ce seul mot

[2] ms : Ah !

[3] L1795 : Vous voilà du premier à présent

VERSAC.

L'héritage, Forlis, que je tiens de mon père,
30 Était en fonds d'honneurs, et non en fonds de terre.
Les aïeux de ma femme, en titres moins brillants,
En bons contrats de rente étaient plus opulents :
La fortune, illustrée alors par ce mélange,
Payait la qualité qui vivait de l'échange.
35 C'était bien. Comme noble ensemble et comme époux,
J'avais double pouvoir sur ses vœux, sur ses goûts ;
J'ordonnais : mais, mon cher, il faut voir la manière
Dont regimbe[1] à présent sa hauteur[2] roturière !
Madame veut avoir aussi sa volonté,
40 Et comme tous les biens viennent de son côté,
Elle sait de ses droits s'en faire sur sa fille.
Si je parle en époux, en vrai chef de famille,
Tout est perdu pour moi ! Vos régénérateurs,
Des vices sociaux ardents dépurateurs,
45 Pour qui la nouveauté fut toujours une amorce,
Ont, vous le savez bien, décrété le divorce…

FORLIS.

Oui.

VERSAC.

                        Je suis roturier déjà de leur façon :
Ma femme, en me quittant, peut me rendre garçon.

FORLIS

Vous êtes gai, vraiment, pour un aristocrate !

VERSAC.

50 Moi ? J'enrage, et me tais[1] : car enfin, que j'éclate,

---

[1] ms : [- réclame] [+ regimbe]

[2] L5 : fierté

L'AMI DES LOIS

Puis-je changer, après bien des cris, bien des frais,
La tête de ma femme ainsi que[2] vos décrets ?

FORLIS.

Non... On tient donc toujours bureau de politique ?

VERSAC.

Oui : c'est à qui fera ses plans de république.
55 L'un, dans sa vue étroite et ses goûts circonscrits,
Claquemure la France aux bornes de Paris :
L'autre, plus décisif, plus large en sa manière,
Avec la France encore régit l'Europe entière :
L'autre, en petits états coupant trente cantons,
60 Demande trente rois, pour de bonnes raisons ;
Et tous, jouant les mœurs, étalant la science,
Veulent régénérer tout, hors leur conscience.[3]

FORLIS

Le portait est fidèle, entre nous ; mais je vois[4]
Que vous vous alarmez un peu trop tôt pour moi.

VERSAC.

65 Vous ne doutez de rien !

FORLIS.
Votre femme...

---

[1] L5 : Moi : j'enrage, me tais

[2] L1795 : La tête de ma femme, ou changer

[3] L1822 remplace les vers 63-188 (jusqu'à la fin de la scène) par la variante no. 1 : voir p. 259-63.

[4] ms : voi [+ crois]. L8, L9 : voi.

LAYA

VERSAC.

En est folle,
Et compte bien un jour par eux jouer un rôle.[1]
Vous qui trouvez tout bien, monsieur l'homme sensé,
Qui voyez tout debout, quand tout est renversé,
Qui vantez, adorez, dans votre folle ivresse,
70   La Révolution ainsi qu'une maîtresse,
Dites…

FORLIS.

Vous m'attaquez ? Si je vais riposter,
Nous finirons encore, Versac,[2] par disputer.
Faut-il qu'à mon retour Madame me surprenne…

VERSAC.

Je suis ici tout seul, ainsi donc point de gêne.

FORLIS.

75   Votre femme…

VERSAC.

Est au club à faire des décrets. -
Or, maintenant lisez ceci.
(*Il lui remet une lettre.*)

---

[1] ms comporte à cet endroit les 4 vers suivants (biffés), qui sont absents de L1, comme de L2 et de L3 : « FORLIS. Elle est folle en effet. Mais tous ces charlatans, / ces petits faux tribuns démasqués par le temps, / roulants dans leur fumier de leur trône éphémère, / vont expier leurs noms, le mépris de la terre ! ». L1795 les rétablit avec des variantes, comme suit : « Elle est folle, en effet ; mais tous ces charlatans, / Tous ces petits tribuns démasqués par le temps, / Roulant dans leur fumier de leur trône éphémère, / Vont expier leur nom, le mépris de la terre. »

[2] ms : [- pressac] [+ Versac]

et compte bien un jour par eux jouer un rôle.

forlis

Elle est folle, en effet. mais tous ces charlatans,
ces petits faux tribuns démasqués par le tems,
roulant dans leur fumier de leur thrône éphémère,
vont expier leurs noms, le mépris de la terre !

prépar

vous qui trouvez tout bien, monsieur l'homme sensé,
qui voyez tout debout quand tout est renversé ;
qui vantez, adorez, dans votre folle ivresse,
la révolution ainsi qu'une maitresse,
Dites...

forlis

vous m'attaquez ? si je vais riposter,
nous finirons encor, Versac, par disputer :
faut-il qu'à mon retour madame me surprenne...

prépar

je suis ici tout seul : ainsi donc point de gêne.

forlis

votre femme ?....

p. 8 du manuscrit du souffleur.
© Collections de la Comédie-Française.

FORLIS, (*l'ouvrant*).

Coblentz ![1] Après ?[2]

VERSAC.

Ils viennent.

FORLIS.

Qui ?

VERSAC.

Les rois, l'Europe qu'on irrite.[3]

FORLIS.

Vous m'effrayez ! Les rois ?

VERSAC.

      Eux, monsieur, et leur suite.
La loi, par votre illustre et docte invention,
80 Est du vœu général toute l'expression :
Toute la volonté de l'Europe alarmée,
Par cent bouches à feu va vous être exprimée.

FORLIS.

Allons !

VERSAC.

Un manifeste adroit, bien détaillé,

---

[1] *Coblentz* : Ville frontalière où l'oncle maternel de Louis XVI, le prince-électeur, accueillit le comte d'Artois, alors en exil. À partir de juin 1791, les troupes des émigrés commencèrent à s'y rassembler. Petit à petit, Coblence devint ainsi le quartier général des contre-révolutionnaires.

[2] L1795 : De Londres ! Après ?

[3] L1795 remplace les vers 77-95 par la variante no. 2 : voir p. 263-5.

Et d'une bonne armée au besoin appuyé,
85 S'imprime, qui pesant dans un juste équilibre
Les droits des souverains et ceux du peuple libre...

FORLIS.

De vos rois apportant la dernière raison,
Nous va fonder[1] des lois à grands coups de canon ?

VERSAC.

On veut vous éclairer, et non pas vous détruire :
90 Vous nous abattez tout, on vient tout reconstruire :
Commerce, industrie, arts, tout tend à s'abîmer...

FORLIS.

Et grâce à vos pandours, tout va se[2] ranimer ?

VERSAC.

Mais tous nos droits d'abord.

FORLIS.

Pour de vains privilèges,
Verrez-vous sans effroi ces hordes sacrilèges
95 Rougir le sol français du sang de nos guerriers ?

VERSAC.

Non, s'ils sont teints de sang, j'abjure nos lauriers.
Je suis, puisque aujourd'hui tout noble ainsi se nomme,
Aristocrate, soit ; mais avant, honnête homme.
Je ne saurais me faire à votre égalité ;
Mais j'aime mon pays, je ne l'ai point quitté ;
100 Et, s'il faut franchement dire ce que j'éprouve[3]

___

[1] ms : [- donner] [+ fonder]

[2] ms, L2, L3, L5, L7, L8, L9, L11 : se va.

[3] L1795 : Et s'il faut dire ici quels sentiments j'éprouve

je suis, puisqu'aujourd'hui tout noble ainsi de nôme,
Aristocrate, soit ; mais avant, honête homme.
je ne saurais me faire à votre égalité ;
mais j'aime mon païs, je ne l'ai point quitté.
Et, s'il faut franchement dire ce que j'éprouve
sur tous nos émigrés ; mon cœur les désaprouve.
mais dans l'ame comme eux gentil homme francais,
je puis, sans les servir, ~~desirer~~ attendre leurs succès :
~~Vous attendrez~~ forlis
~~aussi, puis je~~ ~~dessac~~ la france, antique monarchie,
république ! vrai monstre ! ~~....~~ ~~....~~ en fantôme impie
qui ne se vit jamais !
                forlis
que vous verrez !
                pressac
allons !
un état sans noblesse !
~~......~~ il faut des échelons
pour monter.
                forlis

p. 11 du manuscrit du souffleur.
© Collections de la Comédie-Française.

Sur[1] tous nos émigrés, mon cœur les désapprouve.
[2]Mais dans l'âme, comme eux, gentilhomme français,
Je puis, sans les servir, attendre[3] leurs succès.

FORLIS.

105   Vous attendrez.[4]

VERSAC.

La France, antique monarchie,
République ! Vrai monstre ![5] Enfantement impie
Qui ne se vit jamais.

FORLIS.

Que vous verrez.

VERSAC.

Allons !...
Un état sans noblesse ![6]... Il faut des échelons
Pour monter.[7]

FORLIS.

Nous marchons dans[1] une route égale.

---

[1] L1795 : Pour

[2] ms : [- Sans noblesse, impossible !] [+ un état sans noblesse !]

[3] ms : [- désirer] [+ attendre]

[4] ms : [- Versac : aussi, fais-je] [+ Forlis : Vous attendrez]

[5] ms : [- Sans un Roi, sans noblesse !] [+ république ! vrai monstre !]

[6] ms : [- Sans noblesse impossible !] [+ un état sans noblesse !].

[7] L1795 remplace les vers 103-109 par le passage suivant : « FORLIS. Ah ! je vous reconnais. VERSAC. Ne croyez pas, Forlis, / Que je pleure en enfant ces titres abolis, / Ces privilèges vains : leur perte est un peu rude ! / C'était propriété bien douce à l'habitude !... / FORLIS. Vous regrettez encore tout ce néant ?... Allons ! / VERSAC. Leur utilité... FORLIS. Rêve ! VERSAC. Il faut des échelons. / Pour monter. »

VERSAC.

110 Le dernier citoyen, perdu dans l'intervalle,
Pourra-t-il sans patrons, sans voix, sans truchement,
Des degrés élevés franchir l'éloignement ?

FORLIS.

Oui, mon cher, et sans peine encore, sans résistance.
C'était les échelons qui faisaient la distance ;
115 Les voilà tous rompus.

VERSAC.

     J'enrage ! Allons, poussez,
Intrépide optimiste !

FORLIS.

Ah ! vous vous courroucez ?

VERSAC.

Vous qui voulez, de l'homme étendant le domaine,
Dans l'âme d'un Français voir une âme romaine,
Rappelez-vous donc Rome au siècle de Caton :
120 L'erreur d'un demi-dieu peut servir de leçon.
Caton, qu'eût adoré Rome dans son enfance,
Et dont le sort plus tard déplaça l'existence ;
Caton, qu'un saint amour pour sa Rome enflamma,
La voulut reculer au siècle de Numa :[2]
125 Des Romains à la sienne il jugea l'âme égale ;
Il n'avait que pour lui mesuré l'intervalle :
Il crut n'obtenir rien que d'obtenir beaucoup ;
Voulant tout exiger, sa vertu perdit tout :
Sa vertu prépara les fers de Rome esclave.
130 Rome immola César, et fléchit sous Octave.

---

[1] ms : sur [+ dans]

[2] Numa Pompilius (715-673 av. J. C.), deuxième roi légendaire de Rome.

Monsieur, je vous renvoie à la comparaison.

FORLIS.

Je réponds à présent de votre guérison.
Vous raisonnez, c'est être à moitié démocrate.
Ce beau germe perdu sur une terre ingrate,
135 Caton[1] « qu'un saint amour pour sa Rome enflamma,
« La voulut reculer au siècle de Numa » ?[2]
Oui : Caton se trompa. Qu'en pouvez-vous conclure ?
Qu'il connut la vertu, mais fort mal la nature.
Il traita Rome usée et tombant de langueur,
140 Comme il eût traité Rome aux jours de sa vigueur.
Ce vœu fut, j'en conviens, d'un fou plus que d'un sage,
D'assouplir la vieillesse aux mœurs du premier âge.
L'avons-nous imité ? Toutes nos vieilles lois
Dans leur poudre, aujourd'hui, dorment avec nos rois.
145 Nous n'allons pas fouiller ces mines sépulcrales,
Ces titres tout rongés de rouilles féodales :
Le temps et la raison, ces fidèles flambeaux,
Vont diriger nos pas dans des sentiers nouveaux,
Et, des vieux préjugés éclairant l'artifice,
150 Cimenter de nos lois l'immortel édifice.
Bientôt un même esprit…

VERSAC.

    Un même esprit ? Jamais,
Tant qu'il existera des intrigants.

FORLIS.

      Eh ! mais
Tout excès a son terme, et l'homme qui sommeille,

---

[1] Caton d'Utique, dit Caton le jeune (95-46 av. J. C.), qui se suicida après la défaite de Métellus Scipion par César, disant qu'il ne voulait pas « survivre à la liberté ». Ce martyr de la liberté républicaine devint le sujet de plusieurs tragédies, dont celle de Joseph Addison (*Cato*, 1713).

[2] L10 : ? ».

LAYA

Aux purs rayons du jour à la fin se réveille.
155 Ce n'est qu'un voyageur par un guide égaré,
Qui dans le droit chemin sera bientôt rentré.
Un conducteur plus sûr, sa raison, l'y rappelle :
L'oreille, le cœur s'ouvre à sa voix immortelle ;
Les sentiers suborneurs bientôt sont délaissés ;
160 Les faux guides, bientôt punis ou repoussés.

VERSAC.

Grands mots que tout cela ! Le temps, l'expérience
Vous donne un démenti. Mais je perds patience ;
N'en parlons plus, Forlis.- Vous allez voir ici
Un bon original.

FORLIS.

Encore ?

VERSAC.

Oh ! celui-ci,
165 Vous le connaissez bien de nom ; c'est monsieur Plaude.

FORLIS.

Qui ?

VERSAC.

Cet esprit tout corps, qui maraude, maraude
Dans l'orateur romain, met Démosthène à sec,
Et n'est, quand il écrit, pourtant latin ni grec.

FORLIS.

Ni français, n'est-ce pas ?

VERSAC.

Animal assez triste,
170 Suivant de ses gros yeux les complots à la piste,

L'AMI DES LOIS

Cherchant partout un traître, et courant à grand bruit
Dénoncer le matin ses rêves de la nuit.
Dans le champ[1] politique effaçant ses émules,
Nul ne sait comme lui cueillir les ridicules.

FORLIS.

175 J'y suis.

VERSAC.

  Vous connaissez les autres ; c'est d'abord
Duricrâne, de Plaude audacieux support,
Journaliste effronté, qu'aucun respect n'arrête :
Je ne sais que son cœur de plus dur que sa tête.
Puis monsieur Nomophage, et Filto son ami.
180 Filto dans le chemin est le moins affermi :
Le besoin d'exister, la fureur de paraître,
Le rend sur les moyens peu scrupuleux peut-être.
Pour monsieur Nomophage, oh ! passe encore : voilà
Ce que j'appelle un homme ! Un héros ! L'Attila
185 Des pouvoirs et des lois ! Grand fourbe politique ;
De popularité semant sa route oblique,
C'est un chef de parti…

FORLIS.
Peu dangereux.

VERSAC.
      Ma foi,
Je ne sais.- il vous craint.

FORLIS.
Je le méprise, moi.

---

[1] L10 : camp

SCÈNE II.

Les mêmes, UN DOMESTIQUE.

LE DOMESTIQUE (*à Versac*).

Monsieur, on est rentré. (*Le domestique sort.*)[1]

VERSAC (*à Forlis*).

Vous allez voir ma femme ?[2]

FORLIS.

190   Volontiers.

VERSAC.

Je l'entends.

---

[1] ms : (il sort)

[2] L1795 remplace les vers 189-90 par le passage suivant : « VERSAC, *au domestique*. BON : Madame est rentrée ? LE DOMESTIQUE. Oui. VERSAC. Le trio fidèle / Est-il là ? LE DOMESTIQUE. Ces Messieurs sont rentrés avec elle. / VERSAC. Ces Messieurs à souper ont rendez-vous toujours, / Quand ils dînent... notez qu'ils dînent tous les jours. / FORLIS. À demain. VERSAC. Non, restez : vous allez voir ma femme. » L1822 adopte ce nouveau passage avec des variantes, comme suit : « VERSAC, *au domestique*. BON : Madame est rentrée ? LE DOMESTIQUE. Oui. VERSAC. La troupe fidèle / Est là ? LE DOMESTIQUE. Tous ces Messieurs sont rentrés avec elle. (*Il sort.*) / VERSAC. Ces Messieurs à souper ont rendez-vous toujours, / Quand ils dînent... notez qu'ils dînent tous les jours. / FORLIS. À demain. VERSAC. Non, restez : vous allez voir ma femme. »

SCÈNE III.[1]

Les mêmes, Madame VERSAC.

VERSAC (*à sa femme*).[2]
                Voici Forlis, Madame.

MADAME VERSAC (*le saluant froidement*).
Monsieur…

FORLIS (*bas à Versac*).
      Ce froid accueil confirme vos soupçons.

VERSAC (*à sa femme*).
Je viens de l'informer des puissantes raisons
Qui vous font en ce jour détruire votre ouvrage,
Et de son union rejeter l'avantage ;
195   Mais il ne me[3] croit pas.

MADAME VERSAC.
          C'est une vérité.

VERSAC.
Je vous dis que Madame ainsi l'a décrété.
Adieu. (*Il sort.*)

---

[1] ms ne porte pas cette mention, et le passage suivant, jusqu'au vers 197, est intégré à la scène 2, faisant basculer la numérotation des scènes de tout le reste de l'acte.

[2] ms : (à sa femme qui entre)

[3] L5 : le

SCÈNE IV.

FORLIS, Madame VERSAC.[1]

MADAME VERSAC.

Ces nœuds, Forlis, ne faisaient plus mon compte.
Nous n'en serons pas moins bons amis, et j'y compte.
Avec tous vos talents, chef d'une faction,
200   Vous eussiez agrandi vos biens et votre nom :
Quand l'audace est encore la vertu de votre âge,
Quand il fallait oser, vous avez fait le sage !
Faux calcul ! Vous voyez, avec tous vos talents,
Vous restez de côté ; tandis que d'autres gens,
205   Moins forts que vous peut-être, auront sur vous la pomme.
Qu'arrive-t-il de là ? D'excellent gentilhomme
Qu'on vous vit autrefois, vous voilà comme nous,
Et comme votre ami, monsieur mon cher époux,
Qui me faisait sonner si haut sa baronnie,
210   Devenu tiers-état, membre de[2] bourgeoisie.[3]
Or, l'homme ancien chez vous n'étant pas remplacé,
Par les hommes du jour, mon cher, est effacé.[4]

FORLIS.

Si vous aviez l'esprit moins juste, au fond[5] de l'âme
J'aurais bien quelque droit de m'effrayer, Madame.

MADAME VERSAC.

215   Vous valez mieux, d'accord, que vos rivaux.

---

[1] ms : ordre des personnages inversé.

[2] L7, L8 : de la

[3] L1822 : Descendu dans l'honnête et simple bourgeoisie :

[4] L1795 supprime les vers 205-212.

[5] ms : fonds

L'AMI DES LOIS

FORLIS.

Vraiment ?
Vous n'attendez de moi rien pour ce compliment.

MADAME VERSAC.

Mais de l'opinion le thermomètre indique
Qu'on doit en trente états couper la république.[1]

FORLIS.

Vous croyez ?

MADAME VERSAC.

C'est le vœu général à présent.
220   Votre chère unité sera mise au néant.[2]
Un sublime projet,[3] c'est le plan[4] du partage ![5]
Quelqu'un m'en fait demain lecture : Nomophage
Qui vient exprès dîner... Mais j'oublie, à propos,
Que je vais vous parler encore de vos rivaux.
225   Vous les haïssez bien ![6]

---

[1] L1822 : Que nous allons ici fonder la république.

[2] Suivent ces vers, biffés sur ms : « Or, pour ma fille au moins puisqu'il n'est plus de princes, / Je veux un vice-roi de deux ou de trois provinces. / FORLIS. L'un des messieurs sera ce Vice ? / Mde. PRESSAC. Un beau projet... / Que je ne connais pas ; mais que je crois parfait ; »

[3] ms : [- Car je sais son auteur] [+ Un sublime projet,] [+/- fait les].

[4] L8 : celui

[5] L1822 : La constitution sera mise au néant... / (*Confidentiellement.*) / En états fédérés la France se partage.

[6] L1822 remplace les vers 222 à 224 par les vers suivants : « FORLIS. Plus d'un ambitieux y voit son avantage. / MADAME VERSAC. En trente États-Unis. FORLIS. Donc, trente rois ?... Fort bien ! / Chacun a son royaume. MADAME VERSAC. Et moi, j'aurai le mien. FORLIS. Au mieux. MADAME VERSAC. L'auteur du plan est monsieur Dubrissage, / Esprit vaste, élevé, plein de feu, de courage, / D'audace, bravant tout, osant tout attaquer. / FORLIS. Quand on n'a rien à perdre, on peut bien tout risquer. » Le vers 225 est repris plus bas.

LAYA

FORLIS.

Et je m'en glorifie.

MADAME VERSAC.

Pourquoi, Forlis ?

FORLIS.

Faut-il que je les qualifie ?
Je pardonne au trompé, mais jamais au trompeur.

MADAME VERSAC.

Quoique vous les traitiez avec un peu d'humeur,
J'aime à vous voir ici tous quatre bien en prise ![1]
230   Nous vous aurons demain ?

FORLIS.

Craint-on ce qu'on méprise ?
Oui, Madame.

MADAME VERSAC.

Avec eux, demain je vous attends.

FORLIS.

J'ai rencontré parfois de plus fiers combattants,
Et vaincre ces messieurs n'est pas une victoire.
Un combat sans danger donne un laurier sans gloire.
235   Mais j'impose au combat une condition :
C'est que, donnant l'essor à mon opinion,
J'en exerce sur eux le libre ministère.

---

[1] L1795 : J'aime à voir entre vous s'établir une prise.

L'AMI DES LOIS

MADAME VERSAC.

Sans gêne. Ils ont d'ailleurs un fort bon caractère.[1]

FORLIS.

[2]En vérité, madame, oui, j'admire comment
240 Ces messieurs vous ont pu séduire un seul moment !

MADAME VERSAC.

Mais ils sont, croyez-moi, patriotes.

FORLIS.

Madame,
Descendons, vous et moi, franchement dans votre âme.[3]
Patriotes ! Ce titre et saint et respecté,
À force de vertus veut être mérité.
245 Patriotes ! Eh quoi ! ces poltrons intrépides,
Du fond d'un cabinet prêchant les homicides !
Ces Solons[4] nés d'hier, enfants réformateurs,[5]
Qui rédigeant en lois leurs rêves destructeurs,
Pour se le partager, voudraient mettre à la gêne
250 Cet immense pays rétréci comme Athènes !
Ah ! ne confondez pas le cœur si différent
Du libre citoyen, de l'esclave-tyran.[6]

---

[1] ms : FORLIS. Madame, enfin des deux quel est le favori ? / Mde. PRESSAC : Aucun encore, ma foi. / FORLIS. Bon ! / Mde. PRESSAC. Je n'ai jusqu'ici / Point de penchant pour eux, ni pour eux point de haine.

[2] ms : Les vers 239-60 sont ajoutés par le biais d'un becquet collé à la p. 22 de ms, ajout qu'adoptent les versions imprimées. La version primitive, lisible sous le becquet, saute du vers 238 au vers 267.

[3] ms : descendons vous et moi dans le fonds de votre âme :

[4] *Solon* : Homme d'état et législateur (~640-558 avant J.-C.), il fut à l'origine d'une série de réformes politiques qui accrurent le rôle de la classe populaire athénienne. Pour cette raison, il est souvent dépeint comme le fondateur de la démocratie.

[5] L1795 : législateurs ; ms : [- législateurs] [+ réformateurs].

[6] L1822 : Ne plaçons pas, de grâce, en un même tableau, / Le patriote ancien à côté du nouveau.

L'un n'est point patriote, et vise à le paraître :
L'autre tout bonnement se contente de l'être.
255 Le mien n'honore point, comme vos messieurs font,
Les sentiments du cœur de son mépris profond :
L'étude, selon lui, des vertus domestiques,
Est notre premier pas vers les vertus civiques :
Il croit qu'ayant des mœurs, étant homme de bien,
260 Bon parent, on peut être alors bon citoyen :
[1]Compatissant aux maux de tous tant que nous sommes,
Il ne voit qu'à regret couler le sang des hommes ;
Et du bonheur public posant les fondements,
Dans celui de chacun en voit les éléments.[2]
265 Voilà le patriote ! Il a tout mon hommage.
Vos messieurs ne sont pas formés à cette image.[3]
Mais, dites-moi,[4] des deux quel est le favori ?

MADAME VERSAC.

Aucun encore, ma foi.

FORLIS.

Bon !

MADAME VERSAC.

Je n'ai jusqu'ici
Point de penchant pour eux, et[5] pour eux point de haine.[6]

---

[1] ms : Les vers 261-264 manquent.

[2] L1795 : Dans le bonheur privé cherche ses éléments.

[3] L1795 et L1822 remplacent le vers 267 par la variante no. 3 : voir p. 265-6.

[4] ms : La version primitive donne : « Madame, enfin des deux quel est le favori ? ». favori ?'. Le texte du becquet est : 'mais dites-moi, des deux quel est le favori ? »

[5] ms : ni.

[6] Fin du texte du becquet collé à la p. 22 de ms.

FORLIS.

270 Il faut choisir pourtant.

MADAME VERSAC.

Je choisirai sans peine.
Si le succès s'arrange au gré de vos rivaux,
Comme ils l'ont arrangé déjà dans leurs cerveaux,
Plus digne par son bien d'entrer dans ma famille,
Le mieux doté des deux, mon cher, aura ma fille.

FORLIS (*lui baisant la main*).

275 Je serai votre gendre.

MADAME VERSAC.

Oui ?... Nous verrons cela.
Pour monsieur mon mari, patience ! On saura
Lui prouver que ce monde est une loterie
Où le sort suit sa roue, avec elle varie.
Du haut nom de baron on le vit s'enticher :[1]
280 Vers de plus grands honneurs, moi,[2] je prétends marcher.
Pour ma fille en un mot, puisqu'il n'est plus de princes,
Je veux un gouverneur de deux ou trois provinces.[3]

FORLIS (*riant*).

Oh ! vous ne pouviez mieux terminer le roman.

MADAME VERSAC.

N'est-ce pas ? Permettez qu'on vous quitte un moment :
285 Je passe chez monsieur.

---

[1] L1822 : Monsieur était baron ; l'on n'osait l'approcher :

[2] L7 : <, moi,>

[3] ms : La version initiale des vers 281-2 (biffée) est : « Il ne fut que baron le pauvre homme et j'espère / avant un mois d'ici, moi, me voir Reine-mère. »

FORLIS.

Peut-on vous y conduire ?
(*Elle lui donne la main.*)
Je vais le saluer de son nouvel empire.

Fin du premier Acte.

ACTE II.

SCÈNE PREMIÈRE.

FORLIS, BÉNARD.[1]

FORLIS.

Entrons ici, Bénard.

BENARD.

Monsieur, je vous apporte…

FORLIS.

La liste ?

BENARD.

En bon état.

FORLIS (*Il prend un papier de ses mains*).[2]
  Elle me paraît forte…
Cent cinquante !… Par jour, à vingt sols, c'est, je crois…
290   Par jour… vingt sols chacun… deux cents louis par mois.

BENARD.

Moins douze, monsieur.

FORLIS.

Oui, moins douze.

---

[1] ms : On lit « l'intendant » à la place de « Bénard » (passim), sauf dans les adresses directes : par exemple, vers 286, où on lit « Bénard ».

[2] ms : (la prenant)

LAYA

BENARD.

       Et quatre livres.

FORLIS.

Et quatre livres : bon.

BENARD.

     C'est noté dans mes livres.
Ce nombre est un peu cher, monsieur, à soudoyer !

FORLIS.

C'est doubler son argent que le bien employer.[1]

BENARD.

295 De ces actions-là[2] peu de gens sont capables.

FORLIS.

Vous me jugez trop bien, ou trop mal mes semblables.
Le secret est-il sûr ?

BENARD.

    Oui ; mais, d'un si beau trait
Qui vous ferait honneur, pourquoi faire un secret,
Monsieur ?

FORLIS.

   Mon cher Bénard, faut-il que je vous dise
300 Que c'est de la vertu faire une marchandise,
Qu'étaler au grand jour le bien qu'on dût cacher ?
L'opinion est-elle un prix à rechercher ?
C'est usurairement placer la bienfaisance,

---

[1] L7, L8 : que de bien l'employer.

[2] L5 : additions là

Qu'au-delà du bienfait chercher sa récompense :
C'est vendre, non donner. Le seul pur intérêt[1]
305 Qu'on en doive[2] exiger, Bénard, c'est le secret.
Mais suivez-moi ; voici ce monsieur Nomophage,[3]
Et son ami Filto.

BENARD.

C'est le couple d'usage.[4]
(*Ils sortent tous deux.*)[5]

SCÈNE II.

NOMOPHAGE, FILTO.

NOMOPHAGE (*voyant sortir Forlis*).

Comment diable ! Forlis de retour !... Ah ! tant pis.
310 Il faut au journaliste en donner prompt avis.
Nous serons bien ici... Je vais vous montrer l'acte.
(*Ils s'asseyent à une table.*)

FILTO.

Du partage ?

NOMOPHAGE.

J'en tiens une copie exacte.[6]
Vous savez que déjà le plan est arrêté ?

---

[1] L1795 : plus pur intérêt

[2] L1795 : puisse

[3] L1795 : Suivez-moi, mon ami, voici les Nomophages.

[4] L1795 : Et les Filtos. BÉNARD. Ce sont d'honnêtes personnages !

[5] ms : (Ils sortent)

[6] ms : Oui, j'en tiens une copie exacte.

FILTO.

Oui, je sais même encore comme on vous a traité.

NOMOPHAGE.

315 J'ai su faire valoir mes services extrêmes.
Nous plaidons toujours bien, en plaidant pour nous-mêmes.
Mais tant de concurrents !

FILTO.

Sans doute.

NOMOPHAGE.

Il fallait bien
Nous saigner quelque peu pour force gens de bien,
Bons travailleurs sous nous, troupeau qui nous seconde ;
320 Et qui veut réussir, ménage tout le monde.
Soyons justes d'ailleurs, mon cher : sous l'ordre ancien,
Qu'étions-nous vous et moi ? parlons franc ; moins que rien.
Qu'avions-nous ? j'en rougis ! pas même un sou de dettes ;
Car il faut du crédit pour en avoir de faites.[1]
325 Or, d'un vaste pays maintenant gouverneurs,
Nous aurons des sujets, des trésors, des honneurs,
Nous qui, riches de honte, et surtout de misère,[2]
N'avions en propre, hélas ! pas un arpent de terre.[3]

FILTO (*Il lit sur le papier, et suit des yeux sur la carte géographique.*)[4]

Oui. Voyons le travail…. Mâcon… Beaune… Vraiment,[5]

---

[1] La marge de gauche du ms porte la mention « B..... B », écrite à la verticale, qui démarque les vers 321-4.

[2] L1822 : Nous, humbles rejetons de la gent prolétaire

[3] Les vers 325-8 sont biffés sur ms.

[4] ms : (Il lit)

[5] ms : [- Beaune, Macon, ?] [+ Macon, Beaune... vraiment]

330 Bon pays pour le vin !

NOMOPHAGE.
Il tombe au[1] plus gourmand.[2]

FILTO.
Ah voici notre lot… On me donne le Maine.

NOMOPHAGE.
Vous allez y[3] manger les chapons par centaine.

FILTO.
C'est un fort beau pays !… Vous avez le Poitou ?

NOMOPHAGE.
Oui, mais j'aurais voulu qu'on y joignît l'Anjou.

FILTO.
335 Je n'y vois rien pour Plaude ?

NOMOPHAGE.
Eh ! mais, que diable y faire
D'un fou, qui tout coiffé d'un vain système agraire,
Ne fait du sol français qu'une propriété,
Et de ses habitants qu'une communauté ?

FILTO.
Vous faisiez secte ensemble ?[4]

___

[1] ms : aux

[2] ms : la fin du mot « gourmand » est écrite en surcharge à un autre mot, illisible.

[3] L7, L8 : y allez

[4] L1822 : Vous approuviez ses plans ?

NOMOPHAGE.

               En politique habile,
340   J'use d'un instrument, tant qu'il peut m'être utile.
Un moment, comme lui, je fus[1] *agrairien* ;[2]
Mais pourquoi ? C'est qu'un champ vaut toujours mieux que rien.
Aujourd'hui,[3] du Poitou puissant seigneur et prince,
Je laisse là le champ pour prendre la province.

FILTO.

345   Ce plan me paraît bien. Il n'y manque à présent
Que l'exécution, et le[4] succès.

NOMOPHAGE.

               Comment ?

FILTO.

Le Forlis nous travaille, et nous et notre suite,
Avec une vigueur de talents...[5]

NOMOPHAGE.

               Qui m'irrite.
Il faut qu'avant huit jours ce Forlis qui nous nuit
350   Tombe, ou nous : de sa fin notre règne est le fruit ;
Et de l'ordre et des lois ces fidèles apôtres
Sont les amis du peuple, et ne sont pas les nôtres.

---

[1] L5 : suis

[2] ms, L10 : mots écrits en caractères romains

[3] ms : [- désormais] [+ aujourd'hui]

[4] L8 : les

[5] L1822 remplace les vers 345-348 par les suivants : « FILTEAU. Vous oubliez Forlis : ce Forlis qui nous gêne / N'est pas de ces rivaux qu'on surmonte sans peine. / DUBRISSAGE. Oh ! j'ai pour l'arrêter des moyens excellents : / La ruse qui nous sert au défaut des talents ; / L'audace qui nous sauve au défaut de la ruse ; / Et de ces deux ressorts je sais comme l'on use. »

Un Forlis, dégagé de toute ambition,
Ivre de son pays pour toute passion,
355 Ne doit être à nos yeux qu'un monstre en politique.
Ces prôneurs d'unité dans une république,
Sont des fléaux pour nous : un état démembré,
Seul à l'ambition offre un règne assuré.[1]

FILTO.

Il faut que la vertu cache en soi quelque chose
360 Que je ne comprends pas, et qui nous en impose ;
Mais ce Forlis m'étonne, et j'ai honte, entre nous,
D'être à lui peu semblable, et si semblable à vous.

NOMOPHAGE.

Tête étroite ! Une fois poussé dans la carrière,
Doit-on, comme un poltron, regarder en arrière ?
365 Allons, droit en avant, monsieur le vice-roi !
Il faut avoir sa marche, une attitude à soi.
Dans les flancs de l'airain que la flamme enfermée
Frappe, en se faisant jour, notre oreille alarmée,
J'y consens ; mais plus ferme, et bravant tous les feux,
370 Le cœur, sans s'étonner, s'élance au milieu d'eux.[2]
Les succès sont toujours les vrais fils de l'audace.
Qui sait oser, sait vaincre ; et qui craint, s'embarrasse,
Se fourvoie, et s'égare au plus beau du chemin.
Il faut, comme un enfant, vous mener par la main.
375 La vertu ! C'est sans doute une chose fort belle !
J'ai, moi qui vous en parle, un grand respect pour elle ;[3]
Et n'était qu'en ce monde on est mince sans bien,

---

[1] L1822 remplace les vers 354-358 par les suivants : « Qu'on ne saurait séduire, étant sans passion, / Armé pour maintenir l'unité monarchique, / Ne doit être à nos yeux qu'un monstre en politique. / Il n'est, soyez-en sûr, qu'un état démembré / Où l'on puisse, mon cher, s'arrondir à son gré. »

[2] L1795 et L1822 suppriment les vers 367-370.

[3] L1822 remplace les vers 377-389 par la variante no. 4 : voir p. 267-70.

Je pourrais, comme un autre, être un homme de bien.[1]
[2]Duricrâne, mon cher,[3] poursuit Forlis, le guette :
380 Il n'entendra pas, lui, la redite indiscrète
D'un obscur sentiment, de ce cri de vertu
Qui doit toujours se taire, une fois qu'il s'est tu.

FILTO.

Cela n'est pas toujours, quoique cela doive être.
Ce cri mal étouffé souvent reparle en maître.
385 Mais, sans rougir enfin, pouvons-nous partager
Avec un Duricrâne ?

NOMOPHAGE.

Il le faut ménager.

FILTO.

Qu'avec moi sans détour votre bouche s'explique :
Dites, que pensez-vous du plan de république ?

NOMOPHAGE.

Du nôtre ? bon pour nous !

FILTO.

Tenez, entre nous deux,
390 Quand je suis avec vous, j'ai toujours sous les yeux
Ces deux prêtres romains dont parle la satire,

---

[1] ms rajoute, à cet endroit, les quatre vers suivants, biffés : « Rassurez-vous, mon cher, l'éveillé journaliste / Qui grondant, aboyant, suit tout noble à la piste, / Des grands qui l'hébergeaient aujourd'hui déserteur, / Et de nos modérés enragé délateur, »

[2] ms : [- Le]

[3] ms : [- enfin] [+ mon cher]

Qui ne pouvaient jamais se regarder sans rire.[1]

NOMOPHAGE.

Nous pouvons aussi rire,[2] car nous aurons de quoi.
Mais parlons d'autre chose un peu : ça, dites-moi,
395　La petite Versac[3] vous tient-elle en cervelle ?

FILTO.

Selon. Et vous ?

NOMOPHAGE.

　　　　　Ma foi, j'en rabats bien pour elle :
L'empereur du Poitou, digne allié des rois,
Ne pourra plus descendre à ces liens bourgeois.

FILTO.

Monsieur le gouverneur de l'un et l'autre Maine,
400　Peut trouver dans les cours quelque infante, et sans peine.

NOMOPHAGE.

Oui ; mais, mon cher[4] Filto, croyez-en mes avis :
Tenons toujours le dé, pour l'ôter à Forlis.
Cet[5] enfant-là d'ailleurs est unique héritière ;
Et si quelque démon (ce que je ne crains guère)
405　Brisait contre un écueil notre empire et nos vœux,
Son bien dans le naufrage aiderait l'un des deux.
Pour moi, votre rival, je verrai sans colère

---

[1] *Ces deux prêtres romains* : Ce passage se réfère à une remarque attribuée à Caton le censeur dans le *De Divinatione* de Cicéron, qui se demande comment 'un devin peut regarder un autre devin sans rire' (II.xxiv.50-52).

[2] ms, L5, L9, L1795 : rire aussi

[3] ms : [- Pressac] [+ Versac]

[4] ms : « mon cher » souligné au crayon.

[5] ms : cette

LAYA

Le bonheur d'un ami… (*à part*)¹ J'ai l'aveu de la mère.

FILTO.

Et moi donc, tous les deux soyez unis demain,
410   Je serai satisfait… (*à part*)² On m'a promis sa main.

SCÈNE III.

Les mêmes, DURICRÂNE.

NOMOPHAGE.

Eh ! voici Duricrâne !… Accourez, qu'on s'empresse
À vous féliciter… oh ! quel air d'allégresse !
Vous avez, mon cher cœur, votre part au gâteau.

DURICRANE.

Je sais… j'accours vers vous, et je suis tout en eau,
415   Vous remarquez ma joie ?

NOMOPHAGE.

          Oui, ta gaîté maligne,
D'un complot découvert nous doit être un doux signe.

DURICRANE.

Ah !… devinez un peu le traître ?

NOMOPHAGE.

                  Le coquin
Nous aborde toujours un complot à la main.

---

[1] L1795 : la didascalie se présente en interligne, au-dessus des mots « j'ai l'aveu ».

[2] L1795 : la didascalie se présente en interligne, au-dessus des mots « on m'a promis sa main ».

L'AMI DES LOIS

DURICRANE.

Ce dernier en vaut cent.

NOMOPHAGE.

Enchanteur !... Allons, passe.

DURICRANE.

420 Oh ! oui, le ciel sur moi manifeste sa grâce :
À sauver la patrie il m'a prédestiné.

NOMOPHAGE.

Fais que ton chapelet soit bientôt décliné :
Laisse un peu là, mon cher, le ciel et la patrie ;
Ne nous torture plus, parle quand on t'en prie.[1]

DURICRANE.

425 Il m'a guidé, vous dis-je.

NOMOPHAGE.

Où donc ?

DURICRANE.

Dans le jardin.

NOMOPHAGE.

Le ciel !... Et pour y voir ?

DURICRANE.

Ah ! le diable est bien fin ;
Vous deux, qui vous croyez un esprit plus habile,
Devinez le coupable ? on vous le donne en mille.

---

[1] L1822 supprime les vers 421-424.

NOMOPHAGE.

Voyez si ses écarts seront bientôt finis !
430   Son nom ?

DURICRANE.

Vous saurez donc…

NOMOPHAGE.

Son nom ?

DURICRANE.

Monsieur Forlis.

NOMOPHAGE.

Quoi ! Forlis ?

FILTO.

Prenez garde : oh ! cela ne peut être.

DURICRANE.

On en est sûr, Monsieur : on se connaît en traître.

NOMOPHAGE.

En effet, mon ami, prends garde ; il a raison,
Prends garde… Oh ! seulement si de sa[1] trahison
435   Nous avions, pour l'acquit de notre conscience,
Je ne dis pas la preuve, une[2] seule apparence !
Ce serait trop heureux !

---

[1] L5 : ta

[2] L7, L8 : mais une

L'AMI DES LOIS

DURICRANE.

     Apparence !... Ah ! bien, oui ?...
Complot réel, vous dis-je, incroyable ! inouï !
Cent cinquante ennemis qu'il soutient, sans reproche,
440 De ses propres deniers... Le tout est dans ma poche.

NOMOPHAGE.

Parle, point de longueurs.

DURICRANE.

     En deux mots, m'y voici.
À l'invitation je me rendais ici.
Traversant le jardin, et guettant par routine,
J'aperçois un quidam de fort mauvaise mine,
445 Marchant près d'un monsieur, qu'à son air, ses habits,
Je reconnus bientôt pour monsieur de Forlis.
Ce quidam, dont la mine aux façons assortie,
Dénonçait un agent de l'aristocratie ;
Le retour un peu prompt de son maître, un instinct,
450 Un rayon, je le crois, qui d'en haut me survint,
Tout accrut mes soupçons. « Forlis, me dis-je, à peine
« Vient-il hors de Paris de passer la quinzaine ;
« Le voici de retour[1] ! Lui, parti pour ses bois,
« Qui nous avait promis d'être absent tout le mois ! »
455 « Quelque chose est caché sous cette marche oblique. »[2]

NOMOPHAGE.

Oui, le raisonnement est clair et sans réplique.
C'est une tête au moins ! Il vous flaire un complot !

---

[1] ms : les mots « le retour » sont soulignés au crayon.

[2] L2, L3, L4, L9, L10, et L11 placent les guillemets marquant la fin du discours rapporté à la fin du vers 454.

DURICRANE.

J'étais né délateur : épier est mon lot.
Quand j'ignore un complot, toujours je le devine.

NOMOPHAGE.

460 Après ?

DURICRANE.

   Après ?... Vers eux je marche à la sourdine ;[1]
J'avance, retenant[2] le feuillage indiscret
Dont le bruit, de mes pas eût trahi le secret.
Caché par le taillis, l'oreille bien active,
Le cou tendu, l'œil fixe, et l'haleine captive,
465 J'écoutai, j'entendis ; je vis, je fus content !
Après un court narré, vague et non important,
« Bon, dit monsieur Forlis, vos listes sont complètes ;
« Je garde celle-ci ». Puis, prenant ses tablettes,
Il écrit, les referme, et sans me voir, il sort,
470 Oubliant sur le banc cette liste... son sort !
Le nôtre ! Que sait-on ? Crac, fuir de ma cachette,
Saisir et dévorer cette liste indiscrète,
Ce fut pour moi l'éclair... Voyez, lisez un peu.
   (*Il remet un papier*[3] *à Nomophage.*)
Cent cinquante employés, tous réduits, par le jeu
475 Du ressort politique, à zéro ! Cette bande,
Monsieur la soutient seul !... Pourquoi ? Je le demande.

FILTO.

Ceci prouve, à mon sens, bien peu de chose, ou rien.

---

[1] ms rajoute, à cet endroit, les quatre vers suivants, biffés : « Pour écouter. On dit que c'est mal d'écouter ? / NOMOPHAGE. Scrupule ! Il faut entendre afin de profiter. / DURICRÂNE. Sans doute : c'est bien dit : Oh ! Sur cette matière, / J'en sais... NOMOPHAGE : Au fait. DURICRÂNE : Enfin, ils s'assirent derrière. »

[2] ms : [- retenant de la main] [+ J'avance, retenant]

[3] ms : le papier

Il faut pour condamner[1]...

DURICRANE.

Lisez.

NOMOPHAGE.

Lisons.

(*Il lit.*)
« Liste des noms de ceux à qui moi, Charles-Alexandre Forlis[2], « je m'engage à fournir, jusqu'au terme convenu, une paie de « vingt sols par jour ; bien entendu que de leur part ils « rempliront les conventions par eux souscrites, et me garderont le secret ».

DURICRANE (*à Filto*).

Eh bien ?

NOMOPHAGE.

Rien n'est plus clair : complot avéré, manifeste !
480   Vite, il faut dénoncer.

DURICRANE.

C'est fait.

NOMOPHAGE.

Bon !

DURICRANE.

Je suis preste !
J'ai commencé par-là. Je repars ; on m'attend.[3]

---

[1] ms : [- accuser] [+ condamner]

[2] ms : Deforlis

[3] L1822 : J'ai commencé par là : tout est bien préparé ; / Ou, si vous l'aimez mieux, tout est presque assuré.

LAYA

NOMOPHAGE.

Pourquoi ?

DURICRANE.

Pour appuyer.

NOMOPHAGE.

Oh ! oui, cours, c'est instant !
Écoute, bonne idée ! Oui... quinze ou vingt copies
À nos fidèles.

DURICRANE.

Bon.

NOMOPHAGE.

Avec art départies,
485   Ces listes tout d'abord vont produire un effet...

DURICRANE.

Du diable ! Un bruit d'enfer ! Un désordre parfait !
Fiez-vous à mes soins... Oh ! j'ai de la pratique :
Des émeutes à fond[1] je connais la tactique.[2]

FILTO.

Forlis est accusé ; ne passez point vos droits,
490   Et, sans les prévenir, laissez parler les lois.

---

[1] ms : fonds.

[2] L1822 ajoute, à cet endroit, les vers suivants : « DUBRISSAGE. As-tu des témoins ? / LAROCHE. Cent... qui le vont travailler !... / Pour avoir des témoins on n'a qu'à les payer. DUBRISSAGE. Notre caisse ? LAROCHE. À l'emplir ma troupe est occupée. / DUBRISSAGE. Bien. L'or est un vainqueur plus puissant que l'épée. »

L'AMI DES LOIS

DURICRANE.

Les lois ! Les lois !... Ce mot est toujours dans leurs bouches !
Avec des juges vifs et prompts comme des souches,
Laissez parler des lois, qui se tairont toujours !
Non, il faut de la forme accélérer le cours.

NOMOPHAGE.

495 Bien dit.

DURICRANE.

    J'ai dénoncé, dans moins d'une quinzaine,
Huit complots coup sur coup : c'est quatre par semaine !
Peu de bons citoyens, sans me vanter, je crois,
En ont su découvrir tout au plus un par mois.
Bon !... Mes yeux n'ont été que des visionnaires !
500 Mes complots (vrais complots d'élite !) des chimères !
Mes accusés le soir sortaient tous des prisons ;
Et moi, j'étais gibier à petites maisons.[1]
Je cours à notre affaire.

NOMOPHAGE.

    Attends, que je te suive.
On s'entend bien mieux deux, et la marche est plus vive.
505 Sans adieu, mons[2] Filto ; nous reviendrons.

---

[1] *Petites-maisons* : Asile de fous. Voir par exemple l'article 'Synecdoque' de *l'Encyclopédie* (Du Marsais, Beauzée, xv.752) : « l'usage de notre langue a attaché à *petites maisons*, quand il n'y a point de complément, l'idée d'un hôpital pour les fous ; et quand ces mots sont suivis d'un complément, l'"dée d'un lieu destiné aux folies criminelles des riches libertins. »

[2] L7, L8, L9, L10 : mon

SCÈNE IV.

FILTO (seul).
                Ma foi,
Cette affaire pour eux me cause quelque effroi.
Je n'y veux point entrer : puisqu'ils l'ont disposée,
Qu'ils démêlent entre eux, s'ils peuvent, la fusée...
Ces deux enragés-là,[1] Nomophage surtout,[2]
510   Ont fait un intrigant de moi, contre mon goût.
J'étais né pour la vie honnête et sédentaire.
C'est le plus grand des maux qu'être sans caractère.
Dans les nœuds des serpents, je suis pris... Aujourd'hui
Remplissons notre sort ; je n'ai qu'eux pour appui.
515   Hélas ! que ne peut-on, d'une marche commune,
En restant honnête homme, aller à la fortune ![3]

Fin du second Acte.

---

[1] *enragé* : Épithète injurieuse désignant les radicaux de gauche, qu'il s'agisse des Jacobins ou des militants des sections parisiennes qui exigèrent, pendant le printemps et l'été 1793, des mesures économiques extrêmes.

[2] L1822 : Ces hardis boute-feux

[3] ms : (il se retire lentement).

ACTE III.

SCÈNE PREMIÈRE.

FILTO, NOMOPHAGE.[1]

FILTO.

Oui, je vous le répète, oui, je tremble pour vous,
Qu'il ne vous faille enfin parer vos propres coups.

NOMOPHAGE.

Trembler ! Voilà votre art, mon cher ! Sottes alarmes !
520 Car enfin, contre lui n'avons-nous pas des armes ?
Je mets la chose au pis, et ma haine y consent ;
Forlis est cru coupable, et se trouve innocent.
Bon ! Ses accusateurs ont tort ? Erreur nouvelle.
Ils se sont égarés ; oui, mais c'était par zèle.
525 Leur terreur, quoique fausse, était un saint effroi,
Et le salut du peuple est la suprême loi.

FILTO.

Fort bien ! Mais cet effroi, selon vous, salutaire,
Ne peut être excusé qu'autant qu'il est sincère ;
Et quoique enfin du peuple ordonne l'intérêt,
530 S'il frappe l'innocence, il n'est plus qu'un forfait.[2]

NOMOPHAGE.

Filto, trêve à la peur, ou trêve à la morale.

---

[1] ms porte des chiffres au-dessus de la distribution de début de scène (vraisemblablement relatifs au placement des acteurs sur la scène) ; par ailleurs l'ordre des personnages est inversé, comme suit : 2 : Nomophage ; 1 : Filto.

[2] L1822 remplace les vers 527-42 par les suivants, prononcés par Filto : « Ce zèle, en son motif fût-il même plausible, / Jugé dans ses effets, n'est qu'un zèle nuisible ; / Et ces grands mots du peuple et de ses intérêts / N'ont servi trop souvent qu'à couvrir des forfaits. »

FILTO.

Votre accusation, je suppose, est légale :
Mais la route secrète où vous vous enfermez,
Ces doubles de la liste, avec tant d'art semés,
535 Est-ce légal aussi ?

NOMOPHAGE.

        C'est où je vous arrête.
Notre marche est plus sûre en ce qu'elle est secrète.
Qui diable voulez-vous qui la trahisse ? rien.
Les doubles de la liste ?... Oui, dangereux moyen,
Si j'avais dans la main des travailleurs timides ;
540 Mais ce sont gens de choix que les miens, sûrs, solides,
Gens à principes[1] !

FILTO.

        Bon ; mais tous ces aguerris
N'ont pas eu fort souvent affaire à des Forlis.

NOMOPHAGE.

Dans les jardins déjà les groupes verbalisent ;
D'un feu toujours croissant les têtes s'électrisent ;
545 L'affaire est retournée, augmentée : il faut voir
Des oisifs curieux les vagues se mouvoir !
Ce que c'est que l'esprit public ! Comme il se monte !

FILTO.

L'esprit public ! Un groupe abusé !... Quelle honte !
Quel excès de délire et de corruption !

NOMOPHAGE.

550 Bon ! Toujours étonné de la perfection !
Puis-je, de mon esprit resserrant l'étendue,

---

[1] L8 : principe

Jusqu'à votre horizon rapetisser ma vue ?

FILTO.

Laisser sécher son cœur ! L'endurcir à ce point !

NOMOPHAGE.

Prodige !

FILTO.

Et sans remords ?

NOMOPHAGE.

                Je ne les connais point.[1]
555 Des hauteurs de l'estime où le Forlis s'élève,
Il faut qu'il tombe enfin. Tout mon sang se soulève,
De voir que son orgueil me confonde aujourd'hui
Avec ces flots d'humains roulants autour de lui,
Parmi cent factieux obscurs et sans courage.
560 Ce monsieur en enfant veut traiter Nomophage !
Tout beau, monsieur Forlis ! Vous qu'on dit si sensé,
Vous saurez ce que peut l'amour-propre offensé.

FILTO.

Faut-il qu'il rende l'âme implacable, inhumaine ?

NOMOPHAGE.

Eh quoi ! tout vient ici justifier ma haine.
565 Car outre que sa chute aide à notre projet,
Forlis, s'il n'est coupable, est au moins bien suspect.
Bien mieux que vous pour lui, contre lui l'écrit plaide.

---

[1] L1822 supprime les vers 551-554.

FILTO.

Eh bien ! Laissez agir la justice.

NOMOPHAGE.

Je l'aide :
Est-ce donc un grand¹ mal ?

FILTO.

Est-ce l'aider, grand Dieu !
570   Que lui forcer la main ?²

NOMOPHAGE.

Mon cher Filto, pour peu
Que vous perdiez de vue encore votre personne,
Vous êtes ruiné ; moi, je vous abandonne
Au parti modéré dont vous serez l'espoir.
Esprit lourd, endurci, vous ne voulez pas voir
575   Que Forlis est un noble, et que tout titulaire³
Ne se convertit point au culte populaire.

FILTO.

Mais Forlis...

NOMOPHAGE.

Le serpent, constant dans ses humeurs,
Change de peau ; jamais il ne change de mœurs...
Écoutez, Mons Filto, redressez ce langage,
580   Ou votre nom soudain est biffé du partage.⁴

---

¹ L5 : grans

² réplique de Filto dans L1822 : « Quoi ! Tant d'obscurs agents qu'en secret vous armez, / Ces doubles de la liste, en cent endroits semés, / Vos déclamations, vos cris, votre scandale, / Vont aider la justice ? »

³ L1795 : Que Forlis est un riche, et qu'un millionnaire

⁴ L1822 supprime les vers 570-580.

Un mot encore. Il faut vous dicter tous vos pas,
Pour que votre air, vos yeux ne vous[1] trahissent pas.
Quand Duricrâne ici paraîtra dans une heure,
Vous verrez le Forlis en état et demeure
585   D'arrestation.

FILTO.

Quoi ?

NOMOPHAGE.

Vous vous troublez déjà !
Allons, un maintien ferme, et point de pâleur… Là !
Le voici : taisons-nous.

FILTO.

Voici la compagnie.

SCÈNE II.

Les mêmes, FORLIS, M. et Madame VERSAC.[2]

MADAME VERSAC (*bas à Nomophage*).

Nous verrons votre plan à quelque heure choisie.
Vous l'avez ?

NOMOPHAGE.

Dans ma poche.

MADAME VERSAC.

Il faut, pour l'examen,
590   Du temps… Nous parlerons aussi de votre hymen.

---

[1] ms, L1795 : nous

[2] ms : chiffres à l'interligne, comme suit : « Mr (1), Mme Pressac (4), Forlis (2). »

SCÈNE III.

Les mêmes, M. PLAUDE.[1]

MADAME VERSAC.

Eh ! comment donc ? Voici monsieur Plaude ![2]

VERSAC (*bas à Forlis*).

                                                             En personne
C'est l'inquisition.

MADAME VERSAC.

L'ingrat nous abandonne.

PLAUDE.

Le service public...

MADAME VERSAC.

Vous excuse.

PLAUDE. (*lui remettant*[3] *une brochure*).

                                                       Voici
Ma dissertation nouvelle ; celle-ci,
595   J'ose croire, madame, aura quelque influence,
Et doit, pour son grand bien, bouleverser la France.

FORLIS.

Pour son grand bien, monsieur ?

---

[1] ms : Mr. Plaude (3).

[2] L1795 : Voici le cher Plaude !

[3] ms : présentant

L'AMI DES LOIS

PLAUDE.

Oui, monsieur ; en deux mots[1]
La voici. Je remonte à la source des maux.
Il n'en est qu'une.

FORLIS.

Bon !

PLAUDE.

Une seule ; elle est claire.
600   C'est la propriété !

FORLIS.

Je ne m'en doutais guère.

PLAUDE.

De la propriété découlent à longs flots
Les vices, les horreurs, messieurs, tous les fléaux.
Sans la propriété point de voleurs ; sans elle,
Point de supplices[2] donc : la suite est naturelle.
605   Point d'avares, les biens ne pouvant s'acquérir ;
D'intrigants, les emplois n'étant plus à courir ;
De libertins, la femme accorte[3] et toute bonne
Étant à tout le monde, et n'étant à personne.
Point de joueurs non plus, car, sous mes procédés,
610   Tombent tous fabricants de cartes et de dés.
Or je dis : si le mal naît de ce qu'on possède,
Donc ne plus posséder en est le sûr remède.
Murs, portes et verrous, nous brisons tout cela :

---

[1] L1822 remplace les vers 596-597 par les suivants : « Et doit, en moins d'un mois, *régénérer* la France. / FORLIS. En moins d'un mois ! VERSAC. C'est fort ! PLAUDE. Oui, messieurs ; en deux mots »

[2] L7, L8 : supplice

[3] ms : mot souligné au crayon.

On n'en¹ a plus besoin dès que l'on en vient là.
615 Cette propriété n'était qu'un bien postiche ;
Et puis le pauvre naît, dès qu'on permet le riche.
Dans votre république, un pauvre bêtement
Demande au riche ! Abus ! Dans la mienne, il lui prend.
Tout est commun ; le vol n'est plus vol, c'est justice.
620 J'abolis la vertu, pour mieux tuer le vice.²

FORLIS.

La modération n'est pas votre défaut.

NOMOPHAGE (*regardant Forlis*).

Tant mieux ! Les modérés ne sont pas ce qu'il faut.

FORLIS.

Si ce mot, dont souvent l'on³ peut faire une⁴ injure,
Désigne en ce moment ces gens froids par nature,
625 Ces égoïstes nuls, ces hommes sans élans,
Endormis dans la mort de leurs goûts nonchalants,⁵
Et de qui l'existence équivoque et flétrie,

---

¹ L7, L8 : On en

² L1822 remplace les vers 615-620 par les suivants : « FORLIS. Monsieur rend à l'état de signalés services : / Il détruit les vertus, pour mieux tuer les vices. / VERSAC. Avec lui, nous voilà revenus, je le vois, / À ces jours où la force était l'unique loi. / PLAUDE. Suivez bien : je remonte aux deux sources premières / Des maux des nations : les arts et les lumières. / Je proscris ce savoir, et ces arts empestés : / D'artistes, d'érudits, nous sommes infestés. / De leurs livres, tout pleins des poisons de leurs âmes, / Je ne fais qu'un bûcher, je livre tout aux flammes. / FORLIS. Grâce pour quelques-uns.

PLAUDE. Ces livres superflus / Vous font-ils en un an croître un épi de plus ? / La nature, les champs, voilà notre grand livre ; / Et celui-là sait tout qui sait nous faire vivre. »

³ ms : on

⁴ L7 : un

⁵ L1822 remplace les vers 625-6 par les vers suivants : « Que rien à leur sommeil ne saurait arracher, / À moins qu'un bon malheur ne les vienne chercher, »

D'un inutile poids fatigue leur patrie ;[1]
Je hais autant que vous ces honteux éléments
630 D'une nature inerte obscurs avortements :[2]
Mais si vous entendez par ce mot, l'homme sage,
Citoyen par le cœur plus que par le langage ;[3]
Qui contre l'intrigant défend la vérité,
En dût-il perdre un peu de popularité ;
635 Sert, sachant l'estimer, et parfois[4] lui déplaire,
Le peuple pour le peuple, et non pour le salaire ;
Patriote, et non pas de ceux-là dont la voix
Va crier *Liberté*[5] jusqu'au plus haut des toits,
Mais de ceux qui sans bruit, sans parti, sans systèmes,
640 Prêchent toujours la loi qu'ils respectent eux-mêmes :
Si fuir les factions, c'est être modéré,
De cette injure alors j'ai droit d'être honoré !

PLAUDE (*à part*).[6]

Quel est donc ce monsieur ? un ci-devant, sans doute.[7]

NOMOPHAGE.

(*Haut.*)[8]
Moi, les gens sans parti sont ceux que je redoute.

FORLIS.

645 Oh ! c'est par modestie, et non de bonne foi,

---

[1] L1795 : la patrie

[2] L1822 : Je hais autant que vous ces cœurs faux et glacés / Qui, vivant dans ce monde, en semblent effacés.

[3] L1822 : Qui, d'esprit et de cœur, non moins que de langage,

[4] L5, L7, L10 et L1795 : par fois

[5] ms : mot souligné au crayon.

[6] L4 : (*bas à Nomophage*)

[7] L1795 : C'est un feuillant sans doute ; L1822 : Quelque noble sans doute.

[8] ms : <(haut)>.

LAYA

Que ces gens-là, monsieur, vous donnent de l'effroi ;
Et, sans citer des noms que personne n'ignore,
Nous en savons tous deux de plus à craindre encore.

NOMOPHAGE.

Moi, je ne connais point[1]...

FORLIS.

Si j'étais indiscret...

NOMOPHAGE.

650 Sont-ce ces paladins, armés pour un décret ?[2]
Ces héros d'outre-Rhin, ces puissances altières ?

FORLIS.

Vous les cherchez trop loin par-delà nos frontières.
Non, les miens s'aiment trop pour nous quitter ainsi.
Ces prudents ennemis sont près de nous, ici.
655 Ce sont tous ces jongleurs, patriotes de places,
D'un faste de civisme entourant leurs grimaces,
Prêcheurs d'égalité, pétris d'ambition ;
Ces faux adorateurs, dont la dévotion
N'est qu'un dehors plâtré, n'est qu'une hypocrisie ;
660 Ces bons et francs croyants, dont l'âme apostasie,
Qui, pour faire haïr le plus beau don des cieux,
Nous font la liberté sanguinaire comme eux.
Mais non, la liberté, chez eux méconnaissable,
A fondé dans nos cœurs son trône impérissable.
665 Que tous ces charlatans, populaires larrons,[3]
Et de patriotisme[1] insolents fanfarons,

---

[1] ms : pas

[2] L1822 : Sont-ce ces mécontents armés contre un décret ? [NOTE DE L'AUTEUR : La loi qui supprime la noblesse]

[3] ms [- que ces obscurs Solons] [+ populaires larrons]

Purgent de leur aspect cette terre affranchie !
Guerre, guerre éternelle aux faiseurs d'anarchie !
Royalistes tyrans, tyrans républicains,
670 Tombez devant les lois ; voilà vos souverains !
Honteux d'avoir été, plus honteux encore d'être,
Brigands, l'ombre a passé : songez à disparaître.[2]

NOMOPHAGE (*avec un peu d'embarras*).

Moi, je ne reconnais personne à ce portrait.

FORLIS.

Moi, j'en sais quelques-uns qu'il fait voir trait pour trait.

NOMOPHAGE.

675 On pourrait en douter.

FORLIS.

Oui, la glace fidèle
Réfléchit des objets aveugles devant elle.

NOMOPHAGE.

Vous citeriez les noms avec quelque embarras.

---

[1] ms [- de vertus populaires] [+ Et de patriotisme]

[2] L1822 remplace les vers 657-672 par les suivants : « Assemble à leurs tréteaux, sous leur trône poudreux, / La troupe des oisifs chez nous toujours nombreux, / La troupe des fripons, non moins nombreuse encore, / Celle aussi de ces gens que rien ne déshonore, / Parce qu'ils ont usé même le déshonneur, / Se sauvant du mépris, en inspirant l'horreur. / Ce sont ces ennemis de tout frein légitime, / Qui, lorsqu'on les soumet, disent qu'on les opprime ; / Censurent tout pouvoir, sont prompts à s'en blesser, / À moins qu'on ne les laisse eux-mêmes l'exercer. / Que *ces hommes perdus de dettes et de crimes*, / (Comme l'a dit Corneille en ses profondes rimes), / Et qui (comme il a su lui-même l'ajouter), / *Si tout n'est renversé ne saurait subsister*, / Purgent de leur aspect cette terre, affranchie / De toute oppression et de toute anarchie. / Guerre à tous les partis ! Respect à tous les droits ! / Amour, hommage au prince ! Obéissance aux lois ! / C'est du bon citoyen la devise fidèle. / Malheur à qui n'est pas formé sur ce modèle ! »

FORLIS.

Ma mémoire longtemps ne les chercherait pas.

NOMOPHAGE.

C'est la preuve à trouver qui serait difficile.

FORLIS.

680   Mille dans leurs écrits, dans leur conduite mille.

NOMOPHAGE.

Les vrais amis du peuple ainsi sont outragés,
Mais dans leur conscience[1] ils sont du moins vengés.

FORLIS.

L'honnête homme pour eux montre moins d'indulgence ;
Il ne sait pas flatter comme leur conscience.

NOMOPHAGE.

685   Le prix,[2] que jusqu'ici leur zèle a retiré,[3]
Prouve que l'intérêt ne l'a point inspiré.

FORLIS.

Quand un motif est pur, c'est une triste voie
Que d'en parler toujours pour faire qu'on y croie :
La vertu sans effort se doit persuader,
690   Et c'est en la cachant qu'on la fait regarder.[4]

---

[1] ms : mot souligné au crayon.

[2] L4 : Ce prix

[3] ms : retiré[-s],

[4] L1822 remplace les vers 687-690 par les suivants : « On les a dédaignés, c'est ce qui les irrite. / On leur a dérobé le prix de leur mérite ; / Et, d'un esprit moins fier, d'un œil moins effrayé, / Ils verraient leur néant, s'il leur était payé : / Mais, las de n'être rien dans notre grande cause, / Ils se font factieux pour être quelque chose, /

L'AMI DES LOIS

SCÈNE IV.

Les mêmes, DURICRÂNE.

NOMOPHAGE.[1]

Venez, vous avez part aux traits que monsieur lance.
Vous êtes patriote.[2]

DURICRANE (*à voix basse à Nomophage*).[3]
Ils vont venir.

NOMOPHAGE (*de même*).
Silence !

PLAUDE.

Laissons cela. Chacun doit voir selon ses yeux.
Vous autres, vous voyez comme des factieux :
695   On ne fera jamais de vous de[4] bons esclaves.

FORLIS.

Il faut l'être des lois : sans leurs saintes entraves,
La liberté, monsieur, est le droit[5] du brigand.
Le plus libre, est des lois le moins indépendant.
Malheur à tout État où règne l'arbitraire,
700   Où le texte fléchit devant le commentaire ![6]

Sachant trop bien que l'ordre et la tranquillité / Les vont, en renaissant, rendre à leur nullité. »

[1] ms : (à Duricrâne qui entre)

[2] L1822 : Mon cher ami du peuple.

[3] ms : (bas à Nomophage)

[4] L10 : des

[5] L1795 : La liberté n'est plus que le droit

[6] L1795 : Où le texte avili fait place au commentaire.

Brutus[1] du sang des siens l'a jadis attesté ;
Et Brutus se pouvait connaître en liberté.

PLAUDE.

Brutus ? C'est tout au plus : lui, qui n'osait dans Rome,
Sur un simple soupçon, faire arrêter un homme ![2]
705 C'est bien ainsi qu'on fonde un bon gouvernement !
Non, la délation et l'emprisonnement,
Voilà les vrais ressorts ! Il ne faut point de grâce :
De l'apparence même au besoin on se passe.
Moi, monsieur, par exemple, oh ! je l'entends au mieux !
710 Je n'examine pas si c'est clair ou douteux ;
Je vois ou ne vois pas, j'arrête au préalable.
Aussi, me direz-vous qu'il échappe un coupable ?
Je fournis les cachots.

FORLIS.

C'est un terrible emploi.

PLAUDE.

Il faut être de fer, il faut que ce soit moi
715 Pour y tenir, monsieur ; pas un jour ne s'achève
Qui n'apporte avec lui son traître... C'est sans trêve.
Tenez, on en arrête encore un aujourd'hui.
Je viens de donner l'ordre ; on doit être chez lui.
Il est riche, il fut noble ;[3] après ces deux épreuves...

---

[1] *Brutus* : Lucius Junius Brutus, l'illustre fondateur de la république romaine, prononça lui-même la sentence condamnant à mort ses propres fils, Titus et Tiberius, tous deux impliqués dans un complot royaliste en faveur de Tarquin le superbe. En n'hésitant pas à placer son devoir politique et civique avant son intérêt personnel, il fit preuve d'une force d'âme et d'un stoïcisme républicain très souvent cités par les révolutionnaires.

[2] L1822 supprime les vers 701-704.

[3] L1795 : Riche, homme à grands talents !

VERSAC.

720   J'entends ; cela suffit pour se passer de[1] preuves.

PLAUDE.

Ici, j'en ai.

VERSAC.

Vraiment ?

PLAUDE.

Un écrit de sa main.

DURICRANE (*à part*).

Quel contretemps !

PLAUDE.

J'espère aussi que dès demain
Un bon arrêt...

VERSAC.

Sitôt ?

PLAUDE.

Tout retard est funeste.
Il nous faut un exemple. Aussi, je vous proteste
725   Que je vais de tout cœur soigner ce monsieur-là,
Que je vous certifie un bon traître. Déjà
Le procès est instruit.

NOMOPHAGE (*à part*).

Oh ! la langue indiscrète !

---

[1] L7, L8 : des

LAYA

VERSAC.

Un noble, dites-vous ?[1]

PLAUDE.

Oui, son affaire est faite :
Son nom va circuler bientôt dans tout Paris.
730   C'est un certain marquis de Forlis.

MADAME VERSAC.

De Forlis ![2]

FORLIS.

Y pensez-vous, monsieur ? Quel nom osez-vous dire ?

PLAUDE.

Un marquis de Forlis.[3]

FORLIS.

Êtes-vous en délire ?

PLAUDE.

Non, monsieur ; c'est son nom, et je le sais fort bien.
Je n'ai pas ce matin instrumenté pour rien.

FORLIS.

735   Oh ! grand Dieu !

PLAUDE.

J'ai tout fait pour qu'on saisît le traître.

---

[1] L1795 : Peut-on savoir son nom ?

[2] L1795 : On le nomme... attendez... Forlis. Madame VERSAC. Comment ? Forlis !

[3] L1795 : Je dis Forlis, Monsieur.

FORLIS.

Et l'on va l'arrêter chez lui ?

PLAUDE.

Bon ! Ce doit être
Chose faite à présent.

FORLIS.

Moi, je vous avertis
Qu'on n'aura pas trouvé chez lui[1] monsieur Forlis.

PLAUDE.

Vous le connaissez ?

FORLIS.

Oui.

PLAUDE.

Comment un homme sage
A-t-il quelque commerce avec ce personnage ?

FORLIS.

Monsieur…

PLAUDE.

C'est, entre nous, un scélérat.[2]

---

[1] L1795 : chez lui trouvé

[2] L1795 rajoute, à cet endroit, le passage suivant : « complet. / FORLIS. Monsieur... PLAUDE. L'ami d'un traître est lui-même suspect. / Ne vous en vantez pas... Je vous crois patriote : / Mais votre ami !... Tudieu !... Voyez, voyez ma note. / FORLIS. Quelle impudence ! Ô ciel ! PLAUDE. Vous vous fâchez ! »

FORLIS.

                                             Eh ! quoi ?
Savez-vous bien, monsieur, que ce Forlis, c'est moi.

PLAUDE.

Est-il possible, vous ?... Ah ! ah ! que j'ai de honte !
On vous cherche, monsieur :[1] vous ferez votre compte,
745   Pardon,[2] ou de rester, ou de suivre mes pas.

FORLIS.

Vous pourrez voir, monsieur, que je ne fuirai pas.

PLAUDE.

J'en suis fâché, vraiment : quel dommage !... Un brave homme !
        (*Apercevant l'officier et sa suite.*)
[3]Ah ! bon ! voici mes gens.

SCÈNE V.

Les mêmes, UN OFFICIER, SUITE.

PLAUDE (*à l'Officier*).

                      Messieurs, monsieur se nomme
Monsieur Forlis... Je sors. (*Il s'échappe.*)[4]

---

[1] L1795 : On vous cherche : pardon,

[2] L1795 : Monsieur,

[3] ms [+ (à l'officier qui entre)]

[4] ms : la division des scènes est différente. La scène V commence après la didascalie du vers 749, ce qui entraîne l'absence de Plaude dans cette scène, et donc la didascalie suivante : « Les mêmes, excepté Plaude. Un officier, et sa suite. »

FORLIS.[1]

      Oui, messieurs, avancez :
750 Je suis au fait.

L'OFFICIER.
   Voici nos mandats.[2]

FORLIS.

       C'est assez.
Quand règne avec les lois la liberté publique,
Ces ordres sont, messieurs, un abus. Ma critique
Paraît en ce moment suspecte, je le vois :
Au reste, eût-elle tort, j'obéis à la loi.

VERSAC.

755 La liberté, messieurs, qui nous est tant promise,
Doit-elle en un moment être ainsi compromise ?
Que la loi sans rigueur veille à sa sûreté :
Double-t-on ses moyens par sa sévérité ?
Souffrez que mon ami, dont vous répond ma tête,
760 Trouve dans mon hôtel une prison honnête.

FORLIS.

Non, non, plus que la loi n'en accorde ou n'en doit,
Forlis ne prétend pas, messieurs, de passe-droit.
Point de rang dans le crime, ainsi que dans la peine.
Innocent ou coupable, il suffit ; qu'on m'emmène.
765 Je vous suis.

---

[1] ms : [+ (à l'officier)]

[2] L1795 : Voici le mandat.

L'OFFICIER.

    Ce mot seul, monsieur, cet air décent[1]
Montre moins un coupable en vous, qu'un innocent.
De la loi qui commande exécuteur fidèle,
Je ne puis voir, agir, ordonner que par elle.
Mais de la loi, monsieur, trop rigoureux agent,
770 Dois-je apporter moins qu'elle un esprit indulgent ?
Non, non : je cours pour vous solliciter moi-même,
Vous faire prisonnier de l'ami qui vous aime,
Ou le tenter du moins : déjà sur votre foi,
Sans cet ordre, monsieur, vous le seriez de moi.
775 Souffrez que ces messieurs, ainsi que leur escorte,
Attendant mon retour, restent à cette porte.[2]

VERSAC.

Quel noble procédé ! Je ne l'attendais pas.

L'OFFICIER.

Vous avez[3] tort, messieurs[4] : nos citoyens-soldats
Ont tous le même cœur, ont tous le même zèle.
780 Ces cœurs[5] n'admettent point une vertu cruelle ;
Et, jamais endurci[6] d'insensibilité,
Le courage est toujours chez eux l'humanité.

---

[1] ms : [- 'cet air noble et décent'] [+ 'monsieur, cet air décent'] ; L1795 : Ce mot seul, ce ton calme et décent

[2] L1795 remplace les vers 771-6 par les suivants : « Je vais vous obtenir, je m'en flatte, sur l'heure, / Pour gardien, votre ami ; pour prison, sa demeure. / Vous n'êtes pas encore prisonnier sur sa foi ; / Jusques à mon retour vous le serez de moi. / Souffrez donc, jusques-là, Messieurs, que mon escorte / Obéisse au mandat, et reste à cette porte. »

[3] ms : aviez

[4] ms, L1795 : Monsieur

[5] L1795 : Leurs cœurs

[6] L5 : endurcis

L'AMI DES LOIS

FORLIS (*à l'Officier qui sort*).

Monsieur, quoi que sur lui l'on décide ou l'on fasse,
Forlis approuve tout, mais ne veut point de grâce.[1]

SCÈNE VI.

Les mêmes, excepté l'Officier et sa suite.

FORLIS.

785 Madame, pardonnez l'éclat inattendu
D'un coup, dont je me sens plus que vous confondu.
Le temps arrachera le voile à l'imposture.

MADAME VERSAC.

Vous ne soupçonnez rien ?

FORLIS.

            Non, rien : cette aventure
Est un mystère[2] encore pour moi, comme pour vous.
790 Mais ces messieurs pourraient en savoir plus que nous :
De monsieur Plaude ils sont les amis, les apôtres.
Nous avons rarement des secrets pour les nôtres.
Ils sont instruits sans doute ?

NOMOPHAGE.

           Oh ! moi, je ne[3] sais rien.

DURICRANE.

J'ignore tout.

---

[1] L1822 supprime les vers 765-784.

[2] ms : [+/- une énigme] ; dans la marge : B.

[3] L9 : n'en

FORLIS.

Pour moi, j'ai là quelque soutien
795 Qui sans peine rendra cette attaque inutile.
Il est dans ce moment plus d'un cœur moins tranquille !
Cachant mal de leurs fronts l'indiscret mouvement,
Mes ennemis déjà triomphent hautement.
De ce succès d'un jour qu'ils goûtent bien les charmes ;
800 Ils pourront, dès demain, l'expier de[1] leurs larmes.

NOMOPHAGE.

J'agirais comme vous sans nul ménagement.
Mais je vous plains, monsieur, et bien sincèrement :
La réputation, sur un soupçon ternie,
Ne peut souvent laver…

FORLIS.

Ah ! laissons l'ironie.
805 Ma réputation n'est pas faible à ce point
Qu'un soupçon la renverse à n'en relever point.
D'une pitié menteuse épargnez-moi l'injure :
Le travail de vos yeux et de votre figure
Ne me séduira pas : agissez hautement,
810 Et s'il se peut, monsieur, nuisez-moi franchement.
Je vous estime peu ; je dois en faire gloire.
Ce grand zèle, entre nous, pourrait me faire croire
Que le trait part de vous.

NOMOPHAGE.

Vous penseriez…[2]

FORLIS.

Pour peu

---

[1] ms : [+ par]

[2] L1822 supprime les vers 801-813.

L'AMI DES LOIS

Que vous niiez[1] encore,[2] c'est m'en faire l'aveu.

NOMOPHAGE.

815 [3]Monsieur...

(*Un domestique paraît avec une serviette.*)

FORLIS.

On a servi. – Mais oublions à table[4]
Un sujet qui pour moi n'a rien de redoutable.
Ce mystère d'horreurs où je suis compromis,
Ne peut être effrayant que pour mes ennemis.
(*Forlis présente la main à Madame Versac, et tout*[5] *le monde sort.*)[6]

[7]*Fin du troisième Acte.*

---

[1] L2, L3 : niez ; L7, L8, L9, L10 : nïez

[2] L1795 : Que vous le démentiez ; L1822 : Que vous vous défendiez,

[3] L1822 rajoute, à cet endroit, les vers suivants, prononcés par Dubrissage : « Vous ne douterez plus, du moins, de ma franchise, / Monsieur, et, puisqu'enfin il faut que je le dise, / Je ne vous aime pas ; je l'avoue hautement : / Mais agir contre vous, et clandestinement ! / À ces obscurs détours qui pourrait me contraindre ? / Ceux que je n'aime pas, je ne sais pas les craindre. / Vos provocations ne pourraient m'irriter, / Qu'autant que ma conduite eût pu les mériter. / Par ma conduite, un jour, je saurai vous instruire / Que j'étais loin, monsieur, mais très loin de vous nuire. »

[4] ms : [- FORLIS : On a servi, mais] [+ VERSAC : On a servi. Madame VERSAC : bon. FORLIS : Oublions à table] ; L1795 : VERSAC : On a servi. FORLIS. Bon : oublions à table ; L1822 : Le DOMESTIQUE : Madame, on a servi. FORLIS, *à Madame Versac* : Bon ; oubliez à table.

[5] L2, L3, L5, L7, L8, L10 : Versac, tout ; L11, L1795 : Versac : tout ; L4 : Versac ; tout

[6] ms : la didascalie manque ; L1822 : (*Dubrissage donne la main à madame Versac ; Laroche et Filteau les suivent ; Filteau, en jetant un regard inquiet sur Forlis*)

[7] L1822 rajoute, à cet endroit, une scène supplémentaire, voir la variante no. 5, p. 270-1.

ACTE IV.

SCÈNE PREMIÈRE.

FILTO, NOMOPHAGE.[1]

FILTO.

Monsieur, encore un coup, vous me l'accorderez.

NOMOPHAGE.

820   Non, cela ne se peut.

FILTO.

Nous verrons.

NOMOPHAGE.

       Vous verrez.

FILTO.

Je ne vous quitte pas qu'avant je ne l'obtienne.

NOMOPHAGE.

Veux-tu suivre ma marche ? Il faut changer la tienne,
Mon cher Filto.

FILTO.

Forlis n'est point[2] coupable.

NOMOPHAGE.

        Oh ! non.

---

[1] ms : Nomophage (2), Filto (1)

[2] ms : pas

FILTO.

Sa fermeté, monsieur, son sang-froid m'en répond.

NOMOPHAGE.

825 La peste ! Quel esprit profond ! Comme il discerne !
Si ce n'était ici qu'un chef bien subalterne,
Un mince conjuré, bon ! Par exemple... toi,
Nous eussions dans ses yeux lu des signes d'effroi :
Mais Forlis !

FILTO.

Il n'est pas coupable, je le gage.

NOMOPHAGE.

830 Et la liste ?

FILTO.

La liste ? Eh bien ! cet assemblage
De noms tous inconnus, peut bien être innocent.

NOMOPHAGE.

Innocent !... Soudoyer un parti mécontent !
Tudieu ! Quelle innocence ! – Ensuite, le mystère ?

FILTO.

Qu'il soit coupable ou non, avez-vous dû vous faire
835 Le vil ordonnateur des ressorts qu'aujourd'hui
Duricrâne sous vous fait mouvoir contre lui ?

NOMOPHAGE.

Des éclats contre moi, contre le journaliste !
Vous vous êtes parfois montré moins formaliste.

FILTO.

Épargnez-moi ma honte.

NOMOPHAGE.

À vous parler sans fard,
840 Vous vous convertissez, mon cher, un peu trop tard.
Sachez, l'expérience au moins le persuade,
Que jamais vers le bien l'homme ne rétrograde ;[1]
Sachez qu'un scélérat, mais grand, mais prononcé,
Vaut mieux que l'être nul dans son néant fixé,
845 Honnête sans vertu, criminel sans courage,
Et qu'il faut être enfin Forlis, ou Nomophage.

FILTO.

Continuez, monsieur.[2]

NOMOPHAGE.

Prenez votre parti.
D'honneur, vous aurez beau jouer le converti ;
Dans un cœur corrompu ces révoltes sont vaines.
850 Un feu contagieux circule dans vos veines ;
La fièvre des honneurs, des rangs et des succès,
Ravage votre sang brûlé de ses accès.

FILTO.

Reprenez ces honneurs qu'avec vous je partage :
J'achète trop, monsieur, leur funeste avantage.

NOMOPHAGE.

855 Vous serez sans ressource.

FILTO.

Oui.

---

[1] ms : le vers 842 est écrit en interligne au-dessus du vers suivant, non-biffé : « qu'on ne fait vers l'honnête aucun pas rétrograde »

[2] L1822 : Les nobles sentiments !

L'AMI DES LOIS

NOMOPHAGE.

      Car vous n'existez…

FILTO.

Que par le crime, hélas !

NOMOPHAGE.

      Et si vous me quittez,
Que vous reste-t-il[1] ?

FILTO.

     Rien : pas même l'innocence.

NOMOPHAGE.

  J'ai voulu faire en vain de vous une puissance :
  Ce beau gouvernement du Maine est bien tentant !
860 Mais le bien met obstacle[2] au zèle repentant.
  N'y pensons plus… Voyez, avant que rien n'éclate.
  Monsieur l'homme de bien encore de fraîche date,
  La vertu vaut son prix, mais vous la payez cher !
  Tenez, j'ai malgré vous, pitié de vous, mon cher.
865 Vous savez, du néant qui toujours vous réclame,
  J'ai retiré vos pas, sans retirer votre âme.
  Vous êtes mon ouvrage, et sans vous irriter,
  Je ne rappelle pas cela pour me vanter.
  Qu'est-ce que ton remords, Filto ? faiblesse pure !
870 Et je veux t'en convaincre ; écoute. La nature,
  Qui, sur ce pauvre globe, où le sage et le fou
  Passent[3] comme l'éclair, et vont je ne sais où,
  À des germes confus jeté la masse entière,
  Laisse en ses éléments se heurter la matière,

---

[1] ms : rest-il

[2] L1795 : Mais la richesse nuit

[3] L8 : Passe

875   Les atomes divers au hasard s'accrocher,
      Et, selon leurs penchants, se fuir ou se chercher.
      Que des germes, épars dans leur cours nécessaire,
      D'embryons monstrueux viennent peupler la terre,
      Ou bien se composant d'éléments épurés,
880   Organisent ces corps par nous tant admirés,[1]
      Les formes ne sont rien ; le grand but c'est la vie.
      Pourvu qu'au mouvement la matière asservie
      Dans son cours productif roule éternellement,
      Elle vit, elle enfante, il n'importe comment.
885   Que les trônes croulant dans l'océan des âges,
      S'abîment, illustrés par de brillants naufrages ;
      Que l'eau, cédant au feu, s'élance des canaux,
      Que les feux à leur tour soient[2] chassés par les eaux,[3]
      Dans ces traits variés j'admire la nature.
890   L'édifice est entier sous une autre structure ;
      Rien ne se perd, s'éteint ; tout change seulement.
      L'on existait ainsi, l'on existe autrement.
      Le soleil luit toujours ; sa chaleur épandue,
      D'esprits vivifiants embrase l'étendue ;
895   Et ce[4] globe tournant, vers son pôle aplati,[5]
      Décrit, sans se lasser, son orbe assujetti.[6]

---

[1] L1822 supprime les vers 873-880.

[2] L7, L8 : soit

[3] L1822 remplace les vers 887-888 par les suivants : « Qu'en ce flux et reflux les peuples entraînés / Consomment leurs destins, absous ou condamnés ; / Ainsi l'a résolu l'inflexible puissance / Qui, des gouvernements agitant la balance, / À son gré les élève, ou les brise à son gré. / Qu'importe qu'un débris me serve de degré ! »

[4] ms : le

[5] L1795 : Et, sous nous, ce limon en globe conformé,

[6] L1795 : accoutumé ; L1822 remplace les vers 895-6 par les suivants : « Et les pauvres mortels, qu'ils soient méchants ou bons, / Vivent également au feu de ses rayons. »

FILTO.

Bon, généralisez dans vos affreux systèmes,
La cause et les effets, les biens, les maux extrêmes ;
L'homme occupé du tout, des détails écarté,[1]
900 Se dispense aisément de sensibilité.
Séchez bien votre cœur.[2]

NOMOPHAGE.

J'en voulais donc conclure
[3]Que dix siècles et plus, cette bonne nature
A vu sans s'émouvoir, cent brigands couronnés
Mener comme un troupeau, les peuples enchaînés,
905 Et que tu nous verras à notre tour nous-mêmes
Nous parer de leur sceptre et de leur diadème[4],
Poursuivre qui nous hait[5], perdre nos ennemis,
Sans que l'ordre du monde en rien soit compromis.[6]

FILTO.

Ainsi point de vertus,[7] voilà la conséquence !
910 Qui veut les[8] pratiquer, admet leur existence.
L'homme de bien jamais ne descend dans son cœur,
Sans courber tout son être aux pieds de son Auteur ;

---

[1] L8 : écartés,

[2] L1822 remplace les vers 899-901 par les suivants : « Tous ces grands résultats, ce désordre apparent / De l'ordre universel la marque et le garant, / Tous les maux, tous les biens… »

[3] ms : [+/- Mon cher, que cette bonne et tranquille nature]

[4] L7 : leurs diadèmes ; L8 : leur diadèmes ; ms : les vers 902-6 sont biffés.

[5] ms : à la marge de gauche : B ; [- poursuivre qui nous hait] [+/- peut nous voir en en ce jour].

[6] L1822 remplace les vers 901-922 par la variante no. 6 : voir p. 271-3.

[7] L1795 : de vertu,

[8] ms : les veut

Ne parcourt depuis lui[1] la chaîne universelle,
Que pour admirer mieux la sagesse éternelle,
915 L'immuable harmonie, et l'ordre, et l'équité,
Qui de ces[2] grands ressorts règle[3] l'immensité,
Et des perfections de cet ordre suprême
En conclut le devoir d'être parfait lui-même.
Mais l'homme vicieux, au bien indifférent,
920 Partout, comme dans lui, voit le vice inhérent ;
Ou plutôt ses discours, dont il sent l'imposture,
Pour tromper son remords, blasphèment la nature.

NOMOPHAGE (*gaiement*).

Adieu, mon cher Filto.

FILTO.

Malheureux, arrêtez !
Voyez sur quels écueils vous vous précipitez !
925 Quel combat imprudent ! D'un côté, l'assurance
Qu'au front de l'homme droit imprime l'innocence ;
De l'autre, l'embarras de la duplicité ;
L'astuce enfin en prise avec[4] la loyauté.
Vous êtes perdu !

NOMOPHAGE.

Soit ; mais, pour qu'un mot décide,
930 Un homme tel que moi vit et meurt intrépide,
Tente tout, risque tout, n'apprend point à trembler,
Ne craint rien, en un mot... que de vous ressembler.
Adieu, Filto.

---

[1] L8 : <lui>

[2] L7, L8, L10 : ses

[3] ms : règlent

[4] L1795 : enfin debout devant

SCÈNE II.

FILTO (*seul*).

Quel homme ! Un si grand caractère !
Tant de corruption ! Ô nature ! – Que faire ?
935 Sauver Forlis ? Comment[1] ? Puis-je, vil délateur,
Tout scélérat qu'il est, trahir mon bienfaiteur ?
À mes yeux éblouis d'une coupable ivresse,[2]
La trahison toujours parut une bassesse ;
Elle doit l'être encore, et le joug des bienfaits
940 Est un lien sacré, même au sein des forfaits.
Forlis vient !… Je ne puis soutenir son approche :
Sa présence à mon cœur fait un secret reproche !
Chez madame Versac entrons pour l'éviter.

SCÈNE III.

FORLIS, VERSAC.[3]

VERSAC.

Un moment avec moi daignez vous arrêter :
945 Lorsqu'un soin domestique occupe encore ma femme,
Je veux vous parler seul : il faut m'ouvrir votre âme.
Contez-moi tout, Forlis.

FORLIS.

Comment donc ? Vous donnez
Dans ces bruits de complots ? Contes imaginés !

VERSAC.

Ah[1] ! niez, c'est fort bien ; quoique je sois crédule,

---

[1] ms : mot souligné au crayon.

[2] L1795 : égarés par une lâche ivresse,

[3] ms : Pressac (2), Forlis (1) ; L8 : VERSAC, FORLIS

950 Je ne le serai point jusqu'à ce ridicule
D'accepter pour comptant vos refus de parler.
Allons, mon cher Forlis, pourquoi dissimuler[2]
Avec moi, votre ami ? Tenez, un gentilhomme
Est toujours gentilhomme au fond du cœur ; et, comme
955 Je l'ai dit mille fois, l'habitude chez nous,
Bien plus que la nature, est tyran de nos goûts ;
Et ces nobles sournois, courtisans émérites,
Courbant sous vos tribuns leurs faces hypocrites,
Du patriote vrai n'ont rien que les habits :
960 Ce sont loups déguisés sous la peau des brebis.[3]
Ces éloges pompeux dont vous fêtiez sans cesse
La révolution, n'étaient qu'une finesse ?
À présent que j'y songe, oui, depuis quelque temps
Vous couvez là, monsieur, des secrets importants.
965 Je m'y connais.

FORLIS.

Beaucoup.

VERSAC.

[4]Moi, m'avoir fait sa dupe !

FORLIS.

C'est étonnant !

---

[1] ms : Oh

[2] L1795 supprime les vers 953-960, et termine ainsi le vers 952 : « pourquoi dissimuler ?... »

[3] L1822 remplace les vers 955-960 par les suivants : « Je l'ai dit mille fois, l'amour-propre chez nous, / Autant que l'habitude est tyran de nos goûts.... »

[4] L1822 rajoute, à cet endroit, les vers suivants : « Que je vous envisage, / Mon cher conspirateur ! Le voilà ce voyage / Entrepris, disiez-vous, pour visiter vos champs ! / Visiter vos papiers, et méditer vos plans, / C'est le mot, le secret !... Moi ! M'avoir fait sa dupe ! »

VERSAC.
Pour vous cette affaire m'occupe,
Mais sans m'inquiéter : vos ennemis jaloux,
Ne seront pas[1] de taille à lutter contre vous.
Laissez-moi, mon ami, me réjouir d'avance.
970   Ainsi donc un seul homme, un Forlis, à la France…[2]

FORLIS.
Oubliez-vous, Versac[3], que vous parlez à moi ?
Que sans notre amitié…

VERSAC.
Mon ami, je vous crois.
Ne vous fâchez pas.

FORLIS.
Soit ; mais c'est me faire injure…

VERSAC.
Quel est donc cet écrit dont…

FORLIS.
Invention pure.[4]

---

[1] ms : point

[2] L1822 rajoute, à cet endroit, la variante no. 7 : voir p. 273-5.

[3] ms : [- Pressac] [+ Versac]

[4] L1822 supprime les vers 971-974.

SCÈNE IV.[1]

Les mêmes, un DOMESTIQUE (accourant d'un air effrayé.)[2]

LE DOMESTIQUE.

(*À Forlis.*)

975   Monsieur ! Monsieur !

FORLIS.

Eh quoi ?

LE DOMESTIQUE.

Monsieur, votre Intendant[3],
Le front pâle, les yeux égarés, à l'instant,
Pour vous parler, accourt[4] plein de frayeurs mortelles.

FORLIS.

Que s'est-il donc passé ?

VERSAC.

Quelques horreurs nouvelles,
En doutez-vous ? – Qu'il entre.

---

[1] ms, L1, L2, L3, L4, L5, L8, L9, et L10 portent : « SCÈNE V », erreur de typographie qui fait basculer la numérotation des scènes jusqu'à la fin de l'acte et que nous corrigeons systématiquement, sans le signaler de nouveau.

[2] ms : (accourant avec effroi)

[3] ms : [- tout haletant] [+/- votre intendant] [+ dans ce moment]

[4] ms : [- le front pâle, les yeux égarés, à l'instant / Pour vous parler, accourt] [+ Bénard, l'œil égaré, presque sans mouvement, / accourt pour vous parler,]

L'AMI DES LOIS

SCÈNE V.

Les mêmes, L'INTENDANT.[1]

L'INTENDANT.

Ah ! grand Dieu !

FORLIS.

       Quel effroi !

L'INTENDANT.

980 Pardon, je n'en puis plus !

FORLIS.

Remettez-vous.

L'INTENDANT.

        Je crois
Que tous ces furieux me poursuivent encore.

FORLIS.

Des furieux ! Parlez, qui sont-ils ?

L'INTENDANT.

         Je l'ignore.
Oui, des brigands cruels échappés de l'enfer,
985 Étincelants de feux, tout hérissés de fer,
Portant un front plus propre à semer les alarmes,
Plus meurtrier[2] encore que leurs feux, que leurs armes ;
Des monstres étrangers, (car quel Français jamais
Fut né pour ressembler aux tigres des forêts ?)
990 Par d'autres monstres qu'eux envoyés pour détruire,

---

[1] L1795 : BÉNARD. (*passim*).

[2] ms : meurtriers

Sont chez vous. À cette heure où j'accours vous instruire,
Le feu dévore tout : les combles embrasés
Croulent de toute part[1] sur les plafonds brisés.
J'ai voulu les fléchir ; sanglots, larmes, prières,
Rien, rien n'attendrirait ces âmes meurtrières ![2]
995 Dans des torrents de feu vos murs sont renversés[3] :[4]
Meubles, glaces, tableaux brûlés ou fracassés.
Tout périt, consumé par la[5] flamme rapide,
Ou sert de récompense au brigandage avide.

VERSAC.

Les scélérats !

L'INTENDANT.

Monsieur, ils n'ont rien respecté.
1000 Mais, à travers les feux pleuvant de tout côté,
Bravant la mort, bravant le glaive et l'incendie,
Sur les ais embrasés, d'une marche hardie
J'ai couru, j'ai volé vers le détour secret
Qui mène en son issue à votre cabinet :
1005 Les brigands et la flamme en respectaient la porte.
Avec l'aide d'un fer que d'un bras sûr je porte,
J'ai frayé mon passage ; et bientôt ces deux mains,
Tentant pour vous servir d'honorables larcins,
Sans que mon œil en fût le complice inutile,
1010 De vos secrets, monsieur, ont violé l'asile.
Je repars aussitôt, de vos papiers saisi :
Je les volai pour vous, je les rends : les voici.

---

[1] L5 : toutes parts

[2] ms ajoute, à cet endroit, les vers suivants, biffés : « Ces tigres exercés à la férocité / sont cruels avec joie, avec tranquillité. / Oui, la destruction, le ravage, les flammes, / Semblaient de doux tableaux pour leurs yeux, pour leurs âmes. »

[3] ms : [+ renversés ;]

[4] L1822 supprime les vers 987-995.

[5] L2 : une

L'AMI DES LOIS

(*Il les lui remet.*)

FORLIS.

Quelle perte de biens que ce trait ne compense[1] !
Je ne vous parle point, Bénard, de récompense :
1015 La plus digne de vous, le prix le plus flatteur
N'est pas dans mes trésors, il est dans votre cœur.[2]
Bénard, aucun des miens, défendant mon asile,
N'est-il blessé du moins ?

L'INTENDANT.

Aucun.

FORLIS.

Je suis tranquille.
(*Forlis*[3] *fait un signe à l'intendant qui se retire.*)

VERSAC (*après un moment de silence*).

Vous rêvez ? Votre esprit, d'un jour nouveau frappé,
1020 De ses illusions sans doute est détrompé ?
Le voilà donc, monsieur, ce magnifique ouvrage !
Voilà ces belles lois ! ces droits du premier âge,
Du bonheur des États éternels fondements !
Qu'ont-ils produit ? Le meurtre et les embrasements !…
1025 Vous vous taisez ?

FORLIS.

Forlis ne sait point[4] se dédire.

---

[1] L5 : récompense

[2] ms ajoute, à cet endroit, les vers suivants, biffés : « PRESSAC. Pour moi, je n'en puis plus : mon sang bout dans mes veines ! / Eh bien, Monsieur ?… Mais non, je respecte vos peines ; / Sans cela… Le malheur vous devait sa leçon. / Je gémis à présent d'avoir eu trop raison ! »

[3] ms : il

[4] ms : pas

[1]Monsieur, retenez bien ce qu'il faut vous redire :
Les hommes dans leur tête ont de quoi tout gâter ;
Mais le bien sera bien, quoi qu'ils puissent tenter.
Du coup qui m'atteint seul ma raison se console :
1030 Dans l'intérêt commun mon intérêt s'immole.
Irais-je, confondant[2] et le bien et l'excès,
Quand c'est l'excès qui blesse, au bien faire un procès ?
Ou blâmer, comme vous embrassant les extrêmes,
Des lois que j'approuvai, qui sont toujours les mêmes ?
1035 Non : dussent des brigands les glaives et les feux
Menacer mes foyers, et moi-même avec eux ;
Non, jamais les brigands, et le glaive, et la flamme,
Ne me feront tomber dans l'oubli de mon âme.
Je vivrai, je mourrai le même, exempt d'effroi,
1040 Fidèle à ma raison, toujours un, toujours moi.

VERSAC.

Non, je ne croyais pas qu'un homme droit et sage
Osât déifier ainsi le brigandage !...
Allons, il faut mourir, il faut abandonner
Un monde où la raison ne peut plus gouverner ;
1045 Où, poussé dans ces flots d'erreur universelle,
L'honnête homme égaré fait naufrage avec elle.
Non, j'enrage, et m'en veux d'être encore votre ami.
Mais, quelle est donc la base où repose affermi
Notre[3] gouvernement ? Où, régnant par lui-même,
1050 Votre[4] cher souverain, ce monarque suprême,
Le peuple, vers l'excès par sa fougue emporté,
Fonde sur des débris sa souveraineté ?

---

[1] L1822 remplace les vers 1026-1073 par la variante no. 8, p. 275-8.

[2] ms : mot souligné au crayon.

[3] ms, L2, L3, L5, L7, L8, L10 : Votre

[4] L9 : Notre

FORLIS.

Le peuple ! Allons, le peuple ! Ils n'ont que ce langage !
Tout le mal vient de lui ; tout crime est son ouvrage !
1055 Eh ! mais, quand un beau trait vient l'immortaliser,
Que ne courez-vous donc aussi l'en accuser ?
Non, non, le peuple est juste, et c'est votre supplice.
Qui punit les brigands, ne s'en[1] rend pas complice.
Ce peuple, je dis plus, des fautes qu'il consent,
1060 Des excès[2] qu'il commet, est encore innocent.
Il faut tromper son bras avant qu'il serve au crime ;
Revenu de l'erreur, il pleure sa victime.

VERSAC.

Il est bien temps, ma foi !

FORLIS.

                Comme vous, mon ami,
J'aime et je veux des lois ; j'ai plus que vous gémi
1065 D'en voir tous les liens chaque jour se détendre :
Mais est-ce donc aux lois enfin qu'il faut s'en prendre ?
L'insuffisance ici n'est que dans leurs soutiens :
Accusez les agents, et non pas les moyens.

VERSAC.

Moi, je m'en prends à tout, aux hommes, à la chose,
1070 Quand tout va mal. – Pardon, je m'emporte sans cause ;
Car après tout, le feu respecte encore mon bien :
C'est le vôtre qui brûle, et vous le trouvez bien ![3]

---

[1] L8 : se

[2] ms : mot souligné au crayon.

[3] ms ajoute, à cet endroit, la variante no. 9 ; L1795 l'adopte avec des variantes : voir p. 278-9.

LAYA

FORLIS.

Vous n'avez pas en vous ce qu'il faut pour m'entendre :
Ainsi, laissons cela.

VERSAC.

Soit. Daignez donc m'apprendre
1075 Ce qu'en un tel malheur vous comptez faire ?

FORLIS.

Rien.
Attendre en paix chez vous. Versac,[1] sous son lien
Un décret, vous savez, m'y tient captif[2].

VERSAC.

Sans doute :
Mais il est d'autres coups que l'amitié redoute.
Ne pourrais-je, Forlis, connaître quels papiers
1080 Bénard vous a sauvés des flammes ?

FORLIS.

Volontiers.
(*Il les examine.*)
Je n'ai point regardé… Voyons. – Ô le brave homme !
Voici de bons effets d'une assez forte somme.

VERSAC.

C'est un vol, entre nous, que vos soins obligeants
Devraient restituer à ces honnêtes gens[3].

---

[1] ms : [- Pressac] [+ Versac]

[2] ms : mot souligné au crayon.

[3] ms : [- fait à la nation : / Dont vous lui devriez la restitution.] [+ que vos soins obligeants / Devraient restituer à ces honnêtes gens]

FORLIS.

1085 Mais ceci vaut bien mieux !

VERSAC.
Vos[1] titres de noblesse ?

FORLIS.

Eh ! non.[2] C'est un écrit qu'il faut que je vous laisse ;
Car, bien que ces papiers au fond soient[3] innocents,
On pourrait, avec art donnant l'entorse au sens,
Les tourner contre moi : je puis[4] vous les remettre,
1090 Bien sûr qu'ils ne pourront en rien vous compromettre.

VERSAC.
Donnez, je ne crains rien.

FORLIS.
Attendez ; ce matin
Bénard m'en a remis encore un au jardin :
Je l'ai, je m'en souviens, fermé[5] dans mes tablettes.
Je vais vous livrer tout.

VERSAC.
J'ai deux ou trois cachettes
1095 D'où le diable viendra, s'il peut,[6] les enlever.

---

[1] L1795 : Des

[2] L1795 : À moi !...

[3] ms, L11 : soient au fonds. L4 : soient au fond

[4] ms : vais

[5] ms : [- fermé] [+ serré]

[6] ms : veut

FORLIS (*cherchant*).

Oh ! Oh !

VERSAC.

Dépêchez donc : qu'avez-vous à rêver ?

FORLIS.

Je ne les[1] trouve point.

VERSAC.

Bon ! Autre alarme encore !
Cherchez donc bien.

FORLIS.

J'ai beau les[2] retourner, j'ignore
Ce que j'en ai pu faire.

VERSAC.

Ah ! Dieu !

FORLIS.

Point de souci…
1100 Un moment… ce matin… Ah ! tout m'est[3] éclairci.
Bénard me l'a remis au jardin, où je tremble
De l'avoir oublié.

VERSAC.

Venez, courons ensemble :
En cherchant…

---

[1] ms, L5, L7, L8, L9, L10 : le

[2] L9 : le

[3] L1795 : tout est

L'AMI DES LOIS

FORLIS.

Inutile : il est bien temps, ma foi !
J'ai vu le journaliste y roder après moi.

VERSAC.

1105 Ah ! vous êtes perdu !

FORLIS.

Non, point d'inquiétude ;
Mais me voilà[1] guéri de mon incertitude.
Tout est clair à présent ; je sais tout, je vois tout ;
Et ce sont vos[2] messieurs qui m'ont porté ce coup.

VERSAC.

Mais enfin[3], cet écrit cache-t-il un mystère
1110 Qui…

FORLIS.

Je puis à présent cesser de vous le taire.
Vous saurez… Avant tout, l'autre m'étant ravi,
Je dois tenir[4] sur moi ce papier.

VERSAC.[5]

Le voici.

FORLIS.

Sachez…

---

[1] ms : je suis au moins

[2] L10 : ces

[3] ms : mot souligné au crayon.

[4] ms : [- tenir] [+ garder]

[5] ms [+ (le lui remettant)]

SCÈNE VI.

Les mêmes, Madame VERSAC, FILTO.

MADAME VERSAC.

Nous accourons ; je suis toute saisie !

VERSAC.

Comment ?

MADAME VERSAC.

Qu'allons-nous faire ?

VERSAC.

         Expliquez, je vous prie,
1115 Ce grand effroi.

MADAME VERSAC.

Monsieur, qu'allons-nous devenir ?

VERSAC.

Allons, des cris encore à n'en jamais finir !

FILTO (*à Versac*).

Monsieur, un de vos gens accourt rempli d'alarmes ;[1]
Il a dans son chemin vu des hommes en armes
Marcher vers votre hôtel :[2] ces flots de furieux
1120 Se grossissent encore en roulant vers ces lieux.
      (*à Forlis.*)
Fuyez, monsieur.

---

[1] L1795 : arrive plein d'alarmes ;

[2] L1795 : Ils accourent, dit-il :

L'AMI DES LOIS

MADAME VERSAC.

Je tremble ; ah ! Dieu !

FORLIS.

Calmez votre âme ;
C'est moi, ce n'est que moi qu'on cherche ici, madame :
Pour vous moins exposer, je cours au-devant d'eux.

VERSAC.

Non, restez : un décret nous enchaîne tous deux.
1125 J'ai répondu de vous, je tiendrai ma parole.
Forlis, de l'amitié commence ici le rôle :
L'esprit nous divisa, le cœur nous met d'accord ;
Versac[1] va partager ou changer votre sort.
J'aurais trop à rougir si, d'une âme commune,
1130 J'abandonnais l'ami que trahit la fortune !
Restez ; ces murs et moi pourront[2] vous protéger.

FORLIS.

Du peuple qui m'appelle ai-je à craindre un danger ?
Je puis d'un[3] cœur tranquille affronter sa présence.
La crainte est pour le crime, et non pour l'innocence.

VERSAC.

1135 Du moins, en quelque endroit que vous tourniez vos pas,
Vous savez qu'un ami ne vous quittera pas.

MADAME VERSAC.

J'oubliais : on a vu ces hommes pleins de rage,
Courir vers la maison de monsieur Nomophage,

_____

[1] ms : [- Pressac] [+ Versac]

[2] L4 : pourrons

[3] ms : [- œil]

Lui, cet ami du peuple ! hautement l'accuser
1140 D'être ami de Forlis qu'il venait d'excuser,
Et, la flamme à la main, vouloir dans leur vengeance
De cette liaison punir sur lui l'offense.[1]

FORLIS.

Mon ami ! Ce trait là[2] sans doute est le dernier !
C'était le seul affront qui pût m'humilier !
1145 Eh quoi ! cet homme vil, qu'ici je ne supporte
Qu'avec ces mouvements de haine franche et forte
Que jamais l'homme droit ne saurait déguiser
Au faussaire intrigant qui ne peut l'abuser ![3]
Lui mon ami ! Grand Dieu !

SCÈNE VII.[4]

Les mêmes, NOMOPHAGE.

FILTO (*à part l'apercevant*).[5]

       Que vois-je ? Nomophage !

VERSAC.

1150 Quoi ! cet homme à cette heure !

FORLIS.[6]

       Est-ce un nouvel outrage ?

---

[1] L1822 rajoute, à cet endroit, les vers suivants : « L'accuser, à son tour, d'infâmes trahisons, / Supposer entre vous de sourdes liaisons, / L'appeler votre ami, même votre complice, / Et vous envelopper dans la même injustice. »

[2] ms : « Ce trait la » souligné au crayon ; L8 : <là>

[3] L1822 supprime les vers 1145-1148.

[4] L2 : SCÈNE VIII ; ms : Scène 9e.

[5] ms : à part.

[6] ms : à part.

L'AMI DES LOIS

FILTO (*à part*).

Que veut-il ?

NOMOPHAGE.

Mon abord vous surprend, je le vois.

FORLIS.

Que voulez-vous, monsieur ?

NOMOPHAGE.

Vous sauver.

FORLIS.

Qui ? Vous !... Moi !

NOMOPHAGE.

¹Moi-même ; et ce n'est plus qu'à force de services,
Que je veux désormais punir vos injustices.

FORLIS.

1155 Reprenez vos secours, monsieur : tout à l'honneur,
J'ai brigué votre haine, et non votre faveur.

---

¹ L1822 remplace les vers 1153-1156 par les suivants : « DUBRISSAGE. Trop heureux si je puis, enfin, par ce service, / Vous faire revenir d'une grande injustice, / Et forcer votre esprit, contre moi prévenu, / De confesser tout haut qu'il m'avait mal connu. / FORLIS. Oh ! Je vous ai, Monsieur, trop bien connu, peut-être : / Mais, ne désirant pas, enfin, vous mieux connaître, / Je n'accepterai pas vos soins officieux, / Que je n'ai pas voulu nommer injurieux. / Reprenez vos faveurs ; gardez-moi votre haine, / Mais franche, mais ouverte, et non plus souterraine ; / Qu'elle éclate au grand jour : en me cachant vos coups, / Vous semblez trop, Monsieur, vous défier de vous. / DUBRISSAGE. Mais la haine, Monsieur, n'interdit pas l'estime. / Sauver son ennemi n'a rien de si sublime, / N'est pas un tel effort que vous dussiez m'ôter / Jusqu'au facile honneur de vouloir le tenter ! / En sauvant la personne, on sauve le mérite ; / Et c'est le double objet, Monsieur, de ma visite. / Sauf à reprendre après tous nos anciens débats, / Acceptez mon secours. FORLIS. Je ne l'accepte pas. »

NOMOPHAGE.

Écoutez-moi, par grâce ; après, vous serez maître
D'accepter ce service, ou de le méconnaître.
Écoutez.

VERSAC.

   Écoutons, Forlis.

NOMOPHAGE.

      On vous poursuit.
1160 Le peuple, je l'ignore, équitable ou séduit…

FORLIS.

Séduit : oui, c'est le mot.

NOMOPHAGE.

      Demande votre tête.
Je n'ai pu qu'un moment conjurer la tempête.[1]
Le croiriez-vous ? Moi-même en butte à sa fureur,
J'ai failli payer cher une honorable erreur.
1165 De quelques mots sur vous où parlait mon estime,
De notre connaissance on m'osa faire un crime.
Ce peuple, à des soupçons se laissant emporter,
M'accusa d'un honneur que je veux mériter,
Nous crut liés ensemble ; et la même justice
1170 Qui me fit votre ami,[2] me fit votre complice.
Fier d'un titre aussi doux, j'eusse aimé son danger !

FORLIS.

Soit.

---

[1] L1822 : Dans sa fougue excusable, / De je ne sais quels torts vous suppose coupable.

[2] ms : [- illisible] ; [+ votre ami].

L'AMI DES LOIS

NOMOPHAGE.

L'orage sur moi n'était que passager.
Mon entier dévouement au parti populaire,
Ma vie, a de ce peuple éclairé la colère.
1175 J'eusse voulu de même en l'enchaînant sur vous...

FORLIS.

Au fait.

NOMOPHAGE.

Pour un moment j'ai suspendu les coups.
Vous êtes accusé : la loi, votre refuge,
Entre le peuple et vous doit être le seul juge.
De mes retardements le peuple bientôt las,
1180 Va fondre dans ces lieux. Monsieur, ne tardons pas :[1]
Fuir, vous cacher ici, double espoir inutile,
Et qui de vos amis exposerait l'asile !

FORLIS.

Ces moyens seraient vils ; je n'en sais prendre aucun.
Mais où tend ce discours ?

NOMOPHAGE.

Monsieur, il n'en est qu'un,
1185 Et le seul où je puis fonder quelque espérance.

BENARD (*accourant du fond du théâtre*)[2]

Hâtez-vous, le temps presse, et le peuple s'avance :

---

[1] L1822 remplace les vers 1173-1180 par les suivants : « 'Amis, leur ai-je dit, vous devez me connaître : / Je vous livre Forlis, si Forlis est un traître ; / Mais je dois le laver d'un soupçon offensant, / Si, comme j'en suis sûr, Forlis est innocent. / Amis, je vais le voir ; Amis, je vous l'amène ; / Il n'a pas, croyez-moi, mérité votre haine.' / Je dis, et je les quitte, et j'accours ; hâtons-nous : / Profitons du moment qui retient leur courroux. »

[2] ms : L'intendant (accourant)

LAYA

J'entends déjà les cris.

NOMOPHAGE.

Oublions nos débats :
Oubliez, un moment,[1] que vous ne m'aimez pas.[2]
De ce public amour que la faveur me donne,
1190 Entourons bien vos jours, couvrons votre personne.
Je vous suis ; ma présence est votre bouclier :
Nous montrer tous les deux, c'est vous justifier.
Tout ce peuple, envers moi plein de reconnaissance,
Dans notre liaison va voir votre innocence.
1195 Sans regarder la main, acceptez le secours :
Faites-vous mon ami, pour conserver vos jours.
Je bornerai, monsieur, la grâce que j'envie,
À ce qu'il faut de temps pour sauver votre vie.

FILTO (*à part*).

Quel changement ! Ô ciel ! Est-ce une illusion,
1200 Ou d'un génie affreux l'horrible invention ?[3]

VERSAC (*à Nomophage*).

Monsieur, votre démarche est généreuse[4] et belle !
(*à Forlis.*)
Allons, suivons monsieur ;[5] ne soyez point rebelle.

FORLIS.

... Je refuse monsieur.[6]

---

[1] ms : s'il se peut [+ un moment]

[2] L1822 supprime les vers 1185-1188.

[3] Ce vers manque à certains exemplaires de L2, ainsi qu'à L4 et à L9.

[4] ms : noble, grande, [+ généreuse].

[5] L1795 : Allons, marchons, Forlis,

[6] L1795 : ... Non, Versac, j'irai seul.

L'AMI DES LOIS

VERSAC.

Forlis, vous résistez !

NOMOPHAGE.

Mais vous êtes perdu, monsieur, si…

FORLIS.

Permettez :
1205 Ce pouvoir sur le peuple, et qui n'est qu'une injure
Faite à sa dignité, si sa source était pure,[1]
Je l'eusse reconnu, je l'eusse révéré ;
Acceptant vos secours, je m'en fusse honoré.
« Tout un peuple, envers vous plein de reconnaissance,
1210 » Dans notre liaison verra mon innocence !
» Votre présence enfin sera mon bouclier,
» Et nous montrer unis, c'est me justifier ! »
À merveille, monsieur ! Pour qu'on vous puisse croire,
Il faut une autre fois montrer plus de mémoire.
1215 Vous avez oublié, bien mal adroitement[2],
Ce grand courroux du peuple et son ressentiment,
Quand trompé, dites-vous,[3] sur notre intelligence,
Il courait chez vous-même en demander vengeance.[4]
Pour l'honneur de mon être et de l'humanité,
1220 Je couvre vos secrets de leur obscurité.
Tout pouvoir m'est suspect, s'il n'est pas légitime.
On m'appelle, et je cours présenter la victime.[5]

---

[1] L11 : n'était ; L1822 : Ce pouvoir sur le peuple, (inexprimable injure / Faite au prince, à nos lois !) si sa source était pure,

[2] ms : maladroitement.

[3] ms : dites-vous [+ disiez-vous] ; L1795 : disiez-vous

[4] L1822 rajoute, à cet endroit, les vers suivants : « Comment cette fureur, que produit le soupçon, / Bien affligeant pour moi, de notre liaison, / Va-t-elle s'apaiser, quand, par votre présence, / De notre liaison il aura l'assurance ?... »

[5] L1822 : Ce mot en dit assez, et doit vous faire entendre / Que l'on comprend trop trop bien ce qu'on craint de comprendre.

Restez.

NOMOPHAGE.

Monsieur…

FORLIS (*avec force*).

Restez… Vous tous, veillez sur lui.
Sauvez-moi, cher Versac,[1] l'affront d'un tel appui.

NOMOPHAGE.

1225 Non, je veux vous prouver…

FORLIS (*avec plus de force*).[2]

Restez, je vous l'ordonne.[3]

NOMOPHAGE.

Monsieur…

FORLIS.

Restez, vous dis-je, ou bien je vous soupçonne.[4]

VERSAC.

Je vous suivrai donc seul.

FORLIS (*appelant*).

Picard, Dumont, Lafleur,
Venez tous, accourez.

---

[1] ms : [- Pressac] [+ Versac]

[2] ms : la didascalie manque.

[3] L1795 : Restez, je vous refuse.

[4] L1795 : vous accuse.

L'AMI DES LOIS

(*Les trois laquais paraissent.*)

VERSAC.

Pourquoi cette clameur ?

FORLIS.

FORLIS (*aux laquais*).

J'éprouvai votre zèle, et veux le reconnaître.
(*Il leur distribue sa bourse.*)
Tenez, mes bons amis... Vous aimez votre maître.
1230 Gardez qu'il sorte... Adieu.
(*Il s'échappe.*)

SCÈNE VIII.[1]

Les mêmes, excepté FORLIS.

VERSAC (*le rappelant*).

Forlis !... Cris superflus !
Forlis ! Ah ! c'en est fait ! Nous ne le verrons plus !
(*Il se retire par le côté opposé.*)

MADAME VERSAC (*à Nomophage*).[2]

Que va-t-il devenir ?... [3]Monsieur, je ne puis croire
Ce qu'il pense de vous !... L'âme est-elle assez noire
1235 Pour...[4]

---

[1] L2 : SCÈNE IX ; ms : Scène 10e.

[2] ms : didascalie biffée.

[3] ms : [+ Ciel !] ; le passage suivant, jusqu'au vers 1037 (« le malheur rend injuste »), est biffé.

[4] Dans L1822, les vers 1233-1235 sont prononcés par Versac (et non Madame Versac).

LAYA

NOMOPHAGE.

Le malheur, sans doute, à ses yeux reproduit
Ces rêves d'un complot qui toujours le poursuit.

MADAME VERSAC

Le malheur rend injuste, oui... Venez... Ah ! je tremble !
Du cabinet voisin suivons des yeux ensemble
Les mouvements du peuple, et cet infortuné...
1240 Dont pour toute autre fin le grand cœur était né ![1]
(à Filto.)
Vous, monsieur, au dehors informez[2]-vous, de grâce !
Je brûle de savoir et crains ce qui s'y passe.

Fin du quatrième Acte.

---

[1] L1822 supprime les vers 1237-1240.

[2] ms : mot souligné au crayon.

ACTE V

SCÈNE PREMIÈRE.

NOMOPHAGE seul.

    Voyez-moi ce Filto ! Toute une heure mortelle
    Sans rentrer ! Que fait-il ? Quoi ! Pas une nouvelle !
1245 Trois laquais sont partis, rien n'arrive… Ô tourment !
    Ce Forlis a pensé m'imposer un moment !
    C'est la première fois, depuis que je conspire,
    Qu'un homme a sur mes sens su prendre cet empire.
    Filto l'a bien jugé. – Quel est donc ce Forlis
1250 Qui sait trouver mon âme à travers ses replis ?…
    J'ai cru qu'il me suivrait : c'était le coup de maître !…
              (*Il regarde.*)
    Personne !… Ce Filto ne serait-il qu'un traître ?
    Non : d'ailleurs, que sait-il ?[1] presque rien, dieu merci !
              (*Il écoute.*)
    On se querelle encore !… J'ai brouillé tout ici !…
1255 Ensorcelé Filto, reviendras-tu ?… Personne.[2]
    Que faire ? m'échapper ? Déjà l'on me soupçonne :
    Fuir, c'est tout confirmer, c'est me perdre !… Ô Forlis !
    Moi, j'ai voulu vous prendre ; et vous, vous m'avez pris.
    Tenons ferme[3] au surplus : le dénouement approche ;
1260 Qu'ai-je à craindre ? Sous moi j'ai des gens sans reproche,
    Sûrs ; nul écrit qui prouve… Ah ! voici nos époux.[4]

---

[1] ms : Que sait-il d'ailleurs ?

[2] L1822 remplace les vers 1252-1255 par les suivants : « Le diable, après cela, n'eût pu s'y reconnaître. / Ma présence écartait le soupçon loin de nous, / Rassurait nos agents, affermissait leurs coups ; / Ou, s'il en réchappait… contre toute apparence, / C'est à moi qu'il croyait devoir sa délivrance : / N'ayant pas pu le perdre, au moins j'avais l'honneur / De passer à ses yeux pour son libérateur… / Ô maudit contretemps !… J'entends du bruit !… Personne… »

[3] L4, L11 : fermes.

[4] L1822 ajoute une scène supplémentaire (et modifie la numérotation des scènes suivantes en conséquence) : variante no. 10, p. 279-81.

SCÈNE II.

M. et Madame de[1] *VERSAC, NOMOPHAGE.*[2]

VERSAC.

Madame, pardonnez mon injuste courroux.
Plaignez, plaignez les maux où mon âme est en proie.
Au jour de la douleur, comme au jour de la joie,
1265   Quand l'amitié gémit, de soi-même vainqueur,
Garde-t-on l'équilibre et de l'âme et du cœur ?
Je vais, je cours partout, ainsi qu'une ombre errante ;
J'appelle en vain Forlis, d'une voix gémissante !
Tout se tait sur son sort ; et ce silence affreux
1270   Redouble la terreur de ce jour douloureux !
Ah ! dieu !... Dieu, que je crains !...[3] Voyons, sonnez encore :
Quels secrets m'apprendra le temps que je dévore !

MADAME VERSAC (*au laquais qu'elle a sonné*).

Aucun n'est revenu ?

LE DOMESTIQUE.

Non, aucun jusqu'ici.

MADAME VERSAC.

Le quartier ?

---

[1] L5, L6 : <de>

[2] ms : M. (3) et Mde. (2) Pressac, Nomophage (1).

[3] L1822 ajoute, à cet endroit, l'échange suivant : « DUBRISSAGE, *se composant, et avec hypocrisie*. Cruelle inquiétude ! / Et c'est lui qui nous jette en cette incertitude. / Extrémité fâcheuse, où nous ne serions pas / S'il m'eût permis au moins d'accompagner ses pas ! / C'était le seul moyen... Mais, que faire, à cette heure, / Et quand l'honneur surtout veut qu'ici je demeure ? / Vous-même avez voulu, Monsieur, me retenir. / VERSAC. Pardonnez, si j'ai pu me laisser prévenir... / Le malheur rend injuste... Allons... Sonnons encore... »

L'AMI DES LOIS

LE DOMESTIQUE.

Est tranquille à présent, dieu merci.
(*Le domestique[1] sort.*)

VERSAC.

[2]C'est bon... tranquille ! Et moi, quand pourrai-je[3] enfin l'être ?
1275 Le quartier est tranquille ! Ah ! ce calme, peut-être,
D'un orage nouveau n'est qu'un avant-coureur.

MADAME VERSAC

Écoutons !

VERSAC.

On accourt... Ô moment de terreur !

SCÈNE III.

Les mêmes, FILTO, UN DOMESTIQUE.[4]

LE DOMESTIQUE (*accourant avec des cris de joie*).[5]

Sauvé ! Sauvé !

VERSAC.

Qui donc ?

---

[1] ms : laquais ; L5 : il

[2] L1822 remplace les vers 1275-1278 par la variante no. 11, p. 281-3.

[3] L10 : pourrais-je

[4] ms : Les mêmes, Filto.

[5] ms : FILTO (*criant du dehors*). SAUVÉ ! Sauvé ! ; L1795 : FILTO, *à haute voix dans la coulisse*. SAUVÉ ! Sauvé ! ; L1822 : FILTEAU, *à haute voix, de la coulisse*. SAUVÉ ! Sauvé !

LAYA

FILTO.[1]

Forlis.

VERSAC.

Forlis ?

FILTO.

Lui-même.

MADAME VERSAC.

1280   Ô bonheur !

NOMOPHAGE (*à part*).

Ô revers !

VERSAC.

Ô justice suprême,
Vous l'avez défendu !... Dieu ! Laissez-moi courir,
L'embrasser le premier, et de joie en mourir !

FILTO.

L'embrasser le premier !... Ah ! le peuple a d'avance
Par mille embrassements payé son innocence.

VERSAC.

1285   Le peuple ? Ô ciel ! Forlis ?

FILTO.

Il en est adoré !
L'innocent pour ce peuple est un objet sacré.

---

[1] ms : *entrant*.

L'AMI DES LOIS

VERSAC.

Je veux voir...

FILTO.

Oh ! monsieur, laissez-le sans contrainte
S'entourer de ce peuple et de sa douce étreinte.
Respectez ces transports d'ivresse et de faveur :
1290 Ce moment appartient au peuple son sauveur,
Qui de joie en ses bras donne et reçoit des larmes :
C'est l'heure où de la gloire il goûte tous les charmes.
Plus douce encore pour vous par ce nouveau succès,
L'heure de l'amitié va la suivre de près.[1]

VERSAC.

1295 Quel prodige inouï l'a sauvé de la rage...

FILTO.

Un prodige, chez lui, de grandeur, de courage ;
Chez le peuple, un prodige à jamais répété
De justice, d'égards, de sensibilité !
Tout ce qu'on vit jamais de noble et d'équitable,
1300 Tout ce qui fut jamais et grand et respectable,
A paru[2] dans une heure entre le peuple et lui ;
Ils ont lutté tous deux de vertus aujourd'hui.
L'un était digne enfin d'être sauvé par l'autre.

NOMOPHAGE (*à part*).

Le peuple est son sauveur !... Eh ! quel sera le nôtre ?

FILTO.

1305 Je courais sur votre ordre ; à peine descendu,
Je trouve en bas Forlis par le peuple attendu,

---

[1] L1822 supprime les vers 1282-1294.

[2] ms : brillé

Recueillant ses moyens et son âme en silence.
Un bruit s'élève alors : soudain Forlis s'élance
Seul, quand de nouveaux cris, par mille voix poussés,
1310 Font retentir ces mots mille fois prononcés :
« C'est lui ! C'est lui ! » ... « C'est moi, moi ! Vous m'allez entendre.
» Citoyens, on m'accuse, et vous m'allez défendre.
» Je viens vous dénoncer le plus affreux complot !
» Citoyens, écoutez. » Tout se tait à ce mot.
1315 Il reprend : « Peuple juste, et d'un crime incapable,
» L'innocent sous vos yeux s'avance, ou le coupable.
» Voyez de l'innocent sous vos coups étendu,
» Sur vous, sur vos enfants tout le sang répandu !
» Tremblez en frappant l'autre : assassins, sacrilèges,
1320 » Vous violez les lois dans leurs saints[1] privilèges !
» Nul des deux n'est à vous : sur eux quels sont vos droits ?
» L'un et l'autre à cette heure appartiennent aux lois. »
Il dit ; on le regarde, on balance, on s'étonne :
Un groupe d'assassins fond vers lui, l'environne ;
1325 Les poignards sont levés, les coups prêts de tomber ;
Votre ami...

VERSAC.

Juste ciel ! Forlis va succomber.

FILTO.

Non ; il en saisit deux, et terrible il s'écrie :
« J'arrête, au nom des lois, au nom de la patrie,
» Ces traîtres, dont l'aspect déshonore à la fois
1330 » La dignité[2] du peuple, et le ciel, et les lois. »[3]
Des assassins troublés tout le reste frissonne,
Se cache dans la foule, et fuit ce dieu qui tonne.

---

[1] L1795 : sains

[2] ms : [- majesté] [+ dignité]

[3] Ce vers manque dans certains exemplaires de L2, et à L3.

Déjà six scélérats, par le peuple enchaînés,
Dans la nuit des cachots vont être encore traînés :[1]
1335 Forlis au tribunal[2] veut qu'on les lui confronte.
Il marche, il entre. « Au peuple, à vous, Forlis doit compte,
» Magistrats[3] : je vous somme, en vertu de la loi,
» De lire hautement vos charges contre moi.
» Peuple, en vous l'innocent a trouvé son refuge :
1340 » L'accusé reparaît ; redevenez son juge. »[4]
Un acte pour réponse à sa vue est produit.
« Oui, je le reconnais, dit-il ; lisez. » On lit.
Une liste de noms que cet acte rassemble,
Laisse voir un complot, et les preuves ensemble,
1345 Et montre à tous les yeux, que de ses revenus
Forlis paie en secret cent cinquante inconnus.
Qui sont-ils ? Pour quel but ? Et pourquoi le[5] mystère ?...
Forlis, toujours fidèle à son grand caractère,
Offre des mêmes noms un écrit revêtu,
1350 Qui, le lavant du crime, atteste sa vertu.
On va lire... Un cri part : « Laissez, laissez ces preuves ;
» Voici d'autres garants, voici d'autres épreuves :
» Traîtres qui l'accusez, nous voici ! » C'étaient[6] ceux
Dont les noms sont inscrits dans ces actes douteux,
1355 Et qui, ravis au crime ainsi qu'à la misère,
Venaient tous proclamer et défendre leur père.
« Oui, Français, criaient-ils, vous lui devez nos bras.
» Nous n'étions plus, sans lui, que des enfants ingrats,
» Qui, le fer à la main, menaçant vos murailles,
1360 » Accouraient de la France entrouvrir les entrailles.
» Des devoirs, des vertus, par son généreux soin

---

[1] L1822 supprime les vers 1331-1334.

[2] L1822 : comité

[3] L1822 : Citoyens

[4] L1822 supprime les vers 1339-1340.

[5] L5 : ce

[6] ms : c'était ; L2, L4, L8, L11 : C'était

LAYA

» Il nous fit une tâche, et bientôt un besoin.
» Pour conserver nos cœurs, nos bras à la patrie,
» Ses trésors vertueux payaient notre industrie.
1365 » Oseriez-vous punir[1] ce saint emploi des biens
» Qui de vos ennemis vous fait des citoyens ? »[2]
Le peintre, l'orateur, n'ont qu'un art infidèle
Pour rendre ce tableau d'ivresse universelle.
C'est d'abord un muet et long étonnement :
1370 Puis des cris d'allégresse et d'attendrissement.
Ses ennemis sont morts ; son jour enfin commence ;
Et l'accusé plus grand, qu'entoure un peuple immense,
De respect, et de joie, et d'amour enivré,
Paraît être un vainqueur du triomphe honoré !

VERSAC.

1375 Vous soulevez le poids qui pesait sur mon âme.

MADAME VERSAC.

J'entends Forlis, je crois ?

FILTO.

C'est lui-même, madame.

---

[1] ms : [- Punirez-vous, Français,] [+ Oseriez-vous punir]

[2] L1822 remplace les vers 1357-1366 par les suivants : « 'Français, le désespoir allait armer nos bras, / Envers notre patrie, envers le ciel ingrats ;' / Disaient-ils. 'Ses bienfaits, en nous rendant la vie, / Ont su nous rappeler qu'il est une patrie, / Un ciel, refuge ouvert à l'être abandonné, / Un Dieu soutien du faible et de l'infortuné, / Qui voulut que ce monde offrît à l'indigence / Dans l'homme généreux une autre Providence... / Eh bien ! Tournez aussi sur nous vos fers sanglants ; / Vous qui frappez un père, ah ! Frappez ses enfants !'... »

SCÈNE IV.

Les mêmes, FORLIS (l'INTENDANT entre avec lui.)[1]

VERSAC (*se jetant dans ses bras*).

Forlis !

NOMOPHAGE (*sur le bord du théâtre*).[2]

Quel embarras !

VERSAC.

Forlis, est-ce bien vous ?

FORLIS.

Mon ami !… Ce moment est encore le plus doux !
Je viens de remporter une grande victoire !
1380 Mais je n'eus de bonheur que celui de la gloire ;
Et je sens dans vos bras, dont Forlis est lié,
Que la gloire n'est rien auprès de l'amitié…
(*Apercevant Nomophage.*)
Quel homme vois-je, ô ciel ![3]

NOMOPHAGE (*à part*).

Soutenons mon audace.

FORLIS (*à Nomophage*).

Osez-vous bien encore me regarder en face ?

NOMOPHAGE.

1385 Pourquoi non ?

---

[1] ms : Les mêmes, Forlis, l'intendant.

[2] ms : Nomophage (*à part*)

[3] ms : Quel homme vois-je ici ?

MADAME VERSAC (*à Forlis*).

Quel discours ?[1]

FORLIS.

Voilà mon assassin.
Il se dit mon ami pour me percer le sein.
Sous ce manteau sacré, de ses regards perfides[2]
Il venait diriger le fer des homicides !
Il commanda ma mort ; et pour mieux l'assurer,
1390 Lui-même il me voulait porter à dévorer !

VERSAC.

Ô scélérat !

FILTO (*bas à Nomophage*).

Fuyez, fuyez.

NOMOPHAGE (*bas à Filto*).

Moi ! Que je fuie !
(à Forlis.)
Je ne suis point Filto… Monsieur, la calomnie…[3]

FORLIS.

Vos amis ont parlé :[4] les yeux[5] sont dessillés.
Le peuple est là, monsieur ; il vous connaît : tremblez !

---

[1] ms : [- Forlis ?]

[2] L1795 : avides,

[3] ms : Les vers 1385 (de « Quel discours ? ») à 1392 sont biffés.

[4] ms : [- Vos amis ont parlé] [+ On sait tout : -]

[5] ms : « les yeux » souligné au crayon.

NOMOPHAGE.

1395 Pensez-vous que ce peuple, envers vous si facile,
N'ouvre qu'à vos accents une oreille docile ?
Il est là, dites-vous ? J'y vole, il m'entendra :
Si son courroux me cherche, un mot le contiendra ;[1]
Mais, ma présomption dût-elle être punie,
1400 Je ne compose point pour racheter ma vie :
Je brave tout mon sort, et[2] sais envisager
Le prix d'une action, bien moins que son danger.
À côté du succès je mesure la chute ;
Et, certain de tomber,[3] je marche et j'exécute.
Adieu, monsieur Forlis. Vous pouvez l'emporter ;
1405 Mais j'étais avec vous digne au moins de lutter.

(*Il sort.*)

SCÈNE V.

Les mêmes (excepté Nomophage.)

VERSAC (*à l'Intendant*).

Monsieur, suivez cet homme, et venez nous redire
Si sur le peuple encore sa voix a quelque empire.

(*L'Intendant sort.*)

FORLIS.

Plaignons de ses talents le déplorable emploi !

FILTO (*à part*).

1410 Ô malheureux Filto, quel exemple[4] pour toi !

---

[1] ms : l'apaisera.

[2] ms : je

[3] ms : Et, dussé-je tomber ; L1795 : Et dussé-je tomber,

[4] ms : quelle leçon

MADAME VERSAC.

Ah ! Dieu ! Que je rougis, Forlis, de ma conduite !
Cher Forlis ! Les pervers ! Comme ils m'avaient séduite !
Aussi, de ce moment, oui, j'abhorre[1] à jamais
La nouvelle réforme,[2] autant que je l'aimais.[3]

FORLIS.

1415 Non, fuyez cet excès : aimez-la, mais pour elle.[4]
Des crimes d'un brigand ne faites point[5] querelle
Au peuple généreux fait pour les détester.
Le factieux l'outrage, il ne peut le gâter.[6]
           (À l'intendant qui revient.)
Eh bien ?[7]

---

[1] L4, L9 : moment, j'abhorre

[2] L1795 : La révolution

[3] L1822 : Aussi, je les abjure, et m'en veux à jamais / D'avoir tant écouté ces méchants que j'aimais.

[4] L1795 : Qu'aux femmes vers l'excès la pente est naturelle !...

[5] ms : pas

[6] L1822 remplace les vers 1415-1418 par les suivants : « Les révolutions, époques époques des grands crimes, / Égarent tant de cœurs, et font tant de victimes, / Que la moins orageuse, en son débordement, / N'est, du ciel courroucé, qu'un moindre châtiment... / Oh ! loin, bien loin de nous ces crises politiques, / Où chacun, en pleurant les pertes domestiques, / Prend sa part du fardeau des publiques douleurs ! / Jours sanglants ! jours de deuil, si féconds en malheurs, / Que d'un despote altier le règne redoutable / Est moins à craindre encore, est moins insupportable, / Que ces temps d'anarchie, où l'état sans soutiens / Compte autant de tyrans, qu'il a de citoyens. »

[7] L3 : Et hien ?

SCÈNE DERNIÈRE.[1]

Les mêmes, L'INTENDANT.

L'INTENDANT.

De l'intrigant le règne enfin expire.
1420 À séduire le peuple en vain sa bouche aspire :
Le peuple, inexorable alors qu'il est trompé,
A couvert de ses cris son langage usurpé.
Vingt bras l'ont enchaîné comme il parlait encore.
Mais d'un sang criminel, de ce sang qu'il abhorre,
1425 Le peuple, déposant son glaive redouté,
Ne veut point de ses mains souiller la pureté ;[2]
Et laissant à la loi le soin de sa justice,[3]
Le traîne à la prison où l'attend son complice.

MADAME VERSAC (*à Filto*).

Destin trop mérité !...[4] Ces éclats scandaleux,
1430 De notre liaison ont rompu tous[5] les nœuds,
Monsieur, votre présence, à Forlis[6] si funeste,
Ne peut plus désormais...

FORLIS.

Souffrez que monsieur reste.

FILTO.

Ah ! monsieur, croyez bien...

---

[1] L1795 : SCÈNE VI et dernière.

[2] L1822 supprime les vers 1423-1426.

[3] L1795 : de son supplice,

[4] ms : place la didascalie à cet endroit

[5] ms : doivent rompre.

[6] ms : « à Forlis » souligné au crayon.

LAYA

FORLIS.

Oui, soyez rassuré ;
Je sais tout : des méchants vous avaient égaré.
1435 Oui, contre votre arrêt, madame, je réclame ;
Monsieur est notre ami.

FILTO.

Ciel !

FORLIS.

J'ai lu dans votre âme ;
Elle est droite.

FILTO.

Ah ! sur moi je n'ose ramener
Les regards, que vers vous je viens de détourner.

FORLIS.

Vous avez dû rougir quand vous étiez coupable :[1]
1440 Le repentir, monsieur, fait de vous mon semblable.
Donnez-moi votre main.

FILTO.

Sous le crime abattu,
Je puis près de vous seul renaître à la vertu.

FORLIS.

Vous la sentez déjà.[2]

---

[1] Ce vers manque à L5.

[2] ms : [- Monsieur, un mot encore]

L'AMI DES LOIS

[1]FILTO.

Votre voix consolante
Rassure et raffermit mon âme chancelante :
1445 Au sentier des vertus j'ai besoin d'un soutien ;
Je réponds de mon cœur, si vous êtes le sien.[2]

VERSAC.

[3]Ce diable d'homme en soi je ne sais quoi renferme
Qui, si je m'oubliais, si je n'étais pas ferme,
Me ferait presque aimer sa révolution.[4]

FORLIS.

1450 Vous l'aimerez.

VERSAC.

Moi ?

FORLIS.

Vous ; À l'adoration.

VERSAC.

Si je vous écoutais, votre voix dangereuse…

---

[1] ms : Les vers 1443-6, qu'adoptent toutes les versions publiées, sont ceux donnés sur un becquet collé à la p. 118. Le passage primitif est le suivant : « Vous avez des talents que j'estime et j'honore : / je sais qu'un sort injuste, un moment mérité / en pourrait détourner encore l'utilité. / Souffrez (oui, je l'exige, et c'est là ma vengeance) / que du sort envers vous je répare l'offense. / FILTO. Monsieur.... FORLIS. N'en parlons plus : pour tout remerciement / je vous conjure ici d'accepter seulement. »

[2] L1822 supprime les vers 1443-1446.

[3] L4 : Les vers 1447 à 1453 sont remplacés par la variante no. 12, p. 283-4.

[4] L10 : Ce vers est placé après le vers 1446, terminant la réplique de Filto.

FORLIS.

Vous avez l'esprit juste et l'âme généreuse,
Vous l'aimerez.

VERSAC.

     Ah ! bon,[1] vous me flattez, Forlis...
J'espère bien, madame, et vous l'avez promis,
1455 N'unir ma fille enfin...

MADAME VERSAC.

     Qu'à Forlis,

VERSAC.

        Bon. Sans cesse,
Madame, vous vantez l'éclat de la richesse :
Nous n'en parlerons plus, n'est-ce pas ?

MADAME VERSAC.

        De grand cœur...
Si vous nous laissez-là tous vos titres d'honneur.

VERSAC.

Soit.

MADAME VERSAC.

   Recevez, Forlis, l'hommage d'une amie.
1460 Ma tête se perdait, et vous l'avez guérie.
Mon cœur n'entrait pour rien dans cette illusion :
Un faux amour de gloire, un grain d'ambition
M'avait seul égarée : à ma raison première
Je vous dois mon retour ; je vous dois la lumière
1465 Par qui mes yeux fermés se rouvrent dans ce jour.

---

[1] ms : [- si]

Je vais à tous les miens consacrer ce retour.
Du sang et de l'hymen suivre la loi chérie,
C'est ainsi qu'une femme aime et sert la[1] patrie ;
Puisque dans vos leçons vous nous montrez si bien
Que le seul honnête homme est le vrai citoyen.

FIN.[2]

---

[1] ms : sa

[2] L1795 : FIN DU CINQUIÈME ET DERNIER ACTE.

ANNEXES

Annexe A : Variantes majeures

1. Acte I, scène 1

L1822 remplace les vers 63-188 (jusqu'à la fin de la scène) par les suivants :

FORLIS.

Leurs plans diffèrent ? Bien : l'un de l'autre envieux,
Ils se querelleront.

VERSAC.

      Ils s'entendent au mieux.
La guerre domestique est le but de ces traîtres,
De ces nouveaux Gracchus, plus hardis que leurs maîtres,
La guerre domestique ! Ah ! Qu'ils savent trop bien
Que pour vaincre un grand peuple, il n'est que ce moyen.
Fort contre l'étranger il s'indigne, il se serre ;
Perdu, dès que lui-même est son propre adversaire.

FORLIS.

Je suis de votre avis ; et vous devez savoir
Que je veux les combattre, et de tout mon pouvoir.

VERSAC.

Vous l'avez fait déjà, même avec avantage :
Mais votre absence a bien relevé leur courage.
Nous avons à présent nos *faiseurs*, grands, petits,
Qui propagent le trouble, animent les partis…

FORLIS.

Ces partis, ces *faiseurs* ont trop peu d'importance
Pour qu'on daigne un moment croire à leur existence ;
Et vous verrez, enfin, ces obscurs charlatans,
Après avoir dupé quelques honnêtes gens,
Terminant, par l'oubli, leur honteuse carrière,
Tout naturellement rentrer dans leur poussière.

VERSAC.

Vous ne doutez de rien.

FORLIS.

Et vous doutez de tout.

VERSAC.

L'État est renversé, vous le voyez debout.

FORLIS.

Vous vous trompez, Versac ; c'est vous, tout à l'inverse,
Qui, lorsqu'on rétablit, croyez que l'on renverse.

VERSAC.

Commerce, industrie, arts, tout tend à s'abîmer.

FORLIS.

Qu'on vous rende vos droits, tout va se ranimer ?

VERSAC.

Oui, tous nos droits d'abord…

FORLIS.

          D'abord, il faut s'entendre :
Voulez-vous donc toujours posséder, sans rien rendre ?
Consultez la justice, ou bien le sens commun :
Tous deux, mon cher Versac, demandent que chacun,
Puisque chacun enfin a part aux bénéfices,
Supporte également le poids des sacrifices.
Tous deux veulent encore que l'esprit, le talent,
S'il est né sans fortune, ait l'espoir consolant
De pouvoir quelque jour surmonter la barrière
Qui l'éloigne du prince et borne sa carrière.
La raison, la justice, étant sans préjugés,

Veulent que tous délits par la loi soient jugés,
Sans égard pour le rang, les biens et la naissance :
La loi nous pèse tous dans la même balance.
Le prince, consacrant ces règles d'équité,
Nous a rendus lui-même à cette égalité.

VERSAC.

En spéculation, oui, tout cela s'explique.
Ces principes sont bons dans une république :
Athènes, Sparte, Rome ont pu s'en arranger :
Chez nous, on ne les peut pratiquer sans danger...
Vous voulez, en dépit de la nature humaine,
De l'âme d'un Français faire une âme romaine ?
Dites : que devint Rome au siècle de Caton ?
L'erreur d'un demi-dieu peut servir de leçon.
Caton, qu'eût adoré Rome dans son enfance,
Et dont les dieux trop tard placèrent la naissance,
Caton, qu'un saint amour pour sa Rome enflamma,
La voulut reculer au siècle de Numa,
N'estimant pas assez cet intervalle immense
Du peuple qui finit au peuple qui commence.
Le bien ne put tout seul satisfaire son goût ;
En exigeant le mieux sa vertu perdit tout.
Sa vertu prépara les fers de Rome esclave ;
Rome immola César, et fléchit sous Octave.

FORLIS.

« Caton, qu'un saint amour pour sa Rome enflamma,
La voulut reculer au siècle de Numa ? »
Bon ! Caton se trompa : qu'en voulez-vous conclure ?
Qu'il connut la vertu, mais fort mal la nature.
Il traita Rome usée et tombant de langueur,
Comme il eût traité Rome aux jours de sa vigueur.
Ce vœu fut, j'en conviens, d'un fou plus que d'un sage,
D'assouplir la vieillesse aux mœurs du premier âge.
L'avons-nous imité ? Toutes nos vieilles lois
Reposent dans leur poudre avec nos premiers droits.

Nous n'avons pas fouillé nos antiques annales,
Nos vieux titres rongés de rouilles féodales.
Nous cherchions, au contraire, et maintenant avons
Un code convenable au siècle où nous vivons,
Plus conforme aux progrès de la raison humaine ;
Un contrat où, liés d'une commune chaîne,
Le sujet et le prince ont voulu s'engager,
L'un à suivre les lois, l'autre à les protéger.
L'un trouve son pouvoir dans ces lois consenties,
L'autre sa sûreté, tous deux des garanties.
Du temps, de la raison les fidèles flambeaux
Vont diriger nos pas dans ces sentiers nouveaux ;
Nous montrer le danger de tous les faux systèmes,
Des principes outrés ; nous sauver des extrêmes...

VERSAC.

De ces illusions ne soyez plus bercé :
Se plaire à les nourrir serait d'un insensé ;
Des hommes et des temps la longue expérience
Vous donne un démenti... Mais je perds patience ;
N'en parlons plus, Forlis... Chez nous vous allez voir
Des niveleurs du jour les soutiens et l'espoir :
D'abord, un monsieur Plaude, aplanisseur farouche :
Le mot *égalité* sans cesse est dans sa bouche ;
Il veut, dans la fureur qui trouble son cerveau,
Voir les hommes passer sous le même niveau
Ou sous la même faux tomber toute science :
C'est le petit Tarquin des arts et de la France...
De ce monsieur d'ailleurs il faut vous défier :
Il est inquisiteur en chef de son métier ;
Infatigable agent de cette chambre ardente[1]
Qui, toujours très peureuse, ou toujours très prudente,
Dénonce le complot, avant qu'il soit ourdi ;
Quand je ne parle pas, punit ce que je dis ;

---

[1] NOTE DE L'AUTEUR : Le Comité des recherches.

Veille contre le crime avec persévérance,
Et n'effraye et n'atteint jamais que l'innocence...
Vous connaissez, je crois, les autres : c'est d'abord
Un Laroche, de Plaude audacieux support ;
Journaliste mutin, qu'aucun respect n'arrête :
Je ne sais que son cœur de plus dur que sa tête...
Puis, monsieur Dubrissage et Filteau son ami.
Filteau dans le chemin est le moins affermi.
Le besoin d'exister, la fureur de paraître
Le rend sur les moyens peu scrupuleux peut-être.
Pour monsieur Dubrissage, oh ! passe encore, voilà
Ce que j'appelle un homme ! Un héros ! L'Attila
Du pouvoir et des lois ! Grand fourbe politique,
Des révolutions possédant l'art pratique :
C'est un chef de parti...

FORLIS.

Peu dangereux.

VERSAC.

Ma foi,
Je ne sais... il vous craint.

FORLIS.

Je le méprise, moi.

2. Acte I, scène 1

L1795 remplace les vers 77-95 par le passage suivant :

VERSAC.

Ils débarquent.

FORLIS.

Qui donc ?

ANNEXES

VERSAC.

     Les Anglais. La Bretagne
Leur doit ouvrir ses ports : je les vois à Mortagne
Dans quinze jours.

FORLIS, *riant*.

  Au plus !

VERSAC.

      Le trajet n'est pas long :
Une fois à Mayenne ils sont sur Alençon ;
D'Alençon, c'est un jeu ! puis, rien ne les écarte :
Huit jours après, ici.

FORLIS.

    C'est aisé... sur la carte.
Ils ont changé leur marche ? Ô ruse !.... N'est-ce pas ?
C'est par ruse qu'ils ont quitté les Pays-Bas ?

VERSAC.

Ah ! Vous voilà bien fiers ; et votre joie est grande
De pouvoir vous parer des roses de Hollande ;
Et, vainqueurs à Leyden, d'aller dans un festin,
Sous l'œil de l'ennemi boire le vin du Rhin !
Patience : j'attends la fin de la campagne.

FORLIS.

Vous y pourrez trouver des plaines de Champagne.
Quoi ! Mon pauvre Versac, rien ne peut vous changer !
Tant de nombreux échecs n'ont pu vous corriger !
Vous rêvez les succès ; sans vous laisser de trêves,
Nos soldats, chaque jour, accomplissent vos rêves.
Quoi ! Pour vous bien convaincre enfin de vos revers,
Leur faut-il conquérir l'Europe, l'univers ?
De la Meuse et du Rhin les rives enchaînées,
L'Espagne à nos drapeaux cédant ses Pyrénées ;

Et, du nord au midi, de l'aurore au couchant,
Les Français du triomphe entonnant le doux chant ;
Sur ses rocs enflammés, moins brûlants qu'eux encore,
Ces rocs que Sirius et calcine et dévore ;
Sur les sommets neigeux qu'assiègent les hivers,
Bravant la faim, la soif, et le courroux des airs ;
Vainqueurs de l'ennemi, des saisons et d'eux-mêmes,
Ils triomphent partout ; et vous, dans vos blasphèmes,
Pressés par nos succès, foulés sous nos efforts,
Vous rappelez toujours l'étranger sur nos bords ;
Et pour des titres vains, d'injustes privilèges,
Vous verriez, sans pâlir, ses hordes sacrilèges
Rougir le sol français du sang de nos guerriers !

3. Acte I, scène 4

L1795 ajoute, après le vers 266, le passage suivant :

MADAME VERSAC.

Vous voyez en petit, il faudrait voir en grand.
Un seul est devant tous un point indifférent ;
Et le vrai citoyen ne voit père ni fille,
Ni femme, ni parents ; il n'a qu'une famille,
Le peuple. De tous nœuds prompt à se délier,
Il peut...

FORLIS.

Vous devenez sublime à m'effrayer !
Il est toujours pour moi des nœuds que je révère :
Mon cœur tressaille encore aux noms d'ami, de frère.
De mes chagrins près d'eux le trait peut s'adoucir ;
Et mon cœur près d'un cœur ne sait pas s'endurcir.
Sans trop se dégrader, sans rabaisser son âme,
Je crois qu'on peut aimer ses enfants et sa femme.
Dussé-je compromettre un peu ma dignité,
Je suis homme, et je souffre avec l'humanité :

Je vois autour de moi pleurer des misérables ;
Je pleure, et compatis aux maux de mes semblables...
Vous vous attendrissez ?

MADAME VERSAC.

Moi, Forlis !

FORLIS.

Je le vois.
Mais n'en rougissez pas : la nature a des droits
Plus puissants qu'un Filto, plus forts qu'un Nomophage !
Et le cœur d'une mère entendra son langage...
De mes rivaux, enfin, quel est le favori ?

L1822 reprend ce texte, mais en modifie le contenu à partir du vers « Je crois qu'on peut aimer ses enfants et sa femme ». Voici les vers qui suivent :

Dussé-je compromettre un peu ma dignité,
Je veux aimer les miens avec sincérité,
En bon bourgeois ; je veux entrer dans le partage
De leurs maux, de leurs biens ; les maux, je les soulage :
Les biens, tout autant qu'eux, plus qu'eux, j'en sais jouir ;
Près d'eux je veux enfin pleurer, me réjouir...
Voilà des sentiments, des goûts bien *terre-à-terre* :
Blâmez-les, j'y consens : mais c'est mon caractère
De préférer ces goûts aux transports exaltés
De certains grands esprits qui, toujours haut-montés,
Dédaignent de chérir ce qui les environne ;
N'aimant le monde entier, que pour n'aimer personne...
De mes rivaux enfin quel est le favori ?

ANNEXES

4. Acte II, scène 2

L1822 remplace les vers 377-389 par les suivants :

Mais c'est un de ces fonds qui ne produisent rien.
Voyez un peu le sort de vos hommes de bien !
Pauvres dupes ! Martyrs de leurs folles maximes !...
Laissez là ces retours sots et pusillanimes,
Tous ces doutes honteux d'esprits mal convertis,
Qui, se laissant flotter entre les deux partis,
N'ont ni l'appui de l'un, ni l'estime de l'autre.
Votre appui, votre espoir, votre asile est le nôtre.

FILTEAU.

Passons... De l'acte, enfin, vous avez effacé
Certain nom de coquin qui s'était là glissé,
Pour notre déshonneur... Je vois de cette liste
Exclu formellement du moins le journaliste,
Ce Laroche... homme vil...

DUBRISSAGE.

      C'est un écervelé,
Pauvre diable !

FILTEAU.

  Méchant.

DUBRISSAGE.

      Eh ! Non, cerveau fêlé,
Vous dis-je ; quelquefois utile.

FILTEAU.

    Pour mal faire.

DUBRISSAGE.

Mal faire est quelquefois utile, ou nécessaire.
Du reste, infatigable, intrépide limier,

En quête des complots, toujours, et le premier ;
Contre nos ennemis sans cesse en embuscade.

FILTEAU.

Oui, prenant les terreurs de son esprit malade
Pour des complots réels, et pour nos ennemis,
Ceux qui sont nos soutiens ou nos plus sûrs amis.
D'un maître vigilant l'oreille en sentinelle
Sera toujours ouverte au cri d'un chien fidèle,
Qui jamais n'aboya qu'à l'aspect du brigand ;
Mais il n'écoute plus ce gardien fatigant
Qui, troublant son repos d'une clameur stérile,
Quand il n'est qu'importun, ose se croire utile…
Mons. Laroche est de Plaude un digne compagnon.

DUBRISSAGE.

Mon cher, vous voyez mal ; et la saine raison,
La bonne politique inspire et même ordonne
De ne sentir estime ou mépris pour personne ;
D'user de tous : chacun a son petit talent :
Le Laroche a le sien : c'est un homme excellent
Dans l'art de préparer, de chauffer une émeute ;
Il aboie à lui seul plus que toute une meute.
C'est du bruit ; j'en conviens : c'est de vains mots ; d'accord :
Il ne frappe pas juste ; oui, mais il frappe fort.
Le peuple aime le bruit : la meilleure logique
Pour le peuple, amoureux du langage énergique,
C'est celle des poumons, hurlant avec succès,
Enflant tout, brouillant tout, portant tout à l'excès ;
Sa feuille est comme lui : le bon sens la condamne ;
Tant mieux : étourdissante autant que son organe,
De la foule excitée, elle arme la frayeur ;
Parlant à son oreille, elle parle à son cœur,
C'est tout un : son journal nous rend de bons offices.
D'ailleurs, exigeant peu : pour tant de sacrifices,
Que veut-il ? Un peu d'or : assez indifférent
Sur ce qu'on nomme honneurs, emplois, dignités, rang,

Il s'immole pour nous et se rend ridicule ;
Laissons-le donc grossir son modique pécule,
En échange des rangs dont nous sommes jaloux,
Et même du mépris qu'il recueille pour nous.

FILTEAU.

Je lui voudrais du moins un peu de conséquence ;
Il ne sait ce qu'il veut, ce qu'il dit, ce qu'il pense,
Écrit blanc, écrit noir ; défenseur maladroit,
Sert indistinctement le bon, le mauvais droit ;
Dans le vrai, dans le faux, met la même assurance :
Impertinent du moins avec persévérance.

DUBRISSAGE.

Après ? L'on prend toujours l'esprit de son métier :
Eh bien ! Un journaliste a l'esprit journalier :
Quant tout change, que rien n'est arrêté, n'est stable,
Voulez-vous donc qu'il soit immobile, immuable ?
Que, dans ce grand conflit de tant d'opinions,
Il n'en ait qu'une seule, et soit sans passions ?
De peur de se tromper, il les épouse toutes ;
Vous n'avez qu'un chemin, il a toutes les routes ;
Il prend l'une, il prend l'autre, et ne se trompe pas ;
Car toujours l'intérêt a dirigé ses pas.

FILTEAU.

Qu'avec moi, sans détour, votre bouche s'explique :
Que pensez-vous du plan de notre république ?
Notre France coupée en vingt ou trente parts,
Trente petits états, sans bornes, sans remparts,
Ayant chacun ses lois, ses mœurs, son chef unique,
Tout cela me paraît un rêve politique
Qui pourrait être court.

DUBRISSAGE.

Il faut donc se hâter,

Tandis qu'il durera, mon cher, d'en profiter.
Je pense comme vous, et je doute qu'il dure.
Une réflexion cependant me rassure :
En tenant ces états, fut-ce précairement,
Du moins, cher vice-roi, pour dédommagement,
Il nous en restera quelques débris utiles,
Quelques riches hameaux, quelques petites villes ;
Enfin, chez l'étranger, quelque bon placement,
Par nous, en temps prospère, assuré sagement.
Envisageons le port, même avant la tourmente ;
Et n'attendons jamais que le sort se démente ;
Roseaux souples, tournons au premier coup de vent ;
Ce sort veut nous trahir ? Nous prenons le devant.
Trompons cette fortune ingrate qu'on maîtrise,
Et qui nous obéit, alors qu'on la méprise ;
Ne pouvant l'arrêter, aidons le mouvement ;
Et, de loin, ménageons un raccommodement.
Que j'en sais qui, suivant les routes fructueuses,
N'ont jamais fait, mon cher, que des chutes heureuses !...
Vous riez !...

5. Acte III, scène 6

À la fin de la scène 5 de l'acte III (vers 819), L1822 ajoute la scène suivante :

Scène VI.

Forlis, Versac, L'OFFICIER.

FORLIS, *à l'officier.*

Partons.

L'OFFICIER, *qui a laissé s'éloigner les précédents, moins Versac, dit à Forlis.*

Je vois, monsieur, à ce ferme maintien,
Qu'en vous-même, en effet, vous avez un soutien.
De la loi qui commande exécuteur fidèle,

Je ne peux voir, agir, ordonner que par elle ;
Mais dois-je, de son texte interprète exigeant,
Quand j'accomplis son vœu, moins qu'elle être indulgent ?
Je vais vous obtenir, je m'en flatte, et sur l'heure,
Pour gardien votre ami, pour prison sa demeure :
Vous n'êtes point encore prisonnier sur sa foi ;
Soyez-le sur la vôtre.

FORLIS.

On peut compter sur moi.
À quelque avis, monsieur, que le comité passe,
Forlis souscrit à tout, mais ne veut point de grâce.

VERSAC.

Quel noble procédé !... Je ne l'attendais pas.

L'OFFICIER

Vous aviez tort, monsieur. Nos citoyens-soldats
Ont tous le même cœur, avec le même zèle.
Ces cœurs n'admettent point une vertu cruelle.
Leur courage s'allie avec l'humanité ;
Et, chez nous, le malheur est toujours respecté.
(Forlis et Versac rentrent dans l'appartement, l'officier sort.)

6. Acte IV, scène 1

L1822 remplace les vers 901-922 par les suivants :

DUBRISSAGE.

J'en voulais donc conclure
Qu'avec son beau sang-froid, cette aveugle nature,
Nous laisse aller le monde à peu près comme il veut,
Ou, pour mieux m'exprimer, à peu près comme il peut.
Donnons le mouvement, si nous pouvons, nous-mêmes ;
Prenons le sceptre, osons ceindre les diadèmes ;
Poursuivons, combattons, perdons nos ennemis ;
L'ordre du monde en rien n'en sera compromis.

FILTEAU.

Donc rien n'est bien ?

DUBRISSAGE.

Ni mal.

FILTEAU.

                        Conséquence bien triste !
Qui veut faire le bien reconnaît qu'il existe.
L'honnête homme jamais ne rentre dans son cœur,
Sans croire à la vertu, sans en bénir l'auteur ;
Du monde il ne parcourt la chaîne universelle
Que pour admirer mieux la sagesse éternelle,
Qui traça, pour chacun de ces êtres divers,
La loi qui le rattache aux lois de l'univers ;
Et, des perfections de cet accord suprême,
En conclut qu'il se doit d'être parfait lui-même :
Mais le mortel pervers, se cherchant dans autrui,
Veut partout retrouver le mal qu'on blâme en lui ;
Ou plutôt ses discours, dont il sent l'imposture,
Pour tromper ses remords, blasphèment la nature.

DUBRISSAGE.

Crois-tu me réfuter ?

FILTEAU.

                    Vous réfuter ! Pourquoi ?
Il faudrait supposer que vous ajoutez foi
À vos principes vains ; et que sert d'y répondre,
Quand un mot, un seul mot, suffit pour vous confondre ?...
Jetez les yeux partout : l'ordre de l'univers
Ne les détruit-il pas ces arguments pervers,
Qui rendent au hasard, anarchique puissance,
L'œuvre que Dieu tira de son intelligence ?
Vous réfuter ! Moi-même, en ai-je le pouvoir ?

Les secrets de là-haut surpassent mon savoir :
Pénétrez-les tout seul : pour moi, la providence
Ne m'a pas, comme vous, mis dans sa confidence...
Je sais bien qu'au besoin je pourrais tout nier,
Douter de Dieu lui-même, ou le calomnier.
Nier tranche le nœud ; *calomnier* dispense
Envers le bienfaiteur de la reconnaissance :
Mais mon peu de savoir, mon faible jugement,
Selon moi, contre Dieu n'est pas un argument ;
Car, enfin, entre nous, quoiqu'incompréhensible,
Son être, son pouvoir n'en est pas moins sensible ;
Malgré mon ignorance, et votre grand savoir,
Il n'en fera pas moins éclater ce pouvoir,
Éclairer ses bienfaits sur tous... et sur vous-mêmes
Qui les reconnaîtrez par un nouveau blasphème.

7. Acte IV, scène 3

L1822 rajoute, après le vers 970, le passage suivant :

Dans leurs pièges vraiment ils n'ont qu'à vous attendre !
Oh ! Vous n'êtes pas homme à vous y laisser prendre.
Si vous avez mûri quelque utile projet,
Bien fin qui vous pourrait tirer votre secret.
Laissez-moi, mon ami, me réjouir d'avance :
Ainsi donc un seul homme, un Forlis à la France
Va rendre son éclat, au roi tout son pouvoir,
Aux nobles tous leurs droits ! Nous allons donc ravoir
Nos titres, et nos rangs, et nos prérogatives !...

FORLIS.

Ce que c'est que d'avoir les conceptions vives !

VERSAC.

Mais, j'ai droit d'accuser votre froide amitié :
Versac dans vos périls n'est pas mis de moitié !
C'est une perfidie !...

FORLIS, *riant*.
Entière, décidée.

VERSAC.

Sans doute : j'avais là plus d'une bonne idée,
Plus d'un aperçu juste, utile, lumineux,
Dont, malgré vos grands airs, monsieur le dédaigneux,
Vous pouviez profiter, d'après leur importance...
Mais voyons : contez-moi vos plans, votre espérance :
Nous rétablissez-vous, dans son intégrité,
Le pouvoir souverain ? Le vouloir limité,
C'est ne le vouloir pas, et qui dit roi, dit maître.
Celui qui veut la loi n'a point à s'y soumettre.
Après le roi, c'est nous : nous sommes ses bras droits.
Or, à côté du trône il faut placer nos droits,
Stables, illimités, non moins que ceux du trône,
Indépendants pourtant des droits de la couronne.

FORLIS.

En sorte que du roi le pouvoir absolu
Ne s'exerce qu'autant que nous l'aurons voulu ;
N'est-ce pas ?

VERSAC.
C'est cela.

FORLIS.
Que le peuple obéisse,
Qu'il paie et soit content, qu'à tout il applaudisse,
Qu'il amasse pour nous, lorsque nous dépensons,
Qu'il se prive de tout lorsque nous jouissons,
C'est son lot, n'est-ce pas ?

VERSAC.
Monsieur, vous pensez rire ?

Et pourtant le passé doit assez vous redire,
Qu'un peuple n'a jamais été plus fortuné
Que lorsque son bonheur n'était pas raisonné.
On a trop éclairé la classe roturière...
Éclairé, je m'entends, d'une fausse lumière
Qui, trompant son esprit, ne fait que l'égarer.
Le plus simple bon sens savait mieux l'éclairer.

FORLIS.

Je le suppose, il faut s'arrêter où nous sommes ;
Car il ne s'agit pas, pour bien juger les hommes,
De voir s'ils seraient mieux, étant tout autrement :
Nous avons à juger les hommes du moment.
Voulant nous reporter aux siècles de nos pères,
Ne heurtez pas de front nos torts ou nos lumières.
La force ne vaut rien ; elle dérange tout.
La persuasion est plus de notre goût.
S'il faut le dire encore : le temps est un grand maître,
Et le plus obstiné finit par s'y soumettre.
Attendez tout du temps : pour tout en obtenir,
Laissez, sans rien brusquer, s'avancer l'avenir ;
Il semble qu'il recule alors qu'on le devance :
Le sage marche au but, où le fou seul s'élance.
J'entre dans votre sens...

8. Acte IV, scène 5

L1822 remplace les vers 1026-1073 par les suivants :

Le sort à cet affront ne pourra me réduire,
D'aller par l'intérêt, par la peur converti,
Me donner à moi-même un honteux démenti ;
De tomber, comme vous, dans ce fâcheux extrême
Qui fait qu'un sentiment n'est plus rien qu'un système.
Voyez votre logique : un ramas de brigands
Est armé contre moi par quelques intrigants :
Que prouvent leurs fureurs, au moment où nous sommes ?
Parlons franchement : rien, sinon qu'il est des hommes

Qui, du retour de l'ordre en secret consternés,
De qui le rétablit sont les ennemis nés.
Je combats leur licence ; il faut bien que j'expie
L'attaque que je livre à cette race impie :
Ils font guerre pour guerre ; en ce conflit fâcheux,
Mon malheur est d'avoir bien plus à perdre qu'eux :
Mais puisque cet échec que reçoit ma fortune
Ne porte aucun dommage à la cause commune,
Je n'irai pas confondre et le bien et l'excès ;
Et, lorsque l'excès blesse, au bien faire un procès ;
Car c'est une injustice à nulle autre seconde,
Lorsqu'un seul a failli, d'accuser tout le monde ;
Et...

VERSAC.

L'outrage public que l'on fait à vos droits...

FORLIS.

Est le crime d'un homme, et non celui des lois.

VERSAC.

Vous avez un sang-froid qui me met au supplice.

FORLIS.

De vos emportements dois-je être le complice ?

VERSAC.

Je suis un factieux, de son prince ennemi !...

FORLIS.

Non : la France n'a pas de plus sincère ami,
Le prince de sujet plus zélé, plus fidèle ;
Mais vous n'ignorez pas qu'on nuit par trop de zèle.
Le vôtre, le dirai-je ? est sans règle et sans frein.
Nous vous voyons pousser les droits du souverain
Plus qu'il ne veut lui-même, au-delà des limites

Qu'il s'est, dans sa sagesse, à lui-même prescrites ;
Comme si, de ses droits seul arbitre aujourd'hui,
Vous en connaissiez mieux les limites que lui ;
Mieux instruit que celui qui porte la couronne,
De ce qu'il faut de force et de splendeur au trône !
Laissez votre chimère, et gardez, croyez-moi,
D'être plus royaliste, en France, que le roi.

VERSAC.

Fort bien ! Je vous comprends : ce nom de royaliste
Est un terme poli qui veut dire anarchiste ?...

FORLIS, *gaiement*.

Anarchiste, du moins, à bonne intention.

VERSAC.

Je suis, à vous entendre, un homme à passion,
Partisan des excès... qu'on reproche à nos pères ;
Je n'aime pas, du moins, les excès populaires.
Vous, vous les excusez : on brûle votre bien,
On vous vole, on vous pille, et vous le trouvez bien !
Passons : soyez, monsieur, ce que vous voulez être :
Vous êtes innocent ; l'on vous transforme en traître ;
Au mieux ! Ardent ami des principes nouveaux,
Excellent citoyen, vos frères, vos égaux,
Tous les bons citoyens vous préparent des chaînes,
Bientôt, vont ravager vos fermes, vos domaines ;
Riche, vous serez pauvre : Après ? Est-ce un grand mal ?
Bon ! La fortune ? Abus ! L'or ? Fi donc ! Vil métal !
L'ordre naît du désordre ; aussi, je suis tranquille.
Encore deux ou trois ans de ce désordre utile,
Et la faux du bon peuple aura passé partout ;
Et vous serez servi, j'espère, à votre goût.

FORLIS.

Vous n'avez pas en vous ce qu'il faut pour m'entendre ;
Ou vous faites exprès de ne me pas comprendre ;
Car, vous n'en doutez pas : comme vous, mon ami,
J'aime, je veux des lois ; j'ai, plus que vous, gémi
D'en voir tous les ressorts naguère se détendre ;
Mais, du mépris des lois, aux lois doit-on se prendre ?
Tout le mal vient de ceux qui s'en font les soutiens ;
Accusez les agents, et non pas les moyens.
N'accusez pas non plus le peuple ; la justice
De vos préventions veut l'entier sacrifice :
Car le peuple n'est pas dans tous ces désœuvrés,
À la mollesse, au vice, à l'intrigue livrés ;
N'est pas dans cette oisive et stupide cohue
À qui manque, au moral, et l'ouïe et la vue ;
Qui, n'ayant rien en propre et qui, brûlant d'avoir,
Vole à tous les dangers, sur la foi d'un espoir.
Le vrai peuple est tout autre : il tient de ses ancêtres,
Son respect pour les lois, son amour pour ses maîtres :
C'est un double héritage, où sa soumission
Trouve tout-à-la-fois repos, protection…

9. Acte IV, scène 5

ms ajoute le passage suivant après le vers 1072 :

D'accord, soyez monsieur, ce que vous voulez être.
Vous êtes innocent, on vous transforme en traître :
Qu'importe ? Adorateur des systèmes nouveaux,
Bon citoyen enfin, vos amis, vos égaux
Tous les bons citoyens vont vous charger de chaînes ;
Pillent votre château, ravagent vos domaines ;
Riche, vous serez pauvre : Eh bien, est-ce un grand mal ?
Bon ! La fortune ? Abus. L'or ? Fi donc ! Vil métal !
L'ordre nait du désordre ; aussi, je suis tranquille.
Encore deux ou trois ans de ce désordre utile,
Quand la faux populaire aura tout moissonné ;
Chacun rira bien fort de se voir ruiné !

L1795 adopte ce même passage au même endroit, mais avec les variantes suivantes :

Allons ; soyez, monsieur, ce que vous voulez être.
Vous êtes innocent, on vous transforme en traître ;
D'accord : adorateur des systèmes nouveaux,
Bon Citoyen, enfin, vos frères, vos égaux,
Tous les bons citoyens vont vous charger de chaînes,
Pillent votre château, ravagent vos domaines :
Riche, vous serez pauvre : après ? Est-ce un grand mal ?
Bon ! La fortune ? Abus ! De l'or ? Fi donc ! Vil métal !
L'ordre naît du désordre : aussi, je suis tranquille.
Encore deux ou trois ans de ce désordre utile ;
Quand la faux des brigands aura tout moissonné,
Comme chacun rira de se voir ruiné !

10. Acte V, scène 2

À la fin de la scène 1 de l'acte V (vers 1261), L1822 ajoute la scène suivante :

Scène II.

Dubrissage, Laroche.

LAROCHE.

Ah ! Je te trouve donc !

DUBRISSAGE.

C'est toi ! Que fait Forlis ?

LAROCHE.

              Je crois son compte bon ;
Ou que, pour l'en tirer, il faudra de l'adresse.
Selon les uns, la foule et l'entoure et le presse :
D'autres trompés peut-être, ou cherchant à tromper,
Assurent que Forlis aura pu s'échapper.

Toutefois, mon ami, l'insurrection roule :
Viens, il faut nous hâter ; il faut presser la foule ;
Lui souffler notre esprit, et l'égarer si bien,
Qu'elle n'ait plus que nous pour salut, pour soutien :
Suis-moi.

DUBRISSAGE.

Comment ? Je suis enchaîné ; l'on m'observe.
Oh ! Je suis obligé d'agir avec réserve...
Si tu savais...

LAROCHE.

D'accord ; mais ta présence aussi
Est plus utile ailleurs, qu'elle ne l'est ici.

DUBRISSAGE.

Que se passe-t-il donc ?

LAROCHE.

Tout est au mieux, sans doute,
D'après ce que j'ai vu. Notre armée est en route :
Tanserre la commande ; il s'avance aux flambeaux.
Nuit plus belle pour nous que les jours les plus beaux !
Les faux, les fers, les feux, le cliquetis des armes,
Les tambours, les tocsins qui sonnent les alarmes,
Les insurgés courant au milieu des *bravos*,
Les marches, les rappels, les cris de leurs rivaux...
C'est un vrai train d'enfer ! L'homme qui vit d'usure
S'enferme, sans compter, sous sa triple serrure ;
Le riche, sans songer lui-même à se sauver,
Cache, cache son or... qu'on saura bien trouver.
(*Croyant entendre du bruit.*)
Quel moment !... Écoutons...

ANNEXES

DUBRISSAGE.
Tout est dans le silence…
Va-t-en.

LAROCHE.
Je te l'ai dit : il nous faut ta présence,
Pour ranimer le peuple… On l'a bien travaillé,
Mais…

DUBRISSAGE.
Chut !... (*Il écoute.*) On se querelle !... Ici, j'ai tout brouillé.

LAROCHE.
Je ne réponds de rien, si tu ne nous secondes,
Tout ce peuple incertain, moins stable que les ondes,
S'en va nous échapper !

DUBRISSAGE.
Paix ! Voici nos époux !
Fuis… J'irai te rejoindre.
(*Laroche s'échappe par le côté opposé.*)

11. Acte V, scène 2

L1822 remplace les vers 1275-1278 par les suivants :

MADAME VERSAC.
Vous n'avez rien appris ?

VERSAC.
Quoi ! Rien entendu dire ?

DUBRISSAGE.
Sur monsieur de Forlis aucun bruit ne transpire ?

LE DOMESTIQUE.

Rien ; sinon qu'attaqué par des hommes méchants,
Il a pour lui, dit-on, tous les honnêtes gens :
Mais les honnêtes gens sont de faible défense.

VERSAC, *à Dubrissage, avec l'intérêt le plus vif*

Si vous avez un cœur au-dessus de l'offense,
Monsieur ; si mon ami, contre vous prévenu,
Comme vous l'avez dit, vous avait mal connu ;
Eh bien ! tirez de lui cette vengeance heureuse,
La seule qui convienne à l'âme généreuse :
Arrachez-le des mains qui poursuivent ses jours ;
Malgré lui-même, enfin, prêtez-lui vos secours ;
Et, si vous nous servez, ah ! mesurez d'avance
Sur un si grand bienfait notre reconnaissance.

DUBRISSAGE.

Que puis-je en sa faveur ? Je me suis vu ravir
Et par vous, et par lui, l'espoir de le servir.

VERSAC.

Punissez-nous tous deux, je le répète encore,
Mais par un châtiment, monsieur, qui vous honore.

DUBRISSAGE.

Mais l'honneur veut, monsieur, que je reste ; et pourtant
Je ne puis du péril le sauver... en restant.

VERSAC.

L'honneur veut qu'on le sauve.

DUBRISSAGE.

                         Eh bien ! Je vous immole
Mes scrupules, monsieur ; ordonnez, et je vole,
Heureux de ressaisir l'espoir qu'on m'a ravi,

Et qui serait comblé, si Forlis m'eût suivi...
  (*Il va pour sortir et s'arrête au cri de Filteau.*)

12. Acte V, scène dernière

L1822 remplace les vers 1447-1453 par les suivants :

VERSAC.

Ce diable d'homme, en soi je ne sais quoi renferme,
Qui, si je m'oubliais, si je n'étais pas ferme,
Pourrait me ramener à ses opinions.

FORLIS.

Sans doute, les jugeant un jour sans passions...

VERSAC.

Si je vous écoutais, votre voix dangereuse...

FORLIS.

Vous avez l'esprit juste et l'âme généreuse,
Vous reviendrez...

VERSAC.

   C'est vous qui reviendrez, Forlis
À ce qui fit la force et l'éclat de nos lys,
À ces vieux errements du pouvoir monarchique,
Dont nous ne voulons plus suivre la trace antique,
Armés contre nous-mêmes, ennuyés, mécontents
D'un bonheur que la France a goûté si longtemps.

FORLIS.

Grâce au régime heureux, dont nous voyons l'aurore,
Ce bonheur peut durer aussi longtemps encore.
La raison, sur ce point, prompte à vous rassurer,
Vous dira qu'un état peut encore prospérer
Sous un vertueux roi que la justice inspire :

Croyez que tout n'est pas perdu dans un empire,
Parce qu'on y jouit, avec sécurité,
Des bienfaits d'une aimable et douce autorité
Qui, des droits, des pouvoirs, observe l'équilibre,
Et, sous le joug des lois, rend le citoyen libre.
J'en conviens, ce problème a ses difficultés :
Mais tel prince, à son tour, aura ses qualités
Qui seront, du succès le gage, l'assurance ;
Et nous avons, je crois, un bon fond d'espérance.

Annexe B : Recettes de la pièce

2 janvier	*Ami des lois* [1]	2233 liv., 13 s.
3 janvier	*Le Cid* / *La Matinée d'une jolie femme*	2623 liv., 7 s.
4 janvier	*Ami des lois* [2]	5305 liv., 14 s.
5 janvier	*Rodogune* / *La Matinée d'une jolie femme*	814 liv., 18 s.
6 janvier	*L'Apothéose de Beaurepaire*	1475 liv., 8 s.
7 janvier	*Ami des lois* [3]	6696 liv., 15 s.
9 janvier	*Mithridate* / *Le Préjugé vaincu*	3474 liv.
10 janvier	*Ami des lois* [4]	6624 liv., 11 s.
11 janvier	*La Mort d'Abel* / *Les Bourgeoises de qualité*	777 liv., 14 s.
12 janvier	*Ami des lois* [5]	3969 liv., 8 s.

BCF : R.158 (Recette journalière). Les chiffres sont confirmés par R.144[2] (Comptes d'auteurs), et par le fichier « droits d'auteur » dans le dossier auteur consacré à Laya. R.1413 (Comptes journaliers) confirme que Laya a reçu 2933 liv., 12 s., 4 d. pour la pièce en janvier.

Annexe C : Documents officiels

1. DÉBATS À LA CONVENTION NATIONALE SUR LA MENTION HONORABLE (10 janvier)

Source : *Archives parlementaires*, LVI, p. 722-3. [NB ce texte parut également dans le *Moniteur* du 21 janvier 1793, p. 53.]

Manuel, *secrétaire*, donne lecture d'*une lettre du citoyen Laya*, ainsi conçue :

« Citoyens, législateurs, ce n'est point un hommage que je vous présente, c'est une dette que j'acquitte, l'*Ami des lois*, qui vient d'être représenté au Théâtre de la Nation, ne peut paraître que sous les auspices de ses modèles. »

Manuel. Je demande que l'*Ami des lois* soit envoyé au Comité d'instruction publique, qui peut-être ne croira pas déplacé d'examiner cet ouvrage très moral, et de consacrer ses représentations par la présence de deux commissaires.

(Murmures à l'extrême gauche.)

Plusieurs membres (au centre) demandent la mention honorable.

Duroy. Sans doute, sur le titre, cet ouvrage mérite une mention honorable ; mais ce n'est pas au titre seul qu'on doit juger un livre : c'est dans son ensemble. Je demande que celui-ci soit examiné par le Comité d'instruction, avant d'être consacré par une mention honorable.

Prieur. Je n'ai encore entendu parler de l'*Ami des lois* que par l'opinion et par les papiers publics. J'ai vu dans un extrait ces mots : *Aristocrate, mais honnête homme*. Je demande comment on peut être honnête homme et aristocrate. (*Nouveaux murmures.*)

Plusieurs membres de l'extrême gauche, réclament l'ordre du jour.

Prieur. Si on passe à l'ordre du jour, je renonce à la parole.

(La Convention ne passe pas à l'ordre du jour.)

Le président. Si j'ai bien compris le vote, le refus de passer à l'ordre du jour équivaut à la priorité accordée à la discussion pour la mention honorable. (*Nouveaux murmures à l'extrême gauche.*)

Robert. L'auteur ne la mérite pas, c'est un calomniateur.

Plusieurs membres à gauche : Nous demandons le renvoi au Comité d'instruction publique.

D'autres membres au centre : La mention honorable.

Ducos. Le renvoi est contraire à la liberté de la presse, et ferait du Comité une académie. Quant à la mention honorable, j'observe que lorsque j'étais secrétaire, j'ai vu ordonner cette mention en faveur d'ouvrages détestables : ce n'est point aux principes, c'est à l'hommage qu'on l'accorde.

Rouyer. Je demande la question préalable sur la mention honorable. Je suppose un instant qu'un aristocrate vous fasse hommage d'un ouvrage contre la Révolution, contre la liberté, contre l'égalité, en décrèteriez-vous la mention honorable ? Or, comme j'entends attester que ce livre porte des principes contre-révolutionnaires... (*Murmures au centre*.)

Chales. Oui, je l'atteste. (*Nouveaux murmures*.)

Salle. Cela n'est pas vrai !

Rouyer. Il faut connaître l'ouvrage et savoir si on ne veut pas se jouer de l'Assemblée en lui offrant un ouvrage indigne d'elle. J'appuie le renvoi au comité.

Dubois-Bellegarde. Je demande le renvoi de cette pièce au théâtre Français pour la siffler comme elle le mérite. (*Murmures prolongés*.)

Prieur. Je m'oppose de toutes mes forces à la mention honorable. Je répète que je n'ai jamais vu ni lu l'*Ami des lois*. (*Interruptions et rires ironiques au centre*.)

Plusieurs membres (*à gauche*) : Président, rappelez donc les interrupteurs à l'ordre.

Prieur. Je ne sais pourquoi l'on m'interrompt toujours dans cette Assemblée ; jamais je ne puis y parler ; c'est une jalousie contre mes poumons (*On rit*.)...

Les membres (*du centre*) : La mention honorable.

Le président consulte l'Assemblée.

(*Un grand nombre de membres s'élèvent pour l'affirmative ; ils paraissent former la majorité. - Un violent murmure, partant de l'extrême gauche, interrompt alors la délibération. - Plusieurs membres se plaignent de ce que Prieur n'a pu achever son opinion. - D'autres demandent la parole*.)

Chales. Il est impossible que l'Assemblée décrète la mention honorable d'une pièce ouvertement contre-révolutionnaire... (*Murmures*.) Je dis que c'est un ouvrage détestable... Il est important d'en faire connaître les détails et les motifs... (*Murmures prolongés*.)

Plusieurs membres (*du centre*) : Vous parlez ainsi comme *maratiste* et Montagnard.

Chales. Pas du tout : je parle ainsi parce que cette pièce est calomnieuse pour la majeure partie de la nation française. Quant à l'épithète de Montagnard qu'on me donne, c'est vrai, je suis de la Montagne et je m'en honore. Je ne suis pas sous les drapeaux de Marat ; je suis sous les miens. (*Rires ironiques.*) On peut être patriote sans être *maratiste*. (*Nouveaux rires au centre.*)

David. Cette pièce a été commencée par Ramond et Dumolard.
Un membre (*du centre*) : Vraiment ?
David. Oui, messieurs.
Le même membre : Vous plaisantez.
David. Non, je le sais.
Plusieurs membres (*du centre*) : Bah ! bah !
David. J'en suis certain, vous dis-je.

Salle. Je demande qu'on mette à l'instant en scène les véritables personnages, et qu'ils nous donnent une représentation de la pièce.

Chabot. Ne la jouons pas du moins sans nous en apercevoir.

Prieur. Je répète que la Convention ne peut faire mention honorable d'un ouvrage qu'elle ne connaît pas. Je demande qu'à l'avenir on ne décrète la mention honorable d'aucun ouvrage sans que l'Assemblée en ait eu connaissance. Il serait d'ailleurs parfaitement ridicule que la Convention nationale, sous prétexte de remercier un auteur, fasse mention honorable de toutes les brochures qui lui sont offertes.

Plusieurs membres (*ensemble*) : J'adhère volontiers à la proposition ainsi généralisée.

(La Convention renvoie toutes ces propositions au Comité d'instruction publique).

(La séance est levée à quatre heures du soir).

2. DÉNONCIATION DE LA SECTION DE LA RÉUNION
(10 janvier)

Source : *Le Républicain*, 12 janvier 1793, p. 294 : « Commune de Paris, séance du 10 janvier ».

L'Assemblée générale des représentants de la section de la Réunion, considérant que le devoir des bons citoyens est de s'éclairer mutuellement sur tout ce qui pourrait opérer une division d'opinion toujours inquiétante, et qu'il est on ne peut plus essentiel d'éviter dans la circonstance présente ; instruite qu'une pièce nouvelle, intitulée l'*Ami des lois*, représentée sur un théâtre *qui se dit* celui de la Nation, excite dans ce moment une commotion dangereuse par les différentes impressions et interprétations favorables à l'esprit de parti, lorsque l'intérêt général commande impérieusement à tous les citoyens une réunion parfaite.

Arrête que les citoyens Michel et Simon, ses commissaires *ad hoc*, se retireront à l'instant par-devant le Conseil général de la Commune, pour l'inviter, en respectant la liberté de la presse et les opinions individuelles, à examiner si dans cette circonstance il ne conviendrait pas de suspendre ou empêcher la représentation d'une pièce qui, dans un temps ordinaire, ne méritait peut-être aucune considération, mais qui, adaptée aux circonstances, peut se prêter à favoriser une division dangereuse.

L'Assemblée observe que cette mesure de sa part est fondée sur des précautions nécessaires, lorsqu'il s'agit d'un sujet capable d'alarmer les citoyens, précautions d'ailleurs nécessitées par l'influence sensible des spectateurs, dont l'incivisme est notoire, et dont le concours ne peut avoir pour objet que de saisir l'occasion de troubler la tranquillité publique.

Signé, PETIT, président, BISTON, secrétaire.

Le Conseil général a répondu à la députation de la section de la Réunion qu'il prendrait son arrêté dans la plus grande considération, et s'en occuperait le plus tôt possible.

3. DÉNONCIATION DE LA SECTION DE LA CITÉ (10 janvier)

Source : *Journal de Paris*, 12 janvier 1793, p. 47 : « Commune de Paris du 10 janvier ».

L'Assemblée générale considérant la licence effrénée que se permettent les directeurs de divers spectacles, en donnant des pièces dont l'incivisme ne peut que corrompre l'esprit public, arrête que le Corps municipal sera invité à veiller à ce qu'il ne se passe rien de contraire aux principes du vrai patriotisme et des bonnes mœurs ; arrête en outre qu'il sera aussi dénoncé au Corps municipal un imprimé signé *Joseau*, sous le cachet de la mairie, et apporté par une ordonnance... Ledit imprimé, insinuant des principes très dangereux [...].

4. PÉTITION DES FÉDÉRÉS À LA COMMUNE, SUIVIE DE L'ARRÊTÉ DU CONSEIL GÉNÉRAL SUSPENDANT L'*AMI DES LOIS* (11 janvier)

Source : *Gazette nationale, ou Le Moniteur universel*, 14 janvier 1793, p. 60 : « Commune de Paris, du 11 janvier ».[1]

Des fédérés se sont présentés au Conseil, et ont dit :

Citoyens, les défenseurs de la République, une et indivisible, voulant détruire les manœuvres de l'aristocratie, viennent vous déclarer que les pièces incendiaires représentées dans les différents spectacles, les différents journalistes et autres folliculaires aristocrates, les marchands libraires et d'estampes du Palais de l'égalité, qui empoisonnent toute l'étendue de la République d'un nombre d'écrits contraires aux principes de la Liberté et de l'Égalité, et les agitateurs qui discréditent de plus en plus les assignats dans les départements, et disposent absolument de tout le numéraire, les indignent tellement, qu'ils ne peuvent plus tarder d'user de leurs droits, si la surveillance de la police n'obvie à toutes ces intrigues par l'autorité qui lui est déférée à ce sujet.

Cette adresse a donné lieu à une vive discussion. Un membre s'est plaint de ce que ces fédérés semblaient vouloir faire la police à Paris. Il avait à peine commencé, qu'on a demandé qu'il fût rappelé à l'ordre ; mais une explication donnée par l'opinant, a écarté la motion du rappel à l'ordre. Il a dit qu'il ne voulait pas insulter à nos braves frères les fédérés qui avaient pu se tromper. Il est entré dans divers détails sur la pièce de l'*Ami des lois*, qui faisait le sujet de la dissension.

Le substitut du procureur de la Commune a ensuite pris la parole. Il a envisagé la pièce de l'*Ami des lois*, comme une pomme de discorde jetée parmi nous, et a conclu à ce que le Conseil fît suspendre la représentation de cette pièce.

Enfin, après de longs débats, le Conseil a pris l'arrêté suivant :

Le Conseil général, d'après les réclamations qui lui ont été faites contre la pièce intitulée, l'*Ami des lois*, dans laquelle des

---

[1] Toute citation du *Moniteur* est tirée de la réimpression qui en fut faite au dix-neuvième siècle : *Réimpression de l'ancien Moniteur, depuis la Réunion des Etats-généraux jusqu'au Consulat (mai 1789-novembre 1799)* (Paris : Bureau central, 1840-).

journalistes malveillants ont fait des rapprochements dangereux et tendant à élever des listes de proscription contre des citoyens recommandables par leur patriotisme ;

Informé que les représentations de cette pièce excitent une fermentation alarmante dans les circonstances périlleuses où nous sommes ; qu'une représentation gratuite de ce drame est annoncée ;

Considérant qu'il est de son devoir de prévenir, par tous les moyens qui sont en son pouvoir, les désordres que l'esprit de faction cherche à exciter ;

Considérant que dans tous les temps, la police eut le droit d'arrêter la représentation de semblables ouvrages ; qu'elle usa notamment de ce droit pour l'opéra d'*Adrien*, et autres pièces ;

Le substitut du procureur de la Commune entendu ;

Arrête que la représentation de la pièce intitulée, l'*Ami des lois*, sera suspendue, et que le présent arrêté sera envoyé à l'administration de police, pour lui donner immédiatement son exécution, avec injonction de surveiller tous les théâtres, et de n'y laisser jouer aucunes pièces qui pourraient troubler la tranquillité publique ;

Arrête en outre, sur les dénonciations multipliées faites par les différentes sections, que le présent sera imprimé, affiché et envoyé aux quarante-huit sections.

Signé : FALLOPE, président ; COULOMBEAU, secrétaire-greffier.

5. PÉTITION DES COMÉDIENS À LA COMMUNE (12 janvier)

Source : *Gazette nationale, ou Le Moniteur universel*, 14 janvier 1793, p. 60.

Du 12. Le Conseil général, par un arrêté pris hier soir, et le Corps municipal, par un arrêté pris ce matin, avaient suspendu la représentation de la pièce intitulée : l'*Ami des lois*. Ce matin les comédiens Français sont venus annoncer au Corps municipal, que déjà les citoyens se portaient en foule à leur théâtre, et ont consulté la municipalité sur les mesures à prendre dans cette circonstance. Le citoyen Chambon a dit qu'il allait se rendre au théâtre, et qu'il se chargeait de faire respecter les arrêtés du Conseil.

6. DÉBATS À LA CONVENTION NATIONALE, SUITE À LA LETTRE DE LAYA (12 janvier)

Source : *Archives parlementaires*, LVII, p. 15-6.

Le président. Avant de donner la parole à Brissot, je dois prévenir la Convention que je suis saisi d'une lettre de l'auteur de la pièce intitulée « l'*Ami des lois* », par laquelle il expose que le Corps municipal vient de défendre la représentation de sa pièce, qui était annoncée pour aujourd'hui ; que cette défense occasionne un grand murmure, et il demande à être admis à la barre.

Voici d'ailleurs cette lettre :

« Citoyen président, nous écrivons à la hâte, à la porte de cette Assemblée. Le citoyen maire venant de porter à la Comédie-Française un arrêté du Corps municipal qui défend la représentation de l'*Ami des lois*, et le peuple s'étant porté en foule autour de sa voiture, pour demander que la pièce fût jouée, l'auteur demande à paraître à la barre, pour vous rendre compte de ce qui s'est passé, et prévenir les désordres qui pourraient en résulter. »

« *Signé* : LAYA. »

Duhem *et plusieurs membres* (*à gauche.*) L'ordre du jour ! l'ordre du jour !

D'autres membres (*au centre.*) Pas du tout ; nous demandons l'admission du citoyen Laya.

Lehardy. J'atteste que devant moi des officiers municipaux ont arrêté entre eux de faire tomber cette pièce. C'est une cabale abominable.

Prieur, Delbret *et plusieurs membres à gauche*. Ce n'est pas vrai ! Président, nous insistons pour l'ordre du jour ! (*Violentes interruptions et murmures.*)

Le président. Je vais consulter l'Assemblée sur l'admission ; vous déciderez.

(La Convention décrète que Laya sera entendu.)

Le Citoyen Laya paraît à la barre.

Un grand nombre de membres à gauche. Le scrutin est vicié ; on n'a pas compris la question ; est-ce du maire de Paris ou de l'auteur de l'*Ami des lois* qu'il s'agit ? (*Nouvelles interruptions et murmures.*)

Le citoyen Laya se retire.

Les mêmes membres à gauche. Nous demandons une seconde lecture de la lettre.

Duhem. Est-ce le maire Chambon qui sollicite l'admission de Laya à la barre ?

Le président. On va vous faire une seconde lecture de la lettre.

Dufriche-Valoxé, *secrétaire*, fait cette lecture :

« Citoyen président, nous écrivons à la hâte, à la porte de cette Assemblée. Le citoyen maire venant de porter à la Comédie-Française un arrêté du Corps municipal qui défend la représentation de l'*Ami des lois*, et le peuple s'étant porté en foule autour de sa voiture, pour demander que la pièce fût jouée, l'auteur demande à paraître à la barre, pour vous rendre compte de ce qui s'est passé, et prévenir les désordres qui pourraient en résulter. »

« *Signé* : LAYA. »

Tallien, Basire *et plusieurs autres membres*. Mais cette affaire ne regarde pas la Convention.

Un grand nombre de membres : L'ordre du jour ! l'ordre du jour !

(La Convention passe à l'ordre du jour.)

Plusieurs membres : Nous demandons que le maire de Paris soit tenu de rendre compte de ce qui s'est passé !

D'autres membres : Non, non, l'ordre du jour sur le tout !

(La Convention passe à l'ordre du jour sur le tout.)

7. DISCOURS QUI DEVAIT ÊTRE PRONONCÉ PAR LAYA À LA CONVENTION (12 janvier)

Source : *Discours qui devait être prononcé par le citoyen Laya, auteur de* l'Ami des lois, *à la barre de la Convention* (Paris : De l'Imprimerie de N. H. Nyon, rue Mignon-Saint-André-des-Arcs, 1793) [NB ce texte parut également dans la *Chronique de Paris* du 16 janvier 1793, p. 61-62.]

CITOYENS LÉGISLATEURS,

Un grand abus d'autorité vient d'être commis contre un Citoyen, dont le crime est de proclamer les lois, l'ordre et les mœurs. On a anticipé sur la décision de votre Comité d'instruction, auquel vous avez renvoyé l'examen d'un ouvrage intitulé : l'*Ami des lois*. Je me suis rallié, dans cet ouvrage, aux principes éternels de la raison ; c'était m'identifier avec vous, et l'on vous a calomniés dans le disciple qui ne faisait que répéter vos leçons. Les *faux-monnayeurs* en patriotisme ont affecté de faire croire que j'avais imprimé, à la place de leur effigie, celle des plus honnêtes patriotes. C'est ainsi que, du temps de Molière, les *Tartuffes* prétendirent que le poète avait voulu jouer le véritable homme pieux. Un de vos décrets, citoyens, punit de mort quiconque tendra au démembrement de la République déclarée, par vos décrets, *une et indivisible*. Qu'ai-je donc fait ? J'ai marqué du fer chaud de l'infamie le front des *anarchistes démembreurs*, tandis que ma main, d'un autre côté, attachait l'auréole civique sur celui d'un véritable patriote tenant *à l'unité* du gouvernement. Ce patriote, me crie-t-on, est un noble ? J'ai répondu à ce reproche dans ma préface. C'est par les sacrifices que je prouve l'attachement ; et à cet égard, celui de mon patriote n'est point douteux. Serais-je coupable, d'ailleurs, si j'avais pris mon modèle parmi quelques-uns d'entre vous que je vois, et qui rachetaient autrefois leur rang par leurs talents et leurs vertus.

La Commune, en suspendant les représentations de mon ouvrage, argumente d'une prétendue *fermentation alarmante dans ces circonstances*. Elle n'a point encore existé au spectacle cette fermentation. Les auditeurs étaient tous animés du même esprit. Plus de six cents honnêtes patriotes qui s'y étaient présentés, la tête pleine de préventions contre l'ouvrage, se sont retirés convertis. Le trouble qui se manifeste aujourd'hui au-dehors, n'est dû qu'à l'arrêté de la Commune, placardé à l'heure même où le public était déjà rassemblé pour prendre les billets.

La Commune étaye ses vexations sur un empêchement porté contre l'*opéra d'Adrien*. Elle oublie sans doute que ce n'a été qu'à titre de propriétaire de cet établissement, que le Conseil général avait arrêté cet opéra ; et que ce qui fut alors un acte de patriotisme, n'est ici qu'un acte de tyrannie : que d'ailleurs, son refus de jouer *Adrien*, avait précédé la représentation : qu'ici, c'est après quatre épreuves paisibles, qu'elle ose suspendre l'*Ami des lois*. Comment justifiera-t-elle cette Commune (et je dénonce ce fait), l'ordre qu'elle vient d'intimer aux Comédiens, à l'instant où je partais pour me présenter devant vous ? Cet ordre porte que les Comédiens seront tenus de lui soumettre tous les huit jours, le répertoire de la semaine, pour censurer, arrêter ou laisser passer les pièces de théâtre au gré de leur caprice. Ainsi, l'ancienne police vient de ressusciter sous l'écharpe municipale. Comment se justifiera-t-elle cette Commune, de regarder et faire courir les Comédiens comme ses valets ; de les avoir mandés, il y a quatre jours, pour les tancer de ce qu'ils venaient de représenter *le Cid*, tandis qu'elle tolère, sur les autres théâtres, et *le Cid*, et *l'Orphelin de la Chine*, etc. ? A-t-elle donc oublié encore que les despotes de Versailles voyaient chaque jour représenter, et *Brutus*, et *la Mort de César*, et *Guillaume Tell*, etc. ? Ah ! Sans doute il est temps de s'élever contre ces modernes *Gentilshommes de la Chambre*. Où en sommes-nous donc, Citoyens, si celui qui prêche l'obéissance à la loi, est condamnable ! S'il est ainsi, couvrez-vous de cendres, ô vous à qui il reste encore quelque portion d'âme et d'humanité, et courez vous ensevelir dans les déserts !

Non, je n'ai point fait, comme on l'ose dire, de mon art, qui doit être l'école du civisme et des mœurs, la satire des individus. Des traits épars dans la Révolution, j'ai composé les formes de mes personnages. Je n'ai point vu *tel* ou *tel*, j'ai vu les *hommes*. Étranger à l'intrigue, étranger aux factions, je vis avec mon cœur seulement et mes amis. Je ne connais point, je n'ai jamais vu ce citoyen que des échos d'imposture ont déjà proclamé le rémunérateur de mon civisme. Que celui qui a acheté ma plume se présente. Qu'il parle. Qu'il l'ose. Elle ne sera jamais vendue cette plume qu'au saint amour des lois et de la liberté. Je ne connais que ma conscience ; je suis fort d'elle ; je suis glorieux des injures de mes adversaires. Ils m'attaquent en gens qui ont intérêt à ce que le peuple soit méchant, parce que j'ai prouvé dans mon ouvrage, qu'il est bon, essentiellement bon, parce que je l'ai vengé des calomnies qui lui attribuent les crimes des brigands. Citoyens, je ne vois que vous, que la loi que vous dictez au nom du peuple ; et je me sens plus libre et plus grand, en lui soumettant ma volonté, que ces misérables esclaves qui prêchent la désobéissance à vos décrets.

8. DÉBATS À LA CONVENTION NATIONALE, SUITE À LA LETTRE DE CHAMBON (12 janvier)

Source : *Archives parlementaires*, LVII, p. 22-3.

Le président. Je prie Brissot d'interrompre quelques instants la lecture de son rapport : car je suis saisi d'une lettre du maire de Paris dont l'objet me paraît pressant :

« Citoyen président, je suis retenu au Théâtre-Français par le peuple, qui veut que la pièce de l'*Ami des lois* soit jouée. Un arrêté du Corps municipal, en conformité de celui du Conseil général, irrite les esprits. Une députation de citoyens se porte en ce moment-ci à l'Assemblée nationale. Je vous prie de prendre en considération cette députation, dont le peuple attend les effets avec impatience. Je suis bien convaincu que l'espérance d'obtenir une décision favorable, est la seule cause qui l'engage à rester réuni autour du Théâtre-Français.

Le maire de Paris.
« *Signé* : Nicolas CHAMBON. »

Garran de Coulon. Ce n'est pas à la Convention, mais au département que le maire devrait s'adresser : pour cette considération je demande l'ordre du jour.

Un grand nombre de membres : Oui, oui, l'ordre du jour !

Kersaint. Je demande aussi l'ordre du jour, mais en le motivant sur ce que l'Assemblée nationale ne connaît pas de lois qui permettent aux municipalités d'exercer la censure sur les pièces de théâtre. Au reste, l'Assemblée ne doit pas avoir d'inquiétude, puisque le peuple se montre l'ami des lois.

(La Convention passe à l'ordre du jour ainsi motivé.)

Prieur, Julien (*Jean*), **Delbrel** *et plusieurs autres membres de gauche* réclament contre ce décret.

(La Convention maintient son décret.)

Prieur, Garran de Coulon et **Louis Legendre** réclament encore. Après des pourparlers, ils reviennent à la charge. (*Violents murmures à droite et au centre.*)

Le président. Citoyens, du silence, je vous prie ; n'oubliez pas qu'une députation de citoyens s'avance.

Gorsas. Pour éviter tout malentendu, je propose à la Convention la rédaction suivante :

« La Convention nationale passe à l'ordre du jour, motivé ce qu'il n'y a point de loi qui autorise les Corps municipaux à censurer les pièces de théâtre. »

(La Convention adopte cette rédaction.)

9. DÉCRET DE LA CONVENTION NATIONALE (12 janvier)

Source : *Décrets de la Convention nationale, des 12 & 16 janvier 1793, l'an second de la République française, relatifs aux représentations des pièces de théâtre* (Paris : de L'imprimerie nationale exécutive du Louvre, 1793)

La Convention nationale, sur la lecture donnée d'une lettre du maire de Paris, qui annonce qu'il y a un rassemblement autour de la salle du Théâtre de la Nation, qui demande que la Convention nationale prenne en considération une députation dont le peuple attend l'effet avec impatience, et dont l'objet est d'obtenir une décision favorable, afin que la pièce de l'Ami des lois soit représentée nonobstant l'arrêté du Corps municipal de Paris, qui en défend la représentation, passe à l'ordre du jour, motivé sur ce qu'il n'y a point de loi qui autorise les Corps municipaux à censurer les pièces de théâtre. […]

10. IMPROBATION DE CHAMBON AU CONSEIL GÉNÉRAL (12 janvier)

Sources : Les archives de la Commune ayant été détruites, nous avons reconstitué les délibérations du Conseil général à partir de plusieurs périodiques. Le *Journal de Paris* contient la transcription la plus complète (p. 54-55). Ce texte est augmenté de détails tirés du *Républicain* (p. 303), placés entre crochets, et du *Moniteur* (p. 60), placés entre accolades.

{À cinq heures et demie du soir, le Conseil général s'est réuni. Un membre du département de police est venu lui annoncer que le maire était au théâtre Français, depuis deux heures, qu'il y invitait les citoyens à la tranquillité, qu'il y avait eu un peu de trouble, que cependant le calme commençait à renaître, et que, sous peu de temps, le Conseil aurait d'autres nouvelles.}

« On envoie au Théâtre de la Nation une ordonnance pour être instruit de ce qui s'y passe.

Chaumette. Un citoyen annonce que tout le monde sort de la salle, et que la Garde chante *La Carmagnole*... Mais j'apprends actuellement qu'il est intervenu un décret qui porte que la Convention nationale a passé à l'ordre du jour, motivé sur ce qu'il n'y a pas de loi qui autorise les Corps municipaux à censurer les pièces de théâtre. On joue tranquillement l'*Ami des lois*.

Berthelot du département demande et obtient communication de l'arrêté concernant la pièce de l'*Ami des lois*.

Plusieurs membres demandent que le maire revienne à son poste, et qu'il n'ait pas le plaisir d'assister à cette représentation.

[Un membre a demandé que le maire fût rappelé à son poste. Il faut, dit-il, arracher *l'écharpe* à celui qui, au mépris de vos arrêtés, fait jouer la pièce.]

{Le Conseil a arrêté qu'il serait écrit sur le champ au maire, pour savoir de lui si cette pièce se joue, et qu'il serait invité à répondre aussitôt la lettre reçue.}

Réal. Prenez-y garde ; s'il survenait du trouble en son absence, on vous en accuserait.

D'autres demandent que le maire soit censuré.

Chaumette. « D'après les principes les plus sacrés, quiconque est accusé, doit être entendu dans sa justification avant d'être condamné ; je requiers que le maire soit appelé ici pour être entendu avant que le Conseil prononce sur son compte ». *Adopté.*

On écrit au maire la lettre suivante :

« Un arrêté du Conseil de la Commune a suspendu la représentation du drame intitulé l'*Ami des lois*. Un arrêté du Corps municipal t'a autorisé à te porter ce soir au spectacle pour faire exécuter cet arrêté et faire respecter les personnes des artistes et leurs propriétés ; on rapporte au Conseil que la pièce se joue en ta présence ; instruit le Conseil des raisons qui ont déterminé cette représentation, et qui te déterminent à y assister. »

Un membre. Le maire et Santerre ont été hués ; on n'aime pas à voir les officiers municipaux ; on a cependant exigé que nous assistions à la représentation, et on a fait monter le maire dans une loge.

On donne lecture d'une lettre du maire au Conseil général, dans laquelle il rend compte de ce qui s'est passé au Théâtre de la Nation ; il y annonce qu'il ne lui a pas été dit un mot injurieux, et que la tranquillité règne.

[De grands murmures s'élèvent. On accuse le maire d'avoir provoqué le décret ; on demande qu'il soit censuré. (Applaudissements)]

{Après la lecture de cette lettre, on a demandé que Chambon fût improuvé pour n'avoir pas soutenu l'exécution des arrêtés du Conseil général et du Corps municipal. D'autres motivaient l'improbation sur ce que, par sa lettre à la Convention, il avait provoqué la représentation de l'*Ami des lois*.

Divers orateurs ont été entendus pour et contre. Le procureur de la Commune a demandé que le Conseil ne prît aucune mesure avant d'avoir entendu le maire.}

Santerre arrive, et dit : Je n'ai eu connaissance de votre arrêté qu'à 5h. J'ai pris un détachement à la réserve ; je me suis rendu à la place du Théâtre Français ; plusieurs personnes m'ont conseillé de ne pas descendre... Je suis entré... J'ai voulu dire qu'on ne jouerait pas la pièce ; le peuple a voulu me faire taire... Le parterre a dit que je devais m'en aller... Si j'avais été le plus fort, je me serais emparé des acteurs, et j'aurais empêché la représentation ; on m'a fait voir le décret... J'ai dit que le peuple était là ; mais c'était le peuple de Coblentz... Un particulier du parterre a crié : *la pièce ou la mort*... On a traité la municipalité de... J'ai cru qu'on allait me jeter dans... Après la pièce, j'ai été interpellé par une quarantaine de couine, c'étaient des Feuillants, des marquis... J'y ai vu le petit prince d'Hénin... On a affiché trop tard l'arrêté ; s'il y avait eu une forte garde, il n'y aurait pas eu de dangers... Je vous engage à me communiquer plus tôt vos arrêtés.

[Santerre a confirmé les soupçons du Conseil, et s'est plaint du maire, qui, pouvant sans danger le requérir pour exécuter l'arrêté, en avait au contraire autorisé le mépris.]

Le maire arrive. Un membre demande qu'il ne préside pas avant d'avoir rendu compte de sa conduite. {On a demandé qu'il ne présidât pas dans une discussion où il s'agissait de lui. En conséquence, il a cédé le fauteuil au citoyen Grouvelle. Ensuite il a dit que, la loi à la main, il avait cru ne pouvoir s'opposer à la représentation de l'*Ami des lois*.} Le maire dit que sa lettre était écrite avant qu'il reçût celle du Conseil, et qu'il n'avait été instruit du danger qu'il avait couru que lorsqu'il est entré dans la salle de l'Administration. Un membre lui a répondu qu'il devait se faire tuer pour l'exécution de l'arrêté. Chambon lui a répliqué qu'il avait été exposé [?] cent fois. Après plusieurs reproches et interpellations faites au maire que nous ne retracerons pas ici, et après les réponses de ce magistrat, on demande lecture du décret de ce jour pour en examiner le considérant, le maire ne se rappelant pas les propres expressions dont il s'était servi dans sa lettre au président de la Convention. Réal lit le décret. Lecture faite, il dit : « Je voudrais en rester là ; ce n'est pas à nous à expliquer la loi ; mais mon ministère exige que je donne mes conclusions... »

{Plusieurs membres ont pensé que l'ordre du jour décrété par la Convention ne pouvait annuler les arrêtés du Conseil, attendu que l'on n'avait pas prétendu censurer le drame, mais simplement en suspendre la représentation, comme pouvant exciter du trouble et des divisions.

Le citoyen Chambon a interpellé le ministère public de déclarer quel était son avis sur le décret de la Convention. Le citoyen Réal, premier substitut du procureur de la Commune, a de nouveau lu le décret, et a dit qu'en son âme et conscience, il le regardait comme une autorisation de représenter la pièce.

Il s'est élevé une vive discussion. On a réitéré la proposition, tendant à ce que le maire fût improuvé, le procès-verbal de cette séance imprimé et envoyé aux quarante-huit sections. Le procureur de la Commune a requis l'improbation ; enfin, le président a mis la proposition aux voix. Elle a été adoptée à la presque unanimité, mais sauf rédaction.}

[Le Conseil général a paru peu satisfait de ses réponses [celles du maire], et considérant, d'après même le préambule du décret, que c'était lui qui l'avait sollicité, ce qui était un acte arbitraire, puisque l'arrêté du Conseil y était contraire.]

Sur la proposition de Dommange, on prend l'arrêté que nous consignons ici.

« Le Conseil général a arrêté que la conduite du maire serait improuvée, en ce que, par sa lettre à la Convention nationale, au lieu de donner à l'Assemblée les motifs qui ont déterminé les arrêtés du Conseil général et du Corps municipal, il a, par son silence à cet égard, laissé croire à la Convention que le Conseil général et le Corps municipal avaient exercé un droit de censure contre le drame, en ce qu'il a appuyé la demande de la députation, et a provoqué le décret qui a empêché l'exécution de ces arrêtés qui n'avaient pour motifs que les mesures de sûreté exigées par les circonstances. »

{Le Conseil a arrêté qu'il serait rédigé une adresse aux quarante-huit sections, pour leur faire connaître quels sont les motifs qui ont déterminé le Corps municipal à envoyer au Théâtre Français le maire et les administrateurs de police, et quelles sont les raisons qui ont motivé l'improbation prononcée contre le maire. Cette adresse sera envoyée aux journaux. Trois commissaires ont été nommés pour la rédiger.

[...] Séance levée à minuit moins un quart.}

11. LETTRE DE CHAMBON AU CONSEIL GÉNÉRAL DE LA COMMUNE (12 janvier)

Source : *Gazette nationale, ou Le Moniteur universel*, 14 janvier 1793, p. 60.

Nicolas Chambon, au citoyen président du Conseil général.

Citoyen président, je me suis transporté à la place du Théâtre de la Nation pour y annoncer le respect dû à l'arrêté du Conseil général et à celui du Corps municipal. J'ai exposé ma mission et mon devoir ; j'ai annoncé la loi, qui seule permettait aux réclamants de porter leurs demandes aux autorités supérieures, loi rappelée dans l'arrêté du Corps municipal. On m'a annoncé qu'une députation s'était présentée à la Convention nationale pour obtenir la permission de faire jouer l'*Ami des lois* : j'allais m'en retourner au foyer du théâtre, pour attendre l'effet de la députation ; mais il m'a été impossible de me refuser à la demande d'écrire au citoyen président de la Convention, que l'effervescence qui se manifestait me forçait à l'en prévenir, en lui détaillant les motifs des mouvements, il est intervenu un décret qui porte que la Convention passe à l'ordre du jour motivé sur ce qu'il n'y a point de loi qui autorise les Corps municipaux de censurer les pièces de théâtre.

J'ai lu ce décret à nos concitoyens réunis, qui l'ont accueilli avec transport, et au même instant, on a commencé la pièce.

Le citoyen commandant général avait fait arriver assez de forces pour faire respecter votre arrêté.

Je dois justice à mes concitoyens, et vous assurer que, malgré l'effervescence, il ne m'a pas été dit un seul mot injurieux. Si je suis accablé de fatigues et de douleurs vives, elles ne viennent que de la compression que quelques citoyens qui m'entouraient ont partagée avec moi pour n'être pas accablés par la foule : mais ce n'était que par le motif d'entendre ce que j'avais à dire.

Quoi qu'il en soit, j'ai été obligé de rester au spectacle, et je vous rends compte de la tranquillité qui y règne.

À huit heures.

P.-S. Je ne suis resté que pour veiller à l'ordre, tant au-dedans qu'au dehors.

12. LE CONSEIL GÉNÉRAL DÉCRÈTE LA FERMETURE DES THÉÂTRES (13 janvier)

Source : *Journal de Paris*, 15 janvier 1793, p. 58 : « Commune de Paris, 13 janvier ».

Le Conseil général, après avoir entendu les arrêtés des assemblées générales des sections des Lombards, des Gravilliers et des Arcis, considérant que demain est le jour où la Convention doit prononcer le jugement de Louis Capet ; que tous les mécontents, tous ceux qui regrettent l'Ancien Régime, pourraient demain profiter de tous les moyens de rassemblements pour exciter des désordres, et d'un moment de trouble pour soustraire à la puissance de la loi un grand coupable ; qu'entre les mesures de sûreté que les circonstances exigent, la fermeture des spectacles que demandent plusieurs sections, est une des plus urgentes, le premier substitut du procureur de la Commune entendu, arrête que demain lundi 14 de ce mois, les spectacles seront fermés ; que le présent arrêté sera communiqué sur le champ au directoire du département de Paris, au maire, au commandant-général, aux membres du département de police, aux différents spectacles, aux comités des 48 sections, imprimé et affiché.

13. DÉBATS DE LA CONVENTION SUR L'ARRÊTÉ DU CONSEIL GÉNÉRAL (14 janvier)

Source : *Archives parlementaires*, LVII, p. 43-47.

Buzot. Je fais part à la Convention d'un fait qui me paraît important et que je crois digne de l'attention de ses membres. Un de mes collègues m'a dit tenir d'un officier municipal, que les spectacles doivent être fermés aujourd'hui. Vous sentez, citoyens, combien cette mesure peut être dangereuse, au moment même où l'on va s'occuper du jugement de Louis. C'est le moyen d'occasionner le trouble... (*Murmures...*) Les groupes vont devenir par là plus nombreux, plus inquiétants pour la tranquillité publique. (*Nouveaux murmures.*) S'il est un jour où la Convention doit s'occuper de la police de Paris, c'est aujourd'hui. (*Murmures prolongés.*)

Plusieurs membres : L'ordre du jour !

Un autre membre : On veut avilir la Convention en l'occupant des spectacles.

D'autres membres (*à gauche*) : Président, consultez la Convention pour savoir si Buzot sera entendu.

Buzot. Je prie la Convention de ne pas écouter avec indifférence un pareil fait. Il ne suffit pas de dire que cela regarde la municipalité, et qu'elle est responsable de la tranquillité de Paris. Je ne conçois rien à ces petites mesures qui, sans cesse, éloignent de la Convention les grands objets qui doivent l'occuper, car elle doit, et particulièrement ces jours-ci, surveiller tout ce qui l'environne.

Si on eut entendu le Comité de sûreté générale, il eût peut-être éveillé votre attention sur ce fait. Ce n'est certes pas, lorsque les groupes doivent être agités par le procès dont la Convention va s'occuper, que l'on doit fermer les spectacles et, de ce chef, augmenter l'agitation. Il faut que non seulement nous soyons tranquilles, mais que l'on sache partout que nous le sommes. C'est une mauvaise objection de dire que la municipalité doit seule s'occuper de ces objets. Si la municipalité fait ce qui ne convient pas dans les circonstances actuelles, ce n'est pas, quand le mal sera fait, que l'on pourra faire retomber sur elle les fautes d'une mesure qu'elle pourra, bien au surplus faire considérer sous un point de vue favorable. Si la Convention ne s'en mêle pas, si elle ne s'occupe pas de cette affaire essentielle, la municipalité pourra lui dire : « Nous avons cru cette mesure utile, l'événement n'a pas répondu à nos vœux ; mais nous ne sommes pas responsables d'une mesure de police, que nous avons cru nécessaire. » Je demande donc, citoyens, qu'il soit donné ordre, par votre président, à la municipalité (car il ne faut pas s'occuper de cet objet plus longtemps) de faire ouvrir les spectacles à Paris, afin que tout y soit à l'ordinaire, et que la tranquillité publique ne soit pas troublée.

Un membre : Cela ne doit pas nous occuper plus longtemps ; aux voix, Monsieur le président, aux voix !

Fauchet. Cela ne doit pas souffrir de difficulté.

Plusieurs membres du centre : Il n'y a pas de discussion à avoir là-dessus, le fait existe ou il n'existe pas.

Garnier (*de Saintes*). Je ne m'oppose point ouvertement à l'avis de Buzot ; je dirai seulement que s'il existe un arrêté de la municipalité tel qu'on nous l'a annoncé, comme le but de Buzot, ainsi que celui de tous les amis de la liberté, est que la tranquillité soit maintenue dans Paris, surtout dans ce moment difficile, je consens que le président donne un ordre à la municipalité pour que les spectacles soient ouverts comme ci-devant. Mais je m'oppose (*Murmures du côté droit*) à toute mesure qui pourrait nous éloigner de l'objet qui est ajourné à aujourd'hui, celui de la discussion définitive sur le procès du ci-devant roi. Je demande donc, purement et simplement, que le président, au nom de l'Assemblée, écrive à la municipalité... (*Non ! non !*) et qu'on passe à l'ordre du jour.

Plusieurs membres (*au centre*) : Non, non, il faut aller aux voix. Président, nous demandons qu'on mette la question aux voix.

Hardy. Il est d'autant plus important que la Convention s'occupe de la police de Paris, qu'il y a un système de troubles et de désorganisation qui a sa source dans la municipalité. (*Murmures à l'extrême gauche.*)

Basire, Chabot *et plusieurs autres membres de l'extrême gauche* : Oui, il faut en finir ! Président, nous demandons, nous aussi, la clôture de la discussion et qu'on mette la question aux voix.

Un membre : Vous voulez transformer les législateurs en commissaires de section !

Hardy. Un fait va vous en convaincre, si vous le permettez : je vais en instruire la Convention. Après que la municipalité de Paris vous eût rendu compte de l'état de Paris, c'était le 5 de ce mois, je me trouvai chez Venua à dîner auprès de quelques-uns de ses membres, et je les entendis... (*Murmures.*)

Les mêmes membres : président, fermez donc la discussion !

Plusieurs membres parlent dans le tumulte.

Thuriot. Hardy est monté à la tribune tout exprès pour ne rien dire et pour empêcher les autres de parler. Je propose de renvoyer le tout au pouvoir exécutif ou au département.

Prieur. Je demande la parole pour une motion d'ordre.

Le président. Je vais consulter l'Assemblée pour savoir si l'orateur qui a la parole sera encore entendu.

Thuriot. Si la Convention décide que Hardy continuera son opinion, je demande après lui la parole pour prouver à l'Assemblée qu'elle n'a pas de caractère pour faire ouvrir les spectacles.

(La Convention décrète que Hardy sera entendu.)

Hardy. Je dis donc, citoyens, que ces officiers municipaux parlaient de la manière dont ils feraient tomber la pièce de l'*Ami des lois*. L'un d'eux disait à son collègue : Tu viendras demain dans mon cabinet, nous nous enfermerons deux heures, et ce sera une affaire bientôt finie. J'observai à plusieurs personnes présentes, qu'il était bien extraordinaire que les magistrats du peuple s'occupassent eux-mêmes des moyens de troubler la tranquillité des spectacles. Quand il en sera temps, vous saurez quels étaient les parleurs et interlocuteurs. Votre décret, à l'occasion de cette pièce, a été depuis vivement censuré. (*Murmures.*) Vous voyez donc un projet concerté par eux de troubler les spectacles ; et il est de la plus grande importance que les agitateurs, qui veulent absolument le désordre dans Paris, soient enfin surveillés par vous ; autrement, vous n'aurez point de paix.

D'après les observations que je viens de vous faire, qui sont de toute vérité, je demande que vous vous occupiez de surveiller la police de Paris. Je demande aussi que vous entendiez votre Comité de surveillance, qui a des choses très importantes à vous communiquer.

Il est temps, citoyens, que vous ne laissiez pas les rênes de l'administration de la police de Paris dans des mains aussi dangereuses. Surveillez-la, et vous n'aurez pas de troubles dans cette ville, peut-être même dans la République. (*Vifs murmures à l'extrême gauche.*)

Thuriot. Citoyens, je m'élève contre la proposition de Buzot, car elle est à la fois contraire aux principes et à la sûreté générale de Paris. Je dis que la proposition de Buzot est contraire aux principes : qu'il me suive, en effet, et il sera bientôt convaincu. L'Assemblée constituante a fait une loi positive, qui porte que lorsque les arrêtés des Conseils généraux ne sont pas conformes aux règles, le directoire du département qui a la surveillance, les doit casser ; que si le directoire ne les casse pas, le pouvoir exécutif doit alors faire ce que la loi exige, et casser ces arrêtés. Ici donc on se plaît à calomnier le Conseil général de la Commune de Paris (quoiqu'on l'ait fait renouveler trois fois) parce que probablement on n'y voit pas encore les hommes que l'on désire, c'est-à-dire des hommes qui plaisent à un certain parti. Eh bien, citoyens ! on a encore le même désagrément, relativement au département : tous ses membres sont patriotes ; et bientôt on ne voudra plus entendre parler du département. On va même suspecter le Conseil exécutif ; car on ne vous demande pas de lui renvoyer l'affaire, comme chargé de grandes mesures de sûreté générale, afin qu'il voie si l'arrêté convient ou non. Et pourtant c'est à lui à prendre des mesures dans le cas où la municipalité et où le Conseil général du département ne feraient pas leur devoir.

Citoyens, comment peut-on donc blâmer la Commune de Paris de prendre une telle mesure ? Ne savons-nous pas que tous les ans à cette époque les aristocrates rentrés à Paris, ont trouvé le moyen, à l'aide de comédiens faciles, et susceptibles d'être corrompus avec de l'or, d'exciter des mouvements dans Paris ? C'est une vérité démontrée, et aucun homme ne peut la révoquer en doute. Eh bien ! Dans ce moment-ci, où l'on vous dit qu'on avait à craindre quelques orages dans les spectacles ; dans un moment où vous allez vous occuper de ce qui intéresse l'universalité de la République ; dans le moment où tout ce qui vous environne doit être dans la plus grande tranquillité ; dans le moment où vous avez besoin que tous les citoyens soient en surveillance pour arrêter ceux qui trameraient quelque complot dans le secret ; vous voulez empêcher cette grande mesure de police ? Vous voulez qu'il y ait des rassemblements qui facilitent la réunion des malveillants, la réunion de ceux qui ont juré de porter le feu et la flamme dans Paris ? Ne savez-vous donc pas, d'après l'histoire des révolutions, que s'il s'élève des orages, c'est au spectacle qu'ils prennent naissance ? (*Murmures.*) Je rends justice aux Parisiens ; je ne crois pas que ceux qui conspirent dans les murs de Paris soient des Parisiens ; non, il n'y en a pas : ce sont des scélérats qu'on envoie de toutes les parties de la République, et qui sont d'accord ici avec ceux qui trahissent les intérêts de la nation.

Dans la circonstance actuelle, la municipalité avait trois grandes mesures à prendre : faire fermer les lieux de réunion, inviter tous les citoyens à demeurer dans leur section, et faire illuminer Paris pendant la nuit.

Qu'a-t-elle fait ?

La première disposition de l'arrêté est que les spectacles qui semblaient être aujourd'hui un point de ralliement, fussent fermés pour aujourd'hui seulement. La deuxième est que les citoyens soient dans leur section, sous les armes, et disposés à marcher, dans le cas où les conjurés voudraient faire un mouvement. La troisième est celle qui est d'usage, contre laquelle on n'a jamais réclamé : c'est de faire illuminer les rues de Paris. Je demande donc que l'on passe à l'ordre du jour, attendu que la Convention n'a pas de caractère pour arrêter une telle mesure. (*Bruit.*) Je dis que c'est à nous qu'il appartient de faire une loi générale, mais que c'est aux autorités constituées à les faire exécuter.

J'observe, en outre, à la Convention que, dans ce moment, tout le poids de la responsabilité repose sur l'administration de la Commune sur ce point, et que certainement ce serait tenter cette responsabilité-là que de vouloir effacer la mesure qu'elle a prise. Je demande que l'on passe à l'ordre du jour pour l'intérêt de la République, et pour la sûreté de Paris. (*Murmures prolongés à droite et au centre.*)

Seconds. Je demande que Thuriot soit rappelé à l'ordre, la Convention a tout pouvoir, et il dépend d'elle de prendre, aussi bien que la Commune, telle ou telle mesure, en faveur de l'ordre, qu'il appartiendra.

[Nous supprimons ici plusieurs pages, les débats n'ayant plus trait à l'*Ami des lois*, et invitons le lecteur intéressé à consulter les *Archives parlementaires*. Gensonné provoque cette digression en demandant pourquoi le Conseil général, s'il s'intéresse de si près à la tranquillité de Paris, garde le silence sur les arrêtés de la section des Gravilliers décrétant que les barrières seront fermées et qu'un jury sera formé pour juger tout membre de la Convention qui oserait voter pour l'appel au peuple. Ce silence est la preuve, affirme Gensonné, que le Conseil général s'efforce de provoquer des troubles et non de les calmer. Gensonné propose que la police de Paris appartienne dorénavant à la Convention et que le maire de Paris soit tenu, tous les matins, de rendre compte à la Convention de la situation de Paris.]

Pons. La mesure prise de faire fermer les spectacles me paraît concordante avec les autres précautions arrêtées par la municipalité pour maintenir la tranquillité publique. Les spectacles, dans ce moment de crise, deviennent pour les aristocrates un point de ralliement. On ne fera croire à personne que l'ouverture des théâtres pourrait empêcher les manifestations populaires, car le peuple ne va pas au spectacle, il n'en a pas les moyens. Pour les aristocrates, c'est autre chose ; et remarquez que c'est dans la nuit, au moment le plus dangereux, qu'ils se trouvent réunis. Il ne faut donc point leur laisser les moyens de conspirer.

J'opine pour l'ordre du jour, étant données la bonté et l'efficacité de la mesure prise par la municipalité de Paris.

Plusieurs membres : La clôture ! la clôture !

Barbaroux. Je demande la parole.

Le président. Plusieurs membres ont demandé la clôture, je vais consulter la Convention pour décider si je dois vous donner la parole.

(*La Convention est consultée ; l'épreuve est douteuse.*)

Le président. Barbaroux, vous bénéficiez du doute, je vous donne la parole.

Duquesnoy. C'est contre vous, président, que j'ai la parole.

Le président. Si vous voulez avoir la parole contre moi, vous l'aurez après Barbaroux. Vous vous plaignez de ce que l'on veut éluder la discussion sur l'affaire de Louis Capet, et vous êtes le premier à interrompre.

Barbaroux. Le décret qui charge le pouvoir exécutif de prendre les mesures de sûreté générale pendant le jugement du roi, ne nous lie pas tellement que vous puissiez prononcer sur un fait qui vous est dénoncé... (*Interruptions à gauche.*)

Billaud-Varenne. Si l'on ne veut pas juger le roi, je déclare que je vote pour la mort.

Barbaroux. L'exemple des Assemblées constituante et législative vous y autoriserait sans doute assez ; mais j'ajoute que si vous attendez des renseignements du pouvoir exécutif, vous attendrez longtemps. Vous savez, en effet, que la municipalité ne communique que très peu avec le département et avec le ministre ; que plusieurs lettres de ce dernier sont restées sans réponse des mois entiers. (*Murmures à l'extrême gauche.*)

Puisqu'on murmure sans cesse et qu'on ne veut pas entendre tranquillement la discussion, je cède pour abréger la parole à Kersaint, qui vous dira des faits.

Thuriot. Eh bien, laissons donc Monsieur parler comme Lafayette.

Kersaint. Citoyens, un fait incontestable, reconnu par tous les hommes qui se sont occupés du système de police dans les grandes villes, c'est d'y maintenir les spectacles. (*Murmures à l'extrême gauche.*) On n'a jamais vu le désordre, sous l'ancienne police, aussi souvent que dans la semaine dite sainte, car alors il n'y avait pas de spectacles. (*Rires ironiques à l'extrême gauche.*)

Un autre fait qui tient immédiatement à celui qui vous occupe. Si vous considérez les spectacles comme dangereux parce qu'ils sont des lieux de rassemblement, la mesure que l'on a prise est bien imparfaite, lorsqu'on laisse dans Paris une société qui, chaque jour, conjure contre la liberté publique. (*Murmures à l'extrême gauche.*) Auriez-vous la pusillanimité de vous en laisser imposer par quelques factieux ?

Un grand nombre de membres : Non ! non !

Kersaint. Déposez le caractère dont vous êtes revêtus, si vous n'avez pas assez de courage ; vous n'en êtes pas dignes. (*Bruit.*) Aux portes mêmes de la Convention, la société des Jacobins a fait afficher une invitation dans laquelle on calomnie les fédérés, dans laquelle on dit que l'Assemblée conspire. Cette société a invité tous les citoyens qui pensent comme elle à se réunir ce soir autour d'elle. Cette société a un président qui disait, ces jours derniers : Je suis en insurrection, moi ; je suis prêt à assassiner *Rolandiste, Feuillant, Brissotin*. Or, ce président est prêtre et député.

Plusieurs membres (*à gauche*) : Nommez-le ! nommez-le !

D'autres membres (*au centre*) : C'est Moustier !

Kersaint. Je fais la motion expresse que si on ferme les théâtres, on ferme aussi les sociétés populaires (*Ah ! ah !*) afin que les assassins du 2 septembre n'aillent pas aiguiser les poignards sur le bureau du président des Jacobins. (*Murmures prolongés à l'extrême gauche.*)

Gorsas. Un fait. Hier soir, le ministre de l'intérieur se transporta au Comité de surveillance pour y dénoncer un fait important pour la sûreté publique : c'est que, hier au soir, la section des Gravilliers a arrêté que des commissaires de section se réuniront à l'évêché pour y former une commission. Je demande que le Comité de sûreté générale présente l'état de Paris.

Quinette. Je rappelle en deux mots la proposition que j'ai faite ; elle consiste à passer à l'ordre du jour, motivé par le décret du 16 décembre, qui charge le Conseil exécutif de prendre toutes les mesures de sûreté générale pendant tout le cours du jugement de l'affaire de Louis Capet.

(La Convention adopte la motion de Quinette.)

Un membre : Je demande que le pouvoir exécutif rende compte par écrit, séance tenante, des mesures qu'il a prises pour maintenir la sûreté publique.

(La Convention adopte cette nouvelle motion.)

Suit le texte définitif du décret rendu :

« La Convention passe à l'ordre du jour, motivé sur ce que le Conseil exécutif était chargé d'ordonner toutes les mesures qu'il croirait convenables pour la sûreté de Paris, jusqu'à l'entière décision du procès qui tient tous les esprits en suspens, et charge ce pouvoir exécutif de rendre compte séance tenante par écrit. »

14a. LE CONSEIL EXÉCUTIF PROVISOIRE CASSE L'ARRÊTÉ DU CONSEIL GÉNÉRAL (14 janvier)

Source : *Proclamation extrait du registre des délibérations du Conseil exécutif provisoire. Du 14 janvier 1793* (Paris : Imprimerie nationale exécutive du Louvre, 1793).

Le Conseil exécutif provisoire, en exécution du décret de la Convention nationale de ce jour, délibérant sur l'arrêté du Conseil général de la Commune de Paris, en date du même jour, par lequel il est ordonné que les spectacles seront fermés aujourd'hui ; considérant que les circonstances ne nécessitent point cette mesure extraordinaire, arrête que les spectacles continueront d'être ouverts. Enjoint néanmoins, AU NOM DE LA PAIX PUBLIQUE, aux directeurs des différents théâtres, d'éviter la représentation des pièces qui, jusqu'à ce jour, ont occasionné quelque trouble, et qui pourraient les renouveler dans le moment présent.

Charge le maire et la municipalité de Paris, de prendre les mesures nécessaires pour l'exécution du présent arrêté.

Arrête que le présent arrêté sera imprimé et affiché à l'instant.

Fait en Conseil exécutif provisoire, à Paris, le quatorze janvier mil sept cent quatre-vingt-treize, l'an deuxième de la république

française, à cinq heures du soir. *Signé* CLAVIÈRE, LEBRUN, PACHE, MONGE, GARAT.
Par le Conseil exécutif provisoire.
GROUVELLE, secrétaire.

14b. LE CONSEIL EXÉCUTIF PROVISOIRE ENVOYA SUR-LE-CHAMP CETTE PROCLAMATION AU CONSEIL GÉNÉRAL DE LA COMMUNE, AINSI QUE LES DEUX LETTRES QUI SUIVENT À SANTERRE ET À CHAMBON.

Source : *Gazette nationale, ou Le Moniteur universel*, 17 janvier 1793, p. 73.

Le ministre de l'intérieur au commandant général de la garde nationale de Paris, le 14 janvier, l'an 2e de la République.

J'ai l'honneur de vous adresser une proclamation du Conseil exécutif provisoire, qui ordonne que les spectacles de Paris seront ouverts comme de coutume, sans égard à l'arrêté du Conseil général de la Commune qui le défend.

Je suis chargé en outre, par le Conseil exécutif, de vous transmettre ses ordres, pour que vous veilliez à la sûreté et à la tranquillité de Paris, avec la plus grande vigilance et exactitude.
Signé ROLAND.

Source : *Chronique de Paris*, 17 janvier 1793, p. 67.

Le ministre de l'intérieur au maire de Paris.

J'ai l'honneur de vous adresser une proclamation du Conseil exécutif, laquelle, sans avoir égard à l'arrêté du Conseil général de la Commune qui défend l'ouverture des spectacles, ordonne qu'ils continueront d'être ouverts comme de coutume. Cette proclamation a été envoyée à l'impression, avec ordre de l'afficher sur le champ. Vous voudrez bien la faire connaître à tous les directeurs des spectacles de cette ville, et prendre toutes les mesures nécessaires pour maintenir l'ordre et la tranquillité dans Paris. Je suis chargé par le Conseil exécutif provisoire de vous transmettre ses intentions à cet égard.
Signé ROLAND.

ANNEXES

15. LETTRE DE LA SECTION DU FAUBOURG DE MONTMARTRE À CHAMBON (14 janvier)

Source : Archives de Paris : Registre VD*3 / Document VD*.217.

Paris, le 14 janvier 1793, [An] 2e. de la République française.

Les républicains de la section du faubourg de Montmartre à Chambon, maire de Paris.

Un grand procès est prêt à se juger, un grand coupable est prêt à être puni de ses forfaits. La cause de la liberté et de l'égalité, le salut de la République sont intimement liés à son résultat. Les amis de Louis Capet emploient tous les moyens qui sont en leurs pouvoirs pour sauver sa tête coupable de la hache des lois. Des hommes pervers couverts du masque du patriotisme en affectant de flatter le peuple cherchent à l'égarer et à lui faire prendre une mesure qui le conduirait à l'anarchie la plus coupable. Des intrigants agitent les esprits dans les départements pour les aigrir contre les habitants de Paris. Des intrigants agitent les esprits à Paris pour aigrir ses habitants les uns contre les autres.

C'est dans cet état des choses qu'un spectacle connu depuis longtemps par des principes antipopulaires ; qu'un spectacle, que les acteurs républicains qui y étaient ont été obligés d'abandonner par la suite des vexations que leurs camarades leur faisaient éprouver. C'est dans cet état de choses qu'un spectacle qui se dit français joue une pièce sous le titre de l'*Ami des lois* et dont le résultat, déduit des conséquences que les représentations ont déjà produites, est de faire recommencer d'échauffer les querelles de partis, d'armer les habitants de Paris les uns contre les autres, de faire couler le sang et de commencer la guerre civile.

Une mesure sage, une mesure que les amis de l'ordre, de la paix et de la tranquillité publique désiraient ardemment, une mesure qui rompit en grande partie les trames que les intrigants, les agitateurs, les liberticides avaient ourdis, était d'empêcher que cette pièce ne soit jouée.

La Commune de Paris, le Corps municipal qui ont mérité si justement la confiance que tous les habitants de cette grande ville leur ont donnée, ont pris un arrêté pour en défendre la représentation et empêcher l'effusion de sang qui peut en être la suite.

Nous n'examinons pas si le Corps municipal avait le droit de censurer les pièces de spectacle, nous n'insisterons pas sur le droit qu'ils ont de maintenir la police des spectacles, et d'empêcher de jouer une pièce qui compromet la tranquillité publique ; et ce qu'il y a de certain, ce qu'il y a de positif, c'est qu'il a voulu que l'on ne trouble pas la paix générale, c'est qu'il a voulu que l'on ne se servît point de ce prétexte pour commencer la guerre civile et rétablir l'anarchie.

Chambon, nous avons cru aussi que tu aimerais l'ordre et la tranquillité ; nous espérions que tu contribuerais avec nous à maintenir la paix, c'est pourquoi nous t'avons donné nos suffrages et nous t'avons nommé à une des places les plus essentielles de la République, à la place de maire de la ville dans laquelle sont rassemblés les représentants du peuple français et le Conseil exécutif provisoire, où, conséquemment, on ne peut permettre et protéger le trouble impunément.

Mais juge quelle a été notre surprise lorsque nous avons entendu une lettre écrite par toi à la Convention pour favoriser un rassemblement de factieux, pour demander que l'on casse un arrêté pris par le Corps municipal que tu devais présider, pour demander que l'on joue une pièce qui peut compromettre la tranquillité publique.

Chambon, quels que soient tes desseins en écrivant cette lettre, tu favorises le désir des intrigants qui répètent sans cesse que Paris est en combustion, et tu le favorises en prenant des mesures qui conduisent à réaliser les calomnies que l'on publie continuellement contre nous.

Chambon, sois juge dans ta propre cause, quelle confiance devons-nous avoir en un magistrat du peuple qui favorise l'esprit de parti, les haines, et qui contribue à faire couler le sang dans Paris ? Sois juge et prononce.

Chambon, nous ignorons quel va être le succès de ta lettre du 12 à la Convention, nous faisons des vœux bien sincères pour qu'elle ne contribue pas à troubler l'ordre et la tranquillité. Nous nous mettrons continuellement entre nos frères divisés et aigris par la représentation de cette pièce et par la démarche, mais nous devons le dire avec franchise, comme ta lettre sera la cause absolue de tout ce que cette pièce produira, nous le déclarons à la face de l'univers, nous le publierons à nos frères des quatre-vingt-quatre départements, nous te rendons responsable de tous les évènements que la représentation de cette pièce produira : Et si la vertu t'anime encore, si l'esprit de parti ne t'égare pas assez, si le salut de la République et le bonheur de tes frères de Paris ont encore de l'empire sur toi, nous espérons que tu sentiras tout le poids de cette responsabilité.

Certifié conforme à l'original
Déposé à la section du faubourg Montmartre qui en a arrêté l'envoi aux 47 autres sections
[signature illisible]
[? Greffier]

16. PÉTITION DE LA SECTION DU PONT-NEUF (14 janvier)

Source : *Chronique de Paris*, 17 janvier 1793, p. 67.

L'Assemblée générale de la section du Pont-Neuf... arrête que le Conseil général sera invité de maintenir son arrêté du 11 de ce mois, par lequel elle avait suspendu la représentation de la pièce de l'*Ami des lois*, et qu'elle enjoigne au maire de Paris de faire respecter ses arrêtés, et l'engage à ne point faiblir sur les principes, comme il a fait samedi dernier. Elle invite aussi le Conseil général à examiner la conduite des comédiens dits de la Nation, en ce qu'au mépris de l'arrêté du Conseil général, qui leur avait été notifié dès la veille à 10 heures du soir, ils ont laissé afficher samedi matin la pièce de l'*Ami des lois*.

17. LE CONSEIL GÉNÉRAL PERSISTE DANS SON ARRÊTÉ

Source : *Gazette nationale, ou Le Moniteur universel*, 17 janvier 1793, p. 73.

Extrait du registre des délibérations du Conseil général dudit jour.
Le Conseil général, informé que les comédiens français, au mépris de l'arrêté du Conseil général, qui suspendait la

représentation de la pièce dite l'*Ami des lois*, se proposent de la continuer ;

Considérant qu'il est de son devoir de maintenir le respect dû aux autorités ;

Considérant que la République serait incessamment livrée à l'anarchie, si les pouvoirs constitués ne se renfermaient pas dans les bornes que la déclaration des droits leur a tracées ;

Considérant que la mesure qu'il avait prise était réellement indispensable, qu'elle a réuni l'approbation des sections, qui lui ont réitéré l'expression de leurs craintes sur la continuation des représentations de cette pièce ;

Considérant que le décret de la Convention, en passant à l'ordre du jour, sur la pétition de l'auteur de ladite pièce, motivé sur ce que les corps administratifs n'ont point le droit d'exercer la censure sur les ouvrages dramatiques, ne peut s'appliquer à l'arrêté du Conseil général, qui n'a eu d'autre motif que la sûreté publique ;

Considérant enfin que le Conseil exécutif, qui, dans son arrêté de ce jour, a enjoint, *au nom de la paix publique, aux directeurs des différents théâtres, d'éviter la représentation des pièces qui, jusqu'à ce jour, ont occasionné quelques troubles, et qui pourraient les renouveler dans les moments présents*, a reconnu, sans doute, la légitimité des motifs qui ont fait suspendre les représentations de l'*Ami des lois*, qui ne peut être regardé que comme une pomme de discorde jetée au milieu des citoyens de Paris pour allumer la fureur des partis ;

Le ministère public entendu ;

Déclare qu'il persiste dans son précédent arrêté, mande et ordonne au commandant général de prendre toutes les mesures convenables pour assurer son entière exécution.

GROUVELLE, *vice-président* ; COULOMBEAU, *secrétaire-greffier*.

18. LE DIRECTOIRE DU DÉPARTEMENT CONFIRME L'ARRÊTÉ DU CONSEIL GÉNÉRAL (15 janvier)

Source : *Journal de Paris*, 17 janvier 1793, p. 67 : « Commune de Paris, du 15 janvier ».

Lecture faite de l'arrêté du Conseil général de la Commune du 14 de ce mois, relatif à la suspension de l'*Ami des lois*, le directoire du département considérant que la loi du 6 décembre, qui attribue au Conseil exécutif provisoire la sûreté générale pour les mesures à prendre relatives au procès de Louis Capet, n'a pas retiré aux autorités constituées le droit de police, et attendu que la représentation de la pièce dite l'*Ami des lois*, a déjà occasionné des troubles et qu'elle en occasionnerait sans doute encore en ce moment, confirme, comme mesure de police, l'arrêté du Conseil général ; d'une autre part ordonne qu'il sera exécuté selon sa forme et sa teneur, en conséquence que la pièce dite l'*Ami des lois* sera provisoirement suspendue ; arrêté que la présente délibération sera envoyée à l'instant au Conseil exécutif pour être par lui approuvée, s'il y a lieu, et sera imprimée et affichée.

19a. RAPPORT DE SANTERRE ET DE VIGNER À LA COMMUNE (15 janvier)

Source : *Journal de Paris*, 17 janvier 1793, p. 68-9 : « Commune de Paris, du 15 janvier ».

Santerre. Je vais vous rendre compte de ce qui s'est passé aujourd'hui à la Comédie ; j'avais envoyé suffisamment de force armée sans le faire paraître, j'en avais placé au Luxembourg et dans les environs ; quelques patrouilles se promenaient autour du Théâtre Français et dans les rues adjacentes ; j'ai appris que Vigner, administrateur de police et son collègue étaient insultés ; je suis entré dans les couloirs... Le peuple a voulu me parler ; il y avait peu de monde dans les loges, mais beaucoup d'hommes effrénés dans le parterre ; j'ai annoncé que je défendrais ceux qui seraient insultés, que je maintiendrais les arrêtés, que la pièce de l'*Ami des lois* n'étant pas affichée, on ne devait pas la jouer ; on nous a hués, on nous a dit des injures... On nous a traités de gueux du 2 septembre... J'ai mis mon chapeau sur la tête... J'ai dit que je ne reconnaissais plus le peuple, qu'il y avait là des aristocrates. On m'a signifié qu'on lirait la pièce ; nous avons voulu l'empêcher, on s'y est fortement opposé...

On a arrêté celui qui m'a insulté, celui qui faisait le plus de bruit ; on l'a conduit à la mairie... C'est un domestique de Gilet, procureur... J'ai reconnu dans le parterre cinq à six personnes pour signataires, et un petit jeune homme en uniforme que j'ai déjà manqué une fois, mais que je ferai suivre ; parmi le nombre, j'ai remarqué une trentaine des agitateurs du Palais-Royal. On est allé porter des plaintes aux Cordeliers ; on m'a accusé d'avoir traité le peuple d'aristocrate... *Momoro*, président de la section, m'a fait dire qu'il approuvait ma conduite, et que si j'avais agi autrement, il m'aurait cru de connivence avec les aristocrates.

Vigner : On nous a accablés d'injures et d'outrages ; on nous a dit que nous ne savions nous montrer en public, que pour prêcher des assassinats... Nous étions au balcon, ils y sont montés, nous nous sommes aperçus que nous étions consignés... On nous a signifié que nous ne sortirions pas... Le général est entré ; nous nous sommes alors montrés fermes... Nous avons dissipé ce rassemblement de factieux, mais ils se sont retirés sur le théâtre ; on y a lu la pièce.

Santerre : J'ai déclaré pour la troisième et dernière fois à celui qui lisait, de cesser cette lecture ; il a obéi.

Vigner. Les comédiens étaient déterminés à ne pas jouer la pièce ; ils voulaient même rendre l'argent.

Le Conseil approuve la conduite des administrateurs de police, et celle du commandant général.

19b.

Source : *Le Républicain*, 17 janvier 1793, p. 318 : « Commune de Paris, 15 janvier ».

Le maire a fait passer au Conseil l'arrêté du directoire du département, qui confirme celui par lequel la municipalité a suspendu, comme mesure de police, la représentation du drame de l'*Ami des lois*.

Les ennemis de l'ordre voulaient calomnier la Commune de les avoir surveillés ; que diront-ils maintenant ?

Santerre s'est présenté au Conseil ; il a annoncé que des *amis des lois*, à souliers cirés et à calottes tendues, de petits coureurs de toilette, avaient encore voulu causer du trouble au Théâtre de la Nation. Chargé, a-t-il dit, d'exécuter votre arrêté, j'avais fait tenir prête dans le Luxembourg et aux environs une force suffisante pour en imposer en cas de besoin. Des groupes nombreux s'étaient formés sur la place. Dès que ceux qui étaient dans la salle surent que j'étais là, ils demandèrent à me parler. Quand ils me virent, ils demandèrent pourquoi on ne leur donnait pas l'*Ami des lois*. Je leur répondis qu'un arrêté du Conseil général et du directoire empêchait sa représentation, et que je le soutiendrais, étant chargé de son exécution. Dans le moment une nuée d'injures fondit sur moi, et un petit homme, montant sur un banc, me traita de gueux et de héros du 2 septembre. J'ai répondu avec fermeté, et j'ai même ajouté que si le calme ne se rétablissait pas, j'avais de quoi les mettre à la raison. Deux officiers municipaux, administrateurs de police, ont aussi couru de grands risques. Je suis parvenu à tout dissiper, et j'ai seulement guetté le plus séditieux, qui était dans le parterre ; je l'ai fait arrêter ; il est maintenant au Comité de police.

Deux administrateurs de police, qui étaient présents, ont confirmé le rapport du général ; ils ont ajouté que par trois fois ils avaient imposé silence à un citoyen, qui s'étaient élancé sur le théâtre, et lisait la pièce aux spectateurs.

20. AFFICHE DES COMÉDIENS DU THÉÂTRE DE LA NATION (15 janvier)

Source : *Les Citoyens composant le Théâtre de la Nation, à leurs concitoyens* ([Paris]: De l'Imprimerie de Delormel, rue du Foin, [1793])

Le besoin de notre justification, citoyens, et plus encore l'hommage que nous devons à la vérité, nous forcent à démentir deux assertions ; l'une, relative à l'heure où l'arrêté de la Commune nous fut remis samedi ; l'autre, que la Commune, mal informée sans doute, a énoncée dans son dernier arrêté, où se lisent ces paroles : *Que les comédiens, au mépris de l'arrêté de la Commune, etc.* Nous certifions et offrons de prouver, quant à la première assertion, que l'*arrêté prohibitif* ne nous fut remis le samedi 12, qu'à dix heures et un quart du matin, heure à laquelle une partie du public était déjà rassemblée aux bureaux, et non la veille, comme quelques journaux mal informés l'ont imprimé. Quant à la seconde, voici les faits dans la plus scrupuleuse exactitude.

À l'heure où l'on commence le spectacle, au milieu des cris unanimes qui demandaient l'*Ami des lois*, le citoyen Fleury s'est avancé, et a dit : « Citoyens, votre empressement à venir voir l'*Ami des lois*, nous prouve le désir que vous avez de vous y soumettre. Un pouvoir constitué par vous-mêmes, en suspend la représentation ; je vous supplie de vouloir bien accepter le *Conciliateur* à la place de cette pièce. »

Après ces mots, le citoyen Fleury a présenté au public l'arrêté de la Commune. Quelques citoyens lui ayant objecté que cet *arrêté était contraire aux droits de l'homme, à ceux de la propriété et de la liberté* ; et lui ayant crié de le déchirer, Fleury leur a répondu : que *toute loi émanée d'un pouvoir constitué était respectable, et qu'il mourrait plutôt la loi à la main, que de lui porter atteinte.* C'est au milieu de cette discussion que le maire est entré sur le théâtre, apportant le décret de la Convention, dont Fleury a fait la lecture. Le décret lu, et *d'après la permission du maire et celle du commandant général, motivées sur le décret de la Convention*, l'*Ami des lois* a été représenté paisiblement.

Il résulte de cet exposé, que les comédiens ne sont point coupables d'avoir annoncé, le samedi sur leurs affiches, la cinquième représentation de l'*Ami des lois*, puisque l'arrêté prohibitif ne leur avait été apporté que le samedi à dix heures et un quart du matin ; il résulte que ce n'est pas non plus *au mépris de cet arrêté* qu'ils ont représenté l'ouvrage, puisqu'ils ne l'ont fait qu'autorisés par le décret de la Convention, que sur la double permission du maire et du commandant général.

Signé LES SEMAINIERS.

21. DÉBATS À LA CONVENTION NATIONALE, SUITE AU VERDICT DU CONSEIL EXÉCUTIF PROVISOIRE (16 janvier)

Source : *Archives parlementaires*, LVII, p. 331-333.

Bancal, *secrétaire*. Le Conseil exécutif communique à la Convention l'arrêté suivant, qu'il a cru devoir prendre pour la *tranquillité publique dans les spectacles*.

« Le Conseil exécutif provisoire, en exécution du décret de la Convention, du 14 de ce mois, délibérant sur l'arrêté du Conseil général de la Commune du même jour, portant que les spectacles seront fermés ; considérant que cette mesure n'est pas nécessaire dans les circonstances actuelles, casse l'arrêté du Conseil général de la Commune de Paris ; ordonne que les spectacles seront inscrits comme à l'ordinaire ; enjoint néanmoins, au nom de la paix publique, aux directeurs des différents théâtres d'éviter la représentation des pièces qui, jusqu'à ce jour, ont occasionné des troubles, et qui pourraient les renouveler dans le moment présent ; charge le maire et la municipalité de Paris de prendre les mesures nécessaires pour l'exécution du présent arrêté. »

Je demande la cassation de l'arrêt du pouvoir exécutif et je me fonde sur ce qu'il n'a pas le droit d'indiquer aux directeurs de spectacles les pièces qu'ils doivent faire jouer. Il y a là une violation flagrante de la liberté de penser et d'écrire ; j'estime que le Conseil exécutif ne peut en aucune manière attenter à l'opinion. J'observe d'ailleurs que Roland n'a point signé cet arrêté.

Thuriot. Je ne suis pas de l'avis de Bancal ; je dis, au contraire, que toutes les fois que la tranquillité publique est menacée, le Conseil exécutif et le Corps municipal ont le droit et le devoir de prendre tous les arrêtés qui leur paraissent convenables pour la maintenir.

Pétion. Cet objet est assez intéressant pour fixer l'attention de la Convention. Dans quelques circonstances que ce soit, ceux qui aiment la liberté doivent en soutenir les principes. Je trouve que l'arrêté du Conseil exécutif blesse les principes, et cela ne sera pas difficile à démontrer. Les magistrats font des invitations ; ils appellent chez eux les directeurs des spectacles, et leur représentent qu'il est imprudent de laisser jouer telle pièce. J'ai fait, moi, de pareilles invitations, et elles ont réussi. Si le magistrat craint, il veille, il envoie des officiers de police au spectacle ; il tient toute prête une force armée. S'il arrive du trouble, le magistrat suspend la représentation de la pièce ; il fait même fermer les spectacles. Mais le magistrat ne doit agir qu'après qu'il y a eu des faits : ce sont les faits, c'est le trouble qui a suivi la représentation d'une pièce, qui est un motif d'empêcher de la jouer. Mais c'est gêner la liberté, que de défendre en général de jouer les pièces qui peuvent troubler l'ordre public, parce qu'on ne sait pas jusqu'où se porte cette défense.

C'est ainsi que fut introduit en Angleterre le droit de censure. Walpole, ce ministre astucieux, en avait présenté le bill au Parlement ; ce bill avait été constamment rejeté. Que fit Walpole ? Il employa le plus célèbre satyrique ; il fit composer une pièce dans laquelle il était déchiré lui-même et le Parlement avili. Cette pièce fit de l'éclat. Le lendemain Walpole présenta le bill et le bill passa.

Prenez garde ; c'est par des précautions vagues, colorées de l'amour de l'ordre, que l'inquisition établit ses bureaux et que le génie de la liberté fut soumis au despotisme sacerdotal et politique. Aujourd'hui on défend une pièce de théâtre, demain ce sera un journal, après demain un livre, et vous ne pourrez plus arrêter le cours de cet arbitraire, dont peut-être l'ambition calcule déjà les résultats derrière le tableau !

Je vais d'ailleurs plus loin, je soutiens que l'arrêté du Conseil exécutif va contre le décret que vous avez rendu samedi, puisqu'il est permis de le limiter aux pièces qui n'avaient point excité des troubles.

Je demande que cette partie de l'arrêté du Conseil exécutif, qui viole la loi que vous avez rendue, soit cassée.

Le Carpentier. Pétion n'a point abordé la question ; il n'a fait que divaguer. Je soutiens que l'arrêté du Conseil exécutif est calqué sur les principes, et je remarque que Pétion aurait dû faire attention que déjà la représentation de cette pièce avait causé du trouble ; je dis que le Conseil exécutif a fait sagement de prendre l'arrêté qu'on vous dénonce ; il a voulu éviter que la tranquillité de Paris ne fût troublée ; et certes il aurait mérité des reproches, s'il n'eût pas pris telle mesure. Vous l'avez chargé, par un décret, de faire la police dans Paris, tant que durerait le procès du ci-devant roi. Je demande l'ordre du jour.

Chalès. Le Carpentier a raison ; l'Assemblée, en cassant cet arrêté, affranchirait le Conseil exécutif et même la municipalité de Paris de toute responsabilité à l'égard des troubles qui peuvent survenir.

J'appuie la demande d'ordre du jour sur la proposition de Pétion.

Lehardy. Je me bornerai à combattre les mesures puériles contre les spectacles par des faits. Lorsque Molière fit le *Tartuffe*, tous les bigots, tous les cafards se liguèrent contre la représentation de cette pièce ; mais la raison l'emporta, et bien que l'on fût sous le règne de Louis XIV, cette pièce fut jouée.

D'autre part, lorsque Voltaire mit au théâtre la sublime pièce de *Mahomet* ou du *Fanatisme*, tous les fanatiques jetèrent les hauts cris. Voltaire n'en eut pas moins tout le succès qu'il devait attendre.

Aujourd'hui un auteur, dont j'ignore le nom, a blessé de l'arme du ridicule tous les cafards de civisme, et ces cafards sans doute sont irrités qu'on leur arrache le masque. Ils veulent arrêter la représentation d'une pièce qui sape leur domination. Mais qu'ils craignent les succès de *Tartuffe* ou du *Fanatisme*.

Quant à nous, citoyens, ne nous mêlons pas, au mépris des lois et des principes, de servir les petites vanités particulières, et ne permettons pas qu'une autorité constituée les serve en violant les lois.

J'appuie la proposition de Pétion.

Aimé Goupilleau. Au nom du Comité de sûreté générale, je demande à faire connaître un fait ; il est contenu dans une lettre de Santerre, que voici :

ÉTAT-MAJOR GÉNÉRAL.
Du 16 janvier à 1 heure du matin.
Le commandant général provisoire aux membres composant le Comité de sûreté générale de la Convention nationale.

« Hier, à la Comédie-Française, les officiers municipaux ont été injuriés et consignés au balcon, d'où ils parlaient aux citoyens. Le commandant général est arrivé dans les couloirs et demandait à prendre les ordres du maire, lorsqu'il fut mandé par le parterre. Le commandant général déclara qu'il n'était là que pour l'exécution de la loi ; il fut injurié, menacé. Les loges étaient vides, trois cents hommes à peu près étaient dans le parterre, la garde a même été maltraitée.

On a arrêté un jeune homme armé d'un gros bâton, qui paraissait être un des chefs de la sédition. Il a été conduit à la police. Il était très bien couvert et il s'est trouvé être domestique du citoyen Gilet, procureur. »

Vous voyez, citoyens, combien l'arrêté du Conseil exécutif est sage. C'est une mesure de prudence.

Guadet. Si j'avais besoin d'un nouveau motif pour demander, ainsi que Pétion, la cassation de l'arrêté du Conseil exécutif, je l'aurais trouvé dans la lettre qui vient d'être lue par Goupilleau.

À quoi, en effet, pourrait-on attribuer ce manque de respect pour les magistrats, sinon à la défense qui a été faite de la représentation de l'*Ami des lois* ? La pièce avait été jouée plusieurs fois, et il n'y a eu de désordre que lorsqu'on a défendu de la jouer et s'il y a eu du trouble, c'est donc parce qu'il y avait opposition de la municipalité ; et il y avait opposition parce que la municipalité avait violé les principes et votre décret. Le Conseil exécutif défend de jouer les pièces qui peuvent exciter du trouble ; mais il n'y a pas une seule pièce dont on puisse assurer que la représentation n'occasionnera pas du désordre…

Dubois-Crancé. Je demande à répondre, en deux mots, à l'échafaudage de liberté que nous fait Guadet.

Guadet. Au reste, le plus grand inconvénient qui puisse arriver, c'est qu'une autorité quelconque se permette d'aller plus loin que la loi ; or, la loi a interdit toute censure et je pense qu'au moment où l'usurpation du pouvoir se manifeste, c'est là qu'on doit l'arrêter. Je pense donc que la Convention doit se tenir invariablement attachée au principe, que la liberté de la presse ait la plus grande latitude ; que la police veille ; qu'elle réprime les délits ; mais qu'elle n'exerce pas le droit de censure, là où il n'y a point d'acte qui exige sa surveillance.

Je demande, comme Pétion, la cassation de la seconde partie de l'arrêté.

Rouzet *et plusieurs membres du centre* : Nous appuyons la proposition ; il est naturel que les citoyens libres s'élèvent contre une défense attentatoire à leurs droits.

Maure. Je ne connais pas l'*Ami des lois*, mais je prétends que cette pièce doit être dans de mauvais principes, car le cinquième bataillon de l'Yonne a voulu s'y porter en foule pour empêcher la représentation ; et il a fallu toute la sagesse possible pour le retenir.

Chambon. Maure vous a dénoncé un fait inexact lorsqu'il a dit que le bataillon de l'Yonne avait eu l'intention de se porter au Théâtre de la Nation, pour en faire sortir les spectateurs. Je sais que ceux qui sont aux Invalides, se plaignirent de ce qu'on les avait fait marcher contre des citoyens paisibles et sans armes.

Dubois-Crancé. Vous avez renvoyé au Conseil exécutif l'exécution des lois, et le maintien de la tranquillité dans Paris, pendant le temps du jugement de Louis Capet. Il est notoire qu'une foule d'aristocrates se rendent à Paris ; les émigrés désertent les drapeaux de Condé et viennent à Paris, il est bien conséquent de ne point leur fournir de lieu de rassemblement. Je ne juge point l'*Ami des lois* ; les principes sont bons, mais le but de l'auteur est perfide... (*Murmures*) et certes, s'il prenait fantaisie à quelqu'un de demander *Richard Cœur de Lion*, vous trouveriez juste, sans doute, de ne pas en permettre la représentation. (*Nouveaux murmures.*)

Je crois qu'une foule de mauvais citoyens se sont portés à la représentation de cette pièce ; que c'est à eux et à eux seuls qu'on doit reprocher les troubles qui ont eu lieu. Je pense que c'est sur cette foule d'hommes, sans titres, sans moyens d'existence, que vous devez porter votre attention. Je demande que la municipalité, le Conseil exécutif et le commandant général demeurent responsables des mesures de sûreté qu'ils ont dû prendre.

Un grand nombre de membres : La clôture ! la clôture !

(La Convention ferme la discussion, rejette l'ordre du jour réclamé, et adopte, à une grande majorité, la proposition de Pétion.)

(*Vives réclamations à l'extrême gauche.*)

Danton. Je l'avouerai, citoyens, lorsque je suis rentré ce matin de la Belgique, je croyais qu'il était d'autres objets qui doivent nous occuper que la comédie...

Plusieurs membres : Il s'agit de la liberté !

Danton. Oui, il s'agit de la liberté ; il s'agit de la tragédie que vous devez donner aux nations, il s'agit de faire tomber sous la hache des lois la tête d'un tyran (*Vifs murmures*), et non de misérables comédies ; mais puisque vous cassez un arrêté du Conseil exécutif, qui défendait de jouer des pièces dangereuses à la tranquillité publique, je soutiens que la conséquence nécessaire de votre décret est que la responsabilité ne puisse peser sur la municipalité. Je demande donc que la municipalité soit déchargée de sa responsabilité, ou bien le rapport de ce décret liberticide, qu'il aurait, sans doute, fallu étendre à l'arrêté qui proscrivait l'opéra d'*Adrien*.

Pétion. Le langage que vient de tenir à cette tribune un ancien magistrat a droit sans doute de nous surprendre tous. Vous venez de rendre un décret qu'il ne vous était pas permis de ne pas rendre. Vous avez consacré un principe que vous ne pouviez pas méconnaître. Ce n'est pas d'une simple pièce qu'il s'agit ici ; le pouvoir exécutif a outrepassé ses limites : il a violé la plus sainte des lois, la liberté. Son arrêté est conçu en termes généraux ; il est attentatoire à la liberté de la presse. C'est toujours en interdisant vaguement ce qui pourrait occasionner du trouble, qu'on a, sous l'Ancien Régime, enchaîné toutes les espèces de liberté. La loi met les pièces de théâtre sous la responsabilité des auteurs et des acteurs. Voilà la responsabilité, la vraie, la seule. Mais quand on vient dire que la municipalité doit être déchargée de toute espèce de responsabilité, ce raisonnement est-il de bonne foi ? Non, c'est à faux qu'on a cité la suspension de la représentation de l'opéra d'*Adrien*. Cette représentation a été arrêtée uniquement parce que la municipalité avait l'entreprise de l'Opéra ; et il est dit dans l'arrêté qu'on ne pourrait la donner avant telle époque, celle où expirait cette entreprise. Où commence la responsabilité ? Ce n'est pas sur des suppositions, à l'avance ; c'est lorsqu'il y a un acte, un fait, que le pouvoir municipal intervient. Alors il y a exercice de la police, et sans doute il est libre au magistrat de suspendre la représentation d'une pièce qui occasionne des troubles qu'on ne peut arrêter autrement. La municipalité ne peut jamais être déchargée de sa responsabilité. Lorsqu'il y a du tumulte, c'est à la municipalité à l'arrêter, à en arrêter la cause. Vous n'avez pas dit qu'on ne pourrait pas jouer des pièces qui pourraient occasionner du trouble ; car vous auriez fait une loi absurde. Il ne s'agit point ici d'une pièce en particulier, il s'agit d'un arrêté en général. Je demande donc la question préalable sur l'amendement.

Danton et **Lamarque** demandent qu'on fasse une seconde lecture de l'arrêté.

Bancal, *secrétaire*. Le voici :

« Le Conseil exécutif provisoire, en exécution du décret de la Convention, du 14 de ce mois, délibérant sur l'arrêté du Conseil général de la Commune du même jour, portant que les spectacles seront fermés ; considérant que cette mesure n'est pas nécessaire dans les circonstances actuelles, casse l'arrêté du Conseil général de la Commune de Paris ; ordonne que les spectacles seront inscrits comme à l'ordinaire ; enjoint néanmoins, au nom de la paix publique, aux directeurs des différents théâtres d'éviter la représentation des pièces qui, jusqu'à ce jour, ont occasionné des troubles, et qui pourraient les renouveler dans le moment présent ; charge le maire et la municipalité de Paris de prendre les mesures nécessaires pour l'exécution du présent arrêté. »

Danton. Je maintiens mon amendement.

(La Convention passe à l'ordre du jour sur l'amendement de Danton.)

22. RAPPORT DU CONSEIL EXÉCUTIF À LA CONVENTION NATIONALE (16 janvier)

Source : *Archives parlementaires*, LVII, p. 339.

Garat, ministre de la justice. Citoyen président, je viens rendre compte à la Convention nationale, au nom du Conseil exécutif, des mesures qu'il a prises pour le maintien de l'ordre dans la ville de Paris.

[…]

À la suite de ces deux lectures, le Conseil exécutif a reçu du général Santerre l'extrait de l'ordre général dudit jour. Le Conseil exécutif avait donné l'ordre hier au général Santerre de lui rendre compte, chaque jour, de l'état de Paris et des mesures prises pour maintenir l'ordre. Il avait également écrit au maire de Paris, pour lui rendre compte. Le maire de Paris est malade. Je vous rendrai compte tout à l'heure de l'entretien que j'ai eu avec lui ce matin. L'extrait de l'ordre renferme des détails sur ce qui s'est passé au Théâtre de la Nation.

Hier, vers les six heures, le commandant général provisoire fut appelé au Théâtre de la Nation, parce que les magistrats y étaient insultés par ceux qui voulaient l'*Ami des lois*. Santerre d'abord ne se montra pas et fit demander un des officiers municipaux qui étaient consignés au balcon. On l'aperçut, et on l'insulta. Il fut traité, ainsi que les officiers municipaux, de scélérat. Le général reconnut plus de trente personnes des plus acharnées qui menaçaient avec de gros bâtons : une d'elles fut aussitôt arrêtée. C'est un domestique chez Gilet, procureur, section de la Croix-Rouge. Il y en a plusieurs désignés, entre autres un grenadier du faubourg Saint-Antoine. Ce grenadier est connu du général pour avoir toujours montré des sentiments contraires à la Révolution, et dont le frère un signataire de pétition, qui a été à l'armée pour se soustraire un moment. Plusieurs présentèrent le pistolet. Le commandant général, ne pouvant obtenir le silence, leur dit qu'ils étaient des aristocrates.

23. DÉCRET DE LA CONVENTION NATIONALE (16 janvier)

Source : *Décrets de la Convention nationale, des 12 & 16 janvier 1793, l'an second de la République française, relatifs aux représentations des pièces de théâtre* (Paris : de l'Imprimerie nationale exécutive du Louvre, 1793).

Décret du 16 Janvier 1793.

La Convention nationale casse l'arrêté du Conseil exécutif provisoire, en ce que l'injonction faite aux directeurs des différents théâtres étant vague et indéterminée, blesse les principes, donnerait lieu à l'arbitraire, et est contraire à l'article VI du décret du 13 janvier 1791, qui porte que « les entrepreneurs ne recevront des ordres que des officiers municipaux, qui ne pourront pas arrêter ni défendre la représentation d'une pièce, sauf la responsabilité des auteurs et des comédiens, que conformément aux lois et aux règlements de police ».

Au nom de la République, le Conseil exécutif provisoire mande et ordonne à tous les corps administratifs et tribunaux, que la présente loi ils fassent consigner dans leurs registres, lire, publier et afficher, et exécuter dans leurs départements et ressorts respectifs ; en foi de quoi nous y avons apposé notre signature et le sceau de la république. À Paris, le seizième jour du mois de janvier mil sept cent quatre-vingt-treize, l'an second de la république Françoise.

Signé Lebrun. *Contresigné* Garat. Et scellée du sceau de la République.

Certifié conforme à l'original

24. NOUVELLE INTERDICTION DE LA SOCIÉTÉ DES JACOBINS (4 février)

Source : *Journal des débats et de la correspondance de la société des Jacobins, amis de l'égalité et de la liberté, séante aux Jacobins, à Paris*, 161 [série correspondance] (6 février 1793), p. 4.

[...] C. « Je ne sais pas si ceux qui intiment les ordres au procureur de la Commune en intiment également aux comédiens ; mais j'ai vu avec surprise qu'ils se sont permis d'afficher pour demain la représentation de l'*Ami des lois*, pièce dont vous connaissez les dangers, et par une astuce criminelle ils ont déclaré que le produit de cette représentation serait affecté aux frais de la guerre. C'est ainsi que, sous le masque du patriotisme, les intrigants travaillent à exciter à Paris des mouvements funestes. Les aristocrates disent, pour défendre cette pièce, qu'elle est le triomphe des lois, et moi, je trouve que les lois y sont ouvertement violées. »

C... « Savez-vous ce qu'on a fait pour avoir l'*Ami des lois*, on a distribué des billets gratis à des personnes affidées, qui après la deuxième pièce ont demandé l'*Ami des lois*, et les comédiens ont eu l'air de céder à leur désir. Il faut que les patriotes s'unissent pour empêcher la représentation de cette pièce... »

C... « L'administration de la police, informée du projet de représenter l'*Ami des lois*, a pris des mesures sagement sévères pour s'y opposer. Elle a mandé tous les comédiens ; ils sont venus, et je leur ai dit : au nom de la loi, l'administration de la police vous déclare qu'elle vous rend personnellement responsables des troubles qui pourraient résulter de la représentation de l'*Ami des lois*. Les comédiens ont voulu répondre, point d'explication, leur ai-je dit, votre pièce est anticivique, elle est contraire aux vrais principes, et elle tend à exciter des troubles. Les comédiens se sont soumis et ont donné leur parole que cette pièce ne sera pas jouée. Je veillerai à l'exécution de cette promesse. » [...]

25. LETTRE DE LAYA AUX CITOYENS COMPOSANT LE CONSEIL EXÉCUTIF (6 février)

Source : *L'Auteur de* l'Ami des lois, *aux citoyens composant le Conseil exécutif* (s.l.n.d.).

Citoyens,

Dans une lettre par vous écrite aux administrateurs du département de Paris, relative aux oppositions formées par des commissaires du *Comité central*, à la sixième représentation de l'*Ami des lois*, dont le produit devait être consacré aux frais de la guerre, vous renvoyez les administrateurs au décret de la Convention, du 16 janvier dernier, « par lequel dites-vous, la Convention ayant annulé la délibération du Conseil exécutif, sur les spectacles, il n'est plus possible d'en arguer pour faire aucune injonction aux comédiens du Théâtre de la Nation. Mais, ajoutez-vous, le Conseil pense que vous devez rappeler aux comédiens, l'article VI de la loi du 13 janvier 1791, qui rend *les directeurs de spectacles responsables des troubles auxquels ils peuvent donner lieu par leurs représentations* ».

Vous avez raison dans la moitié de votre lettre, citoyens ; vous avez tort dans la seconde. Vous avez rendu hommage aux principes, en reconnaissant le droit incontestable qu'ont les comédiens de représenter les ouvrages de théâtre ; mais vous blessez les principes dans l'interprétation que vous donnez de cette responsabilité, qui pèse en effet sur les auteurs et les comédiens, mais qui ne peut avoir trait qu'aux principes de l'ouvrage, et non à des événements qui en sont indépendants.

Voici le texte.

« Les officiers municipaux ne pourront arrêter, ni défendre la représentation d'une pièce, sauf la responsabilité des auteurs et des comédiens. »

La censure étant abolie à l'époque où le décret fut rendu, les législateurs voulurent y substituer un frein toujours pris dans les principes de la liberté. Cette restriction, qui sert de barrière à la licence, fut légitime et nécessaire. Il était tout simple que l'auteur qui donnerait, ou les comédiens qui représenteraient un ouvrage contraire aux bonnes mœurs, prêchant la révolte ou la désobéissance à l'ordre établi, devinssent responsables des excès qui pourraient naître de cette école d'impureté ou d'incivisme, et qu'ils fussent, comme tels, poursuivis dans les tribunaux : mais que ces comédiens soient regardés comme coupables, parce que la paix intérieure ou extérieure du spectacle aura été troublée par des malveillances étrangères ; c'est vouloir punir le magasinier qui débite paisiblement son drap ou sa marchandise, parce que des gens qui n'en voulaient point acheter, se seront battus à sa porte ou dans sa boutique.

Non, ce n'est pas là, citoyens, l'esprit d'un décret sage qui, pour prévenir les abus qui pourraient naître d'une plume licencieuse, n'a pu vouloir réprimer l'écrivain honnête prêchant les lois, l'ordre & les mœurs, parce que des malintentionnés feront du bruit à ses leçons.

Par l'explication dangereuse que vous donnez au contraire à ce décret, les salles de spectacles seraient tous les jours au moment d'être fermées dans les représentations les plus indifférentes, les comédiens tous les jours au moment d'être poursuivis, s'ils étaient en effet responsables de ce qui ne dépend pas d'eux ; des intentions ou des actions d'autrui. J'ai vu, à ce même Théâtre de la Nation, les représentations de *Brutus* troublés par des applaudissements donnés au rôle d'Arons. J'ai vu à une de ces représentations une partie du parterre escalader l'orchestre, et en arracher un particulier qui s'était permis de battre des mains à une sentence aristocratique de ce même Arons. Je vous demande, citoyens, si les comédiens pouvaient en conscience être responsables de ce trouble, ou des suites plus dangereuses qui en eussent pu résulter ? Le jour de ce même décret que vous citez, *Pétion* fit une juste observation : *où commence le trouble*, dit-il, *là commencent les fonctions & la responsabilité des magistrats du peuple.*

Votre devoir, citoyens, permettez-moi de vous le dire avec franchise, n'était donc pas de faire peser sur des comédiens une responsabilité illégale et impossible ; votre devoir était de vous rappeler que *tout ce qui n'est pas défendu par la Loi, est nécessairement permis ;* que *tout ce qui porte atteinte à la vie des citoyens, ou à leur propriété, qui est aussi sacrée devant la loi que leur existence, doit être respecté* ; qu'il n'est pas de pacte social sans ces éléments primitifs ; que vous devez, par vos fonctions, sûreté aux propriétés et aux personnes : votre devoir était, en conséquence, de protéger, de toute votre force, une représentation dont le produit avait été consacré à un acte de civisme ; de ne pas laisser aux malveillants le triomphe de voler aux frais de la guerre, une offrande de *six mille livres,* et plus peut-être, qu'eût donné cette représentation ; d'enjoindre, à cet effet, au département, au procureur de la Commune, & au commandant-général, *sous leur responsabilité personnelle & solidaire*, d'empêcher tout trouble, et de faire cesser tout empêchement à la représentation de l'*Ami des lois*. - Voilà les principes : voilà quel dut être votre devoir, votre marche, et non pas celle que vous avez prise de vous débarrasser sur des citoyens, sans force et sans pouvoir, une responsabilité mal interprétée que la nature de vos fonctions fait reposer entièrement sur vous seuls.

Ce mercredi 6 février 1793, l'an deuxième de la République française.

Laya.

26. LE COMITÉ D'INSTRUCTION PUBLIQUE REFUSE LA MENTION HONORABLE (11 février)

Source : James Guillaume (ed.), *Procès-verbaux du Comité d'instruction publique de la Convention nationale*, I, p. 320.

Un membre a rappelé le renvoi fait au Comité de la question de savoir s'il serait fait mention honorable de l'hommage fait à la Convention de la comédie intitulée l'*Ami des lois*. Le Comité a passé à l'ordre du jour motivé sur ce que la Convention nationale ne devait fixer son attention sur aucun ouvrage, à moins qu'il ne fût relatif à l'objet de ses travaux.

27. LE CONSEIL GÉNÉRAL INTERDIT OFFICIELLEMENT L'*AMI DES LOIS* (31 mars)

Source : *Journal de Paris*, 2 avril 1793, p. 369.

Commune de Paris, 31 mars

Le procureur de la Commune requiert, 1) qu'il soit fait une adresse à la Convention nationale pour obtenir un décret qui ordonne à son Comité d'instruction publique de se faire représenter le répertoire des théâtres, à l'effet de les purger de toutes les pièces propres à corrompre l'esprit républicain ; 2) que la Convention nationale soit invitée de s'occuper des moyens d'établir un spectacle national pour l'instruction du Peuple ; 3) qu'il soit réservé des places particulières et éparses dans toutes les parties de la salle pour les citoyens peu fortunés.

Adopté.

Après avoir entendu lecture du décret de la Convention de ce jour, qui défend la représentation de la tragédie de *Mérope*, pour les mêmes raisons qui ont motivé ce décret, le Conseil général défend la représentation du drame intitulé : l'*Ami des lois*.

Annexe D : Réception dans la presse révolutionnaire

Abréviateur universel, 14 janvier 1793, p. 55.

Variétés. -- *Réflexions jetées sans dessein sur le papier* -- Lecteur, ne lisez point cet article, si vous n'aimez pas penser avec les autres. Lisez-le cependant pour vous assurer que vous n'êtes peut-être pas le seul de votre avis.

Je lisais jeudi dernier dans *Brissot* : « Prêcher l'ordre avant le 10 août, c'était un crime, parce que c'était pour le compte d'un tyran ». (Voilà ce qui pourrait justifier le massacre du 2 septembre : la plupart des victimes n'étaient détenues dans les prisons que pour avoir prêché l'ordre avant et depuis le 10 août. Le peuple ne sait ni l'heure, ni le moment de saisir la distinction que va proposer *Brissot*). « Mais aujourd'hui l'ordre qu'on demande est pour le peuple qui a abattu la royauté ». (Les *Jacobins* vous disent que cet ordre n'est pas réclamé pour le peuple ; mais pour ceux qui, à l'aide des bras du peuple, se sont mis en place de la royauté).

[...]

Brissot disait hier dans son journal, sous la date du 12, « L'anarchie a été battue, ce soir, à plates-coutures. Malgré toutes ses manœuvres, quoique toutes ses forces furent en campagne, l'*Ami des lois* a été joué, aux applaudissements d'un auditoire immense ». Cela n'est pas exact. Le peuple, dans les groupes nombreux qui obstruaient les rues adjacentes au théâtre, déclamait contre la pièce ; on la traitait de pomme de discorde, de point de ralliement pour les aristocrates. Ce n'est donc pas le peuple qui a battu l'anarchie, c'est donc une autre caste. En effet, il y a eu des billets de parterre vendus 6, 7 à 8 livres. On m'a assuré même que des billets de balcon ont été vendus jusqu'à 50 livres. Enfin, le peuple était persuadé que la pièce ne se jouait pas ; moi-même je l'ai cru.

Je ne sais pas d'ailleurs où étaient les forces de l'anarchie. Dès midi une foule de citoyens s'était portée aux environs du théâtre et demandaient opiniâtrement la représentation de l'*Ami des lois*, malgré l'arrêté de la Commune. Personne ou presque personne ne s'est montré contraire à leur désir. Le maire (sont-ce là les forces de l'anarchie ?) arrive pour communiquer au public l'arrêté de la Commune, il est insulté, hué, maltraité. On envoie une députation à la barre de la Convention qui obtient le décret connu. *Santerre*, qui l'ignorait, arrive et représente au public que le bien de la paix et que *l'amour de l'ordre* exigeraient qu'on n'enfreignît pas la loi portée par les magistrats que le peuple s'était choisi. Pendant près d'un quart d'heure il a été hué, sifflé, insulté, on s'est plu à vomir mille invectives, mille personnalités, contre le *Brasseur*. On lui a reproché la journée du 2 septembre. Enfin on a forcé le maire d'assister à la représentation, et on a exigé que *Santerre* se retirât tout à fait. Je ne vois là aucune force réunie contre la force qui a fait plier la volonté municipale au désir d'une classe de citoyens appuyés par près de deux ou trois cents fédérés. Il est cependant vrai de dire qu'au moment où deux cents spectateurs au plus ont pu se faire un chemin jusqu'au parterre, des personnes habillées en garde nationale ont paru sur le théâtre le sabre à la main, et ont menacé le parterre de se faire hacher plutôt que de laisser jouer la pièce. Mais le parterre se remplissant a répondu menaces pour menaces, et le petit nombre, en menaçant qu'il allait chercher des canons, a cédé au plus grand, et est parti sans revenir.

Hier au soir, plusieurs canonniers ont déchiré, au jardin de la Révolution et ailleurs, les affiches relatives à l'*Ami des lois*. On a illuminé par ordre dans tous les quartiers. Les deux partis se sont rassemblés au Théâtre de la Nation et ont demandé, à forces égales, la représentation et la suppression de l'*Ami des lois*.

Affiches, annonces et avis divers, supplément du 4 janvier 1793, p. 45-8.

Quand *Molière* donna le *Tartuffe*, il eut pour but de démasquer les hypocrites, les faux dévots qui, de son temps, étaient en très grand nombre ; et cet immortel ouvrage, quoiqu'il fût attaqué par tous les gens d'église, par le Père *Bourdaloue* lui-même, opéra de grands changements dans les mœurs. Si *Molière* vivait aujourd'hui, il ne manquerait pas de faire *le Tartuffe de Révolution*, de peindre les faux patriotes, qui n'ont sans cesse à la bouche les mots *Liberté*, *Égalité*, que pour s'élever sur les débris d'un despotisme affreux, en créer un autre peut-être plus affreux encore, et charger le peuple de nouvelles chaînes, au nom sacré de la liberté… Il a existé de ces Tartuffes de patriotisme et il doit sans doute en exister dans les temps de réforme et de subversion : l'opinion publique, qui de temps en temps renverse des statues qu'elle avait érigées au milieu du plus aveugle enthousiasme, ne nous avertit que trop de nous méfier des réputations et des actes extérieurs de patriotisme : elle semble nous dire, par les exemples qu'elle nous donne : prends garde, imprudent, tu peux découvrir dans un an que celui que tu honores aujourd'hui de ton estime te trahissait de la manière la plus atroce ! ...

Tous les théâtres de la République ont donné des ouvrages patriotiques, où les principes de la liberté ont été loués comme ils devaient l'être ; mais aucun n'avait encore donné une pièce où l'on peignît l'abus que des intrigants, des sots ou des méchants pouvaient faire de cette liberté si belle, si précieuse, quand elle marche avec les lois et les droits sacrés de l'homme. C'est ce que vient de faire le Théâtre de la Nation, et sans doute c'est le but, c'est l'origine du théâtre en général, qui doit être le tableau fidèle des mœurs et doit corriger les abus, quelque forme qu'ils prennent, et quel que soit le motif qui les fait naître. L'*Ami des lois*, comédie en 5 actes, en vers, jouée avec le plus brillant succès, avant-hier, est la peinture des faux patriotes, des intrigants ; c'est le portrait véritable des *Tartuffes de Révolution* dont nous parlions tout à l'heure. Nous ne dirons point, comme nous l'entendions répéter au foyer, qu'il est *hardi* de donner un semblable ouvrage dans ce moment-ci : un grand peuple, qui se régénère, qui sent ce qu'il lui en coutait lorsque les despotes resserraient la liberté de la presse, celle du théâtre et des opinions, ne peut qu'encourager cette liberté du théâtre et des opinions ; et c'est ce qu'a fait le public nombreux assemblé mercredi à l'*Ami des lois* : cet ouvrage a été reçu avec le plus vif enthousiasme, et l'on en a demandé à grands cris l'auteur, qui s'est présenté. C'est un très jeune homme, le Citoyen *Laya*, auteur à ce théâtre, de *Calas* et des *Dangers de l'opinion*.

[...]

Tel est le fond de cet ouvrage, qui, à l'envisager comme ouvrage dramatique, n'offre point un plan suivi, mais qui donne une terrible leçon à ceux qui ont le malheur de se laisser égarer par de faux patriotes. Nous ne croyons point que l'auteur se soit proposé de faire des applications : sa leçon nous a paru être générale ; ses portraits n'ont point une physionomie donnée ; c'est une masse de grands traits, et non des traits particuliers. Nous lui reprocherons cependant d'avoir fait de son *Forlis* un ci-devant noble : ce personnage eût été plus grand si l'auteur ne lui eut point donné une naissance qui peut lui faire supposer des passions ou au moins de la modération : peut-être aussi a-t-il voulu, qu'élevé avec des préjugés qu'il a foulés aux pieds, son modèle fût plus parfait.

[...]

Annales patriotiques et littéraires de la France, 8 janvier 1793, p. 34-5.

Paris, le 7 janvier

Tous les journaux parlent d'une pièce représentée au Théâtre de la Nation, intitulée *l'Ami des lois*. Sans trop s'extasier sur le mérite littéraire de ce drame, on vante beaucoup son but moral parce que les factieux, les agitateurs, les anarchistes y sont joués, et qu'on ne manque pas de faire d'heureuses applications à tel ou tel personnage ; mais une chose digne d'être remarquée, c'est que ceux qui applaudissent le plus à l'intention civique de l'auteur auraient été les premiers à pousser les hauts-cris si la pièce avait été jouée sept à huit mois plus tôt, parce qu'alors ils étaient les factieux, les agitateurs, les anarchistes : en prenant la place de ceux qui les qualifiaient ainsi, devaient-ils en adopter le langage ? N'y aurait-il pas là tout au moins une espèce d'inconséquence ?

Une autre observation relative à la pièce de l'*Ami des lois*, c'est que les journaux d'institution feuillantine et aristocratique, tels que la *Gazette universelle*, le *Mercure français*, etc., etc., sont précisément ceux qui en font l'analyse la plus étendue et qui lui prodiguent l'encens le plus odoriférant. À cet égard, on n'a rien à leur reprocher : ils en auraient fait autant avant le 10 août. On peut croire à la sincérité de leurs éloges ; mais les autres : ils auraient dit à coup sûr que l'auteur était payé par la liste civile, avec d'autant plus de raison que l'honnête homme de la pièce est un ci-devant noble, lequel fait l'aumône aux sans-culottes, qui l'appellent leur sauveur et leur père, ce qui a bien l'air d'une moralité monarchique ; c'est au point que nous croirions que la pièce avait été composée avant le 10 août et que, malgré la différence des temps, l'auteur a présumé qu'elle pourrait encore être à l'ordre du jour.

On peut mettre à côté de cette production une parodie de l'hymne des Marseillais, dont l'intention est également très civique et très morale : elle est chantée par d'excellents patriotes ; nous n'en avons pu retenir que les deux premiers vers :

Allons, enfants de l'anarchie,
Le jour de meurtre est arrivé ...

Annales patriotiques et littéraires de la France, 12 janvier 1793, p. 52-3.

Dans le même temps, c'est-à-dire quand tous les royalistes vont débitant partout qu'on ne peut juger Louis sans enfreindre toutes les lois, voilà que M. *Laya* fait jouer au théâtre national l'*Ami des lois*. Les aristocrates affluent aux premières représentations, et quand ils se sont bien assurés par eux-mêmes du monarchisme de ce drame, ils demandent qu'on en donne des représentations gratuites pour les *sans-culottes*. Les anciens et les nouveaux Feuillants, pour lesquels la révolution du 10 août semble n'avoir été qu'un pacte d'alliance, se coalisent pour exalter l'auteur et la pièce. Les anciens Feuillants demandaient la constitution, toute la constitution, rien que la constitution, parce qu'ils savaient très bien qu'en suivant cette constitution ils pouvaient arriver à la contre-révolution ; maintenant ils demandent les lois, toutes les lois, rien que les lois, ce qu'on peut traduire par le mode provisoire, rien que le mode provisoire, parce qu'ils savent aussi qu'en perpétuant ce mode ils peuvent arriver à la contre-révolution.

Les nouveaux Feuillants qui se trouvent très bien de ce mode provisoire disent aussi les lois. Si vous demandez qu'on s'occupe de la constitution, qu'on se dépêche d'établir un gouvernement définitif, que la république ne soit pas toujours en espérance et jamais en réalité, vous êtes un anarchiste, un maratiste, un aristocrate, un désorganisateur, un ennemi des lois ; mais, messieurs, pour être un désorganisateur, il faudrait qu'il y eût quelque chose à désorganiser ; pour être un ennemi des lois, il faudrait qu'il y eût des lois : quand vous aurez véritablement organisé la république que vous avez décrétée, alors vous pourrez appeler désorganisateurs ceux qui travailleraient à la détruire ; alors, si l'on représente sur le Théâtre de la Nation un *Ami des lois*, autre que celui de M. *Laya*, il pourra être en effet salutaire ; mais pourquoi voulez-vous qu'on s'extasie sur le mérite d'une pièce qui, par la manière dont elle est conçue et par les circonstances dans lesquelles elle est jouée, n'est visiblement qu'un leurre pour feuillantiser, modérantiser et monarchiser les sots ?

Au reste, il est échappé une naïveté bien remarquable à un journaliste qui, comme les autres, a cru devoir faire un éloge pompeux de ce drame : il a dit que l'auteur avait mis trop de talent dans le rôle de l'aristocrate, que ses raisonnements étaient bien supérieurs à ceux du patriote ; ce qui veut dire sans doute que la pièce serait bien meilleure si elle était moins aristocratique, et nous sommes parfaitement de l'avis de ce journaliste. S ...

Annales patriotiques et littéraires de la France, 14 janvier 1793, p. 65-6.

Nous avons rendu compte hier de l'arrêté du corps municipal, qui suspendait la représentation de l'*Ami des lois* ; cet arrêté n'a pas plus tôt été connu qu'un grand nombre de citoyens, amis des lois jusqu'à la violence, se sont officieusement réunis dans les onze heures du matin autour de la salle de la comédie, et ont demandé avec fureur que la pièce fût jouée. Les comédiens ont envoyé une députation à la Commune pour l'instruire de ce rassemblement : le maire a été chargé de se rendre auprès de ces fougueux amis des lois, il les a harangués ; mais quelle déférence peuvent avoir pour les discours ni pour la présence du premier magistrat du peuple des hommes que dévore le saint amour des lois ! Ils font la motion de forcer ce premier magistrat à assister à la représentation de la pièce, afin qu'il puisse dire au corps municipal si elle a été bien ou mal jouée.

Tandis que ce prologue, bien digne de la pièce, se jouait devant la salle de la comédie, l'auteur, à la tête d'une députation des comédiens, allait à la Convention réclamer contre l'arrêté de la Municipalité : la Convention ayant refusé de les admettre, le maire a été forcé d'écrire une lettre au président, pour le prier de prendre en considération la demande des pétitionnaires. Après avoir lu cette lettre, l'Assemblée est passée à l'ordre du jour, motivée sur ce qu'il n'y a point de loi qui autorise les corps municipaux à censurer les pièces de théâtre. Cet ordre du jour a eu l'effet d'un décret positif, et la pièce a été jouée dans la grande satisfaction des amis des lois.

De retour à la Commune, le maire a été accusé d'avoir laissé croire, dans sa lettre à la Convention, que le Conseil général s'était établi censeur des pièces de théâtre, au lieu de dire qu'il n'avait voulu prendre qu'une mesure de sûreté. Malgré ses explications, on a arrêté qu'il serait censuré au procès-verbal.

Nous n'avons pas parlé de quelques coups de sabre qu'on nous a dit avoir été distribués par des amis des lois à des citoyens qui n'étaient point armés ; cela s'appelle résister à l'oppression. Les journalistes amis des lois, tels que Gorsas, Brissot, les auteurs de la *Chronique*, etc., etc., annoncent que le *véritable peuple de Paris* a triomphé dans cette journée, que *l'anarchie a été battue à plate couture*. Nous sommes très charmés de l'apprendre, car nous ne nous en serions pas doutés. Nous pensions au contraire que le manque d'égards, de respect, enfin la mystification publique d'un magistrat du peuple étaient un nouveau triomphe de l'anarchie : nous nous sommes trompés, sans doute, puisque les vrais amis des lois en jugent autrement. Encore quelques scènes de ce genre, et nous n'aurons plus d'anarchie ; l'ordre s'établira, les vrais amis des lois domineront, et la république sera parfaitement tranquille.

Au reste, quoique nous ayons assez manifesté notre opinion sur la pièce de l'*Ami des lois*, nous sommes bien éloignés d'approuver l'arrêté de la Municipalité qui en a suspendu la représentation, encore moins la démarche des citoyens qui l'ont militairement provoqué. Ce drame, qui n'est qu'une misérable imitation d'une pièce sifflée dans l'Ancien Régime, c'est-à-dire de la comédie, ou de ce qu'il a plu à Palissot d'appeler de ce nom sous le titre des *Philosophes*, est-il donc si redoutable pour le vrai patriotisme ? Pourquoi ne pas lui laisser subir le sort de son modèle ? Pourquoi le faire mourir au bruit des applaudissements lorsqu'il est de sa destinée d'expirer au son des sifflets ? Les *Philosophes* de Palissot, auxquels nous n'aurons pas encore l'injustice de comparer la pièce de M. Laya, furent applaudis aussi tant que les hommes qui y étaient désignés eurent la faiblesse d'en témoigner quelque ressentiment. La coterie antiphilosophique de ce temps-là crut, comme les amis des lois d'aujourd'hui, que c'était le coup de grâce porté à la philosophie ; elle fit célébrer dans les journaux du parti cette élucubration théâtrale : l'auteur fut comparé à Aristophane, il obtint les faveurs du gouvernement et les bénédictions du clergé. Cependant il assurait qu'il n'avait voulu jouer que les faux philosophes, comme M. Laya dit n'avoir joué que les faux patriotes. Qu'en arriva-t-il ? Quelques années après, ce chef-d'œuvre si prôné, si exalté, si applaudi, fut impitoyablement sifflé à la reprise. Les *Philosophes* de Palissot furent enterrés quand la philosophie triompha ; il en sera de même de l'*Ami des lois*, quand nous aurons des lois, quand l'esprit républicain, qu'on voudrait étouffer avec cet avorton monarchique, aura pris toute sa consistance ; cet *Ami des lois* qu'on caresse tant aujourd'hui n'aura plus d'amis ; on ne verra plus cette production feuillantine avec le microscope des passions ; ses partisans et ses adversaires la laisseront tranquillement au mépris. Pourquoi donc ne pas lui laisser mûrir cette proie, et comme l'observe très bien le citoyen Condorcet : si le despotisme a laissé jouer *Brutus*, pourquoi la république ne souffrirait-elle pas qu'on jouât l'*Ami des lois* ?

Annales patriotiques et littéraires de la France, 15 janvier 1793, p. 68-9.

Paris, le 14 janvier.

Il nous reste à rapporter encore quelques détails sur la scène scandaleuse de samedi, qu'on représente comme le triomphe du *vrai peuple de Paris* sur les factieux et les anarchistes. Le maire, en arrivant à la Commune, a essayé de dissimuler les humiliations dont il a été abreuvé par les *amis des lois*, mais Santerre, plus naïf que le citoyen Chambon, a dit qu'au milieu des huées dont lui, général, avait été accueilli, le maire n'avait pas été plus ménagé ; que la place du Théâtre-Français lui avait paru transformée en un autre Coblentz ; que tous les *marquis*, tous les nobles, tous les Feuillants s'étaient rendus là. J'y ai remarqué entre autres, a-t-il ajouté, le prince d'Hénin, et l'un de ces petits *marquis* qui, en pirouettant, a dit : ou on la jouera, ou je *mourrai*. Ces messieurs dominaient absolument, car si j'avais été le plus fort, j'eusse emporté les acteurs, et l'on n'eût certainement pas joué la pièce.

Voilà les *amis des lois* qui ont triomphé dans cette journée, voilà le *vrai peuple de Paris* dont Gorsas a vanté la victoire, voilà comment *l'anarchie a été battue à plate couture*, voilà quels sont les défenseurs officieux de l'*Ami des lois*. On peut juger du mérite du drame par la chaleur avec laquelle ils le défendent. Quand on a reproché au maire d'avoir autorisé par sa présence le succès de cette canaille feuillantine, aristocratique et royaliste, il a répondu qu'il n'avait pu faire autrement. – Vous êtes un lâche, lui a dit un membre, vous deviez vous faire tuer. – J'ai été sur le point de l'être cent fois. Certes si ceux-là qu'on appelle les amis des lois traînent les magistrats dans la boue, cette qualification deviendra bientôt la plus sanglante injure pour un vrai républicain ; elle sera ce qu'était celle d'*honnêtes gens* avant le 10 août, et cela doit être, puisque les honnêtes gens de ce temps-là sont les amis des lois d'aujourd'hui. S ...

Chronique de Paris, 13 janvier 1793, p. 49.

Convention nationale.
Présidence du Citoyen Vergniaud.
Séance du samedi.
[...]

Il s'est élevé une nouvelle discussion sur la pièce de l'*Ami des lois* ; mais pourquoi, lorsque l'instruction publique, la réforme d'un code civil contraire aux principes républicains, l'établissement de la Constitution, la nécessité de repousser une ligue puissante acharnée, semblent demander tous nos moyens, sommes-nous donc forcés de nous occuper d'une pièce de théâtre ?

En quoi la représentation de cette pièce a-t-elle troublé l'ordre public d'une manière si effrayante ? Elle est dans de mauvais principes. Eh bien combattez-la par une pièce meilleure. Quoi ! Le despotisme a laissé jouer *Brutus*, et la république ne pourrait souffrir l'*Ami des lois* ?

Les théâtres peuvent servir à diriger l'esprit public, ils peuvent le perfectionner ou le corrompre, mais une liberté entière est la première condition pour qu'ils soient utiles.

Punissez les délits de quelque manière qu'on les commette ; mais n'assujettissez aucune espèce particulière d'actions à une censure, à des lois répressives. Où commence la violation du droit d'autrui, là commence aussi le délit, et là finit la liberté.

Condorcet. – J. Delaunay d'Angers.

Chronique de Paris, 13 janvier 1793, p. 52.

L'*Ami des lois* occupe toujours les esprits. Pendant que l'on disputait à la Convention pour savoir si on lui accorderait la mention honorable, le libraire en vendait deux mille exemplaires, et les comédiens étaient forcés de refuser autant de monde qu'on en avait admis, faute de place. La Section de la Réunion vient de demander à la Commune d'interdire la représentation de cet ouvrage. On prétend que l'huissier de la rue des Marmouzets a reçu ordre de Chaumette d'assigner l'auteur, les acteurs, le souffleur et les allumeurs. Il paraît cependant que le succès a excité une émulation vive. Le corps électoral s'occupe, dit-on, de la composition d'un ouvrage dramatique : ce qui autorise ce bruit, c'est qu'il a consacré une journée entière à discuter sur l'*Ami des lois*, sans doute pour mieux approfondir les règles de l'art. On dit que cet ouvrage ne peut être qu'une tragédie ; d'autres assurent que ce ne sera qu'une farce.

Correspondance littéraire, philosophique et critique, éd de Maurice Tourneux, janvier 1793, XVI, p. 173-5.

On a donné le mercredi 2 janvier, sur le Théâtre de la Nation, la première représentation de l'*Ami des lois*, comédie en cinq actes et en vers de M. Laya, connu avantageusement à ce théâtre par le drame de *Calas* et par les *Dangers de l'opinion*.

Molière avait osé jouer les faux dévots ; Palissot, avec moins de talent et surtout avec la maligne intention de dénigrer les hommes les plus éclairés et les plus vertueux de son temps, avait joué les faux philosophes, mais ces deux espèces de tartuffes, si opposées l'une à l'autre et qui pourtant se sont succédé, ne formaient pas dans l'État une division politique et n'avaient pas un parti armé de torches et de poignards. Molière et Palissot ne coururent que de faibles dangers lorsqu'ils se moquèrent des charlatans de la religion et de la philosophie. Il y en avait d'incalculables pour M. Laya ; la mort pouvait être le prix de l'énergie de son pinceau et de la ressemblance de ses portraits ; les comédiens qui ont représenté son ouvrage couraient les mêmes périls. Mais, comme auteur, M. Laya a des droits à d'autres éloges ; notre théâtre ne lui fournissait aucun modèle de la comédie politique qu'il a composée ; il n'a pu le trouver que dans celles d'Aristophane. Cet auteur comique ne se bornait pas à représenter sur le théâtre d'Athènes les ridicules ou les vices privés des Athéniens, il y jouait encore les fautes de leur gouvernement, les crimes politiques de ses agents, et surtout les intrigues et les cabales à l'aide desquelles ils séduisaient le peuple et lui volaient sa confiance. Aristophane ne craignit pas, dans sa comédie des *Chevaliers*, de traduire sur la scène, avec le masque hideux de ses vices et de ses turpitudes, l'Athénien Cléon, fils d'un corroyeur et corroyeur lui-même, qui s'était emparé de tout le pouvoir du gouvernement de sa patrie par la sorte de mérite qu'il faut avoir pour réussir dans une république : il avait une voix tonnante, un langage populaire avec lequel il prêchait aux dernières classes de ses concitoyens les principes d'une démagogie qui fit passer dans ses mains tout le pouvoir qu'il eut ensuite l'art de leur reprendre. Il était parvenu par ces moyens au faîte de la puissance, lorsque Aristophane eut le courage de faire de cet homme audacieux et vil le sujet d'une comédie ; il eut même celui de monter sur la scène et de se charger du rôle de Cléon qu'aucun acteur n'osait représenter. Si M. Laya n'a pas joué lui-même dans sa pièce, sa hardiesse n'en fera pas moins époque dans notre révolution, et peut-être son courage paraîtra-t-il plus estimable que celui d'Aristophane en ce qu'il l'exposait à plus de dangers. Les Athéniens étaient accoutumés à voir traiter sur leur théâtre les intérêts politiques, à y voir jouer ceux qui dirigeaient leur gouvernement. C'était pour la première fois que le peuple de Paris entendait agiter sur la scène ces grandes questions ; et ce qui était plus neuf et plus périlleux, il voyait livrer à celle des censures [sic] qui toujours fit plus tôt et plus efficacement justice des ridicules, des vices et des crimes, les chefs d'une grande faction qui a répandu la terreur dans Paris. Pour honorer davantage le dévouement de M. Laya, nous ajouterons qu'il fut plus pur que celui d'Aristophane ; l'auteur de l'*Ami des lois* fut constamment étranger à toutes les factions qui nous déchirent ; en le composant, il ne voulut démasquer que les vrais ennemis de sa patrie. L'auteur des *Chevaliers*, en jouant lui-même sa pièce, décela l'intention de se venger des injures personnelles qu'il avait reçues de Cléon. Mais si les motifs de l'Aristophane français ont été plus patriotiques et plus désintéressés, nous ne dissimulerons pas les défauts de sa comédie.

Le succès de cette pièce est sans exemple ; jamais aux premières représentations, même du *Siège de Calais*, on ne vit une telle affluence au Théâtre-Français. Un pareil succès devait attirer l'attention de tous ceux qui se sont reconnus dans les portraits hideux qu'a si fortement tracés l'auteur. À la quatrième représentation, l'*Ami des lois* a été suspendu par ordre de la Commune ; ce jour la salle était pleine, une foule considérable en occupait toutes les avenues et demandait à grands cris qu'on la jouât ; un décret de la Convention nationale, rendu le soir même, a consacré la liberté des spectacles et l'ouvrage a été représenté au milieu des plus vifs applaudissements. Les comédiens ont cru devoir l'interrompre pendant les terribles circonstances de la fin de janvier. Le 8 du mois suivant, ils en ont annoncé la sixième représentation au profit de la guerre, mais elle n'a point eu lieu, le Conseil exécutif de la République ayant prétendu, dans une lettre qu'il a écrite au département, que les comédiens, par la loi sur les spectacles, étaient responsables des désordres qu'ils pouvaient causer. Ainsi l'*Ami des lois* ne sera plus représenté à Paris, tandis que la plupart des autres villes s'empressent de le faire jouer, et que quelques-unes même en ont fait donner des représentations gratis, où le peuple, par ses applaudissements, a convaincu les Nomophage, les Plaude et les Duricrâne de son horreur pour ceux qui lui font commettre des forfaits qui ne servent que leur ambition et leur haine personnelle.

Gazette nationale, ou Le Moniteur universel, 4 janvier 1793, p. 15.

Dans un pays où il existe des citoyens, où le mot de patrie offre un sens, la première idée, le premier désir de chacun doit être de chercher les moyens de se rendre utile à tous. Sous ce point de vue, combien la carrière théâtrale s'est agrandie ! Au lieu d'intrigues de boudoir, de petites tracasseries entre des fats et des coquettes, qu'il est beau, qu'il est consolant d'offrir sur le théâtre des discussions d'un intérêt général, d'employer le talent à répandre la vérité, à inspirer le goût des vertus publiques et privées ! L'un de nos auteurs dramatiques, le citoyen Laya s'est constamment proposé, dans ses productions, ce but honorable. [...] Le troisième ouvrage qu'il vient de donner, l'*Ami des lois*, tend à éclairer le peuple sur ses vrais intérêts, à lui montrer les maux et les crimes qu'entraînent la licence et l'anarchie, à ramener tous les citoyens vers un centre commun, le bonheur public qui n'existera jamais sans gouvernement, sans ordre, sans respect des lois.

[...]

L'action est, comme on le voit, très simple, mais l'intérêt est ménagé de manière qu'elle attache jusqu'à la fin ; c'est surtout un ouvrage de style, et dans cette partie, l'auteur a parfaitement réussi ; le patriotisme, la philanthropie ont ajouté à son talent. Cette pièce mérite d'être suivie ; il est à désirer qu'elle soit jouée promptement dans toute la France ; on n'en fera point, sans doute, une affaire de parti ; cela ne se pourrait sans injustice ; on sent à chaque vers que ce n'est point l'ouvrage d'un homme de parti, mais celui d'un citoyen vertueux, d'un poète sensible, honnête, qui veut l'affermissement de la liberté par les lois, le retour de l'ordre après une agitation nécessaire ; en un mot, le bonheur de la patrie ; et n'est-ce pas là que les gens de bonne-foi de tous les partis doivent se rallier ? Laya a été demandé ; il a paru, et a reçu les plus vifs et les plus justes applaudissements.

Journal universel, 9 janvier 1793, p. 3731-2.

PARIS. Je rendrai compte demain d'une lettre de la section de Montreuil, mais je ne puis m'empêcher d'annoncer aux sans-culottes, qui ont conquis la liberté, que les royalistes et leurs écrivains sont parvenus à ce comble d'audace où ils étaient avant le 10 août. On va applaudir, aux Italiens, Raoul sire de Créqui dans sa prison, et on fait des allusions infâmes. On va aux Français applaudir l'*Ami des lois*, qui n'est autre chose que la production la plus monarchienne. On va applaudir à l'humiliation des sans-culottes, à qui un ci-devant noble fait l'aumône : aussi cette pièce attire-t-elle tous les aristocrates : aussi a-t-elle reçu les plus grands éloges dans tous les libelles aristocratiques et feuillantins, comme ils l'eussent fait avant le 10 août. Aussi monsieur Gorsas, qui a vanté cette production qui, sous le prétexte du respect des lois, est la satire de la révolution qui a amené la république ; monsieur Gorsas dit que jamais le spectacle n'a été plus complet que lundi. L'*Ami des lois* a eu un succès bien supérieur aux deux précédentes représentations, et il a triomphé de tous les affidés auxquels on a crié : *À bas la Montagne*, et la Montagne a été très docile.

Citoyens, on n'ose pas aujourd'hui encore crier : *À bas les Jacobins*, comme on le criait avant le 10 août ; mais on y substitue ces mots : *À bas la Montagne*. Et nous avons une république ! Jamais le royalisme n'a fait de plus grands efforts, et il est merveilleusement secondé par une partie des mandataires du peuple, par des agents contre-révolutionnaires, par des folliculaires anti-républicains. Les chanteurs, les montreurs de marionnettes, les guinguettes, les spectacles, tout reprend son ancienne allure.

On a appris de la cour les moyens de corrompre l'opinion publique, et tous ces moyens sont mis en usage ; et le trésor de France, ou les banquiers de Berlin, de Londres, de Vienne, de Madrid, payent les prémices du renversement de la république, ou d'une nouvelle révolution fatale aux royalistes.

Braves républicains de Paris, de Marseille et des autres départements, unissez-vous, et faites rentrer dans la poussière tous les ennemis de la liberté et de l'égalité. Représentants du peuple, ayez le courage de condamner Louis promptement, car, si vous balancez, vous levez vous-mêmes l'étendard de la contre-révolution, ou peut-être vous exposez les royalistes à l'indignation des républicains. Vous savez qu'Horace tua sa sœur, parce qu'elle pleurait la mort d'un ennemi de Rome ; vous savez que la majorité de l'Assemblée législative donna à Lafayette un brevet d'immunité, et que la minorité suspendit les pouvoirs de Louis Capet. Maire de Paris, votre devoir est d'empêcher que sur des théâtres on n'inspire des idées royalistes.

Journal universel, 12 janvier 1793, p. 3754-5.

PARIS. La pièce de l'*Ami des lois*, qui n'est autre chose qu'un libelle dialogué, et contre la révolution, et contre la république, attire en foule les aristocrates. Certes, ils y trouvent leur plaisir, puisqu'ils y viennent ; et les soldats de la liberté sont commandés pour protéger l'amusement de ces messieurs et de ces dames, qui nous eussent fait égorger s'ils eussent été les plus forts !!! Aussi comme l'aristocratie lève la tête, et se rit des républicains ! Marseille, on ne te jouerait pas impunément. Tes magistrats auraient horreur des manœuvres employées à Paris pour royaliser l'esprit public et pour égarer l'opinion. Acteurs et auteurs royalistes ont bien tremblé dans la journée du 10 et dans les suivantes, mais pour récompenser les patriotes de leur indulgence, beaucoup d'entre eux affichent maintenant une aristocratie outrée : c'est comme au mois de juillet, ils se croient forts d'une partie de l'Assemblée.

Mercure français, 7 janvier 1793, p. 52-3.

La seconde représentation de l'*Ami des lois* dont on rendra un compte plus détaillé dans ce journal, a attiré, vendredi 4, un grand concours de spectateurs au Théâtre de la Nation. C'est une de ces pièces à circonstances, dont les portraits sont d'autant plus piquants que chacun s'empresse d'écrire au bas le nom du personnage dont il croit reconnaître les traits. Il serait cependant dangereux de se livrer à des applications plus ou moins directes. Ce serait ôter à la malignité tout son plaisir que de lui montrer du doigt ceux qu'elle aime à deviner. En transposant sur la scène les incidents de la révolution, la comédie ne saisit que des traits généraux, comme elle saisissait les travers et les ridicules de la société qui formaient son ancien domaine. Allons donc au théâtre pour y chercher des objets d'instruction, mais gardons-nous d'y porter nos passions et nos haines. Il n'y aurait de blâmable que ceux qui, dans une peinture générale, s'obstineraient à vouloir s'y reconnaître.

Déjà la calomnie se plaît à répandre que l'auteur de cette pièce a été payé par le ministre Roland, car il faut bien que Roland soit coupable de tous les traits qui peuvent blesser son parti. On se tromperait fort si l'on croyait par cette imputation jeter de la défaveur sur ce ministre, car si le citoyen Laya n'avait pas été payé par son civisme pour peindre les excès de l'anarchie et l'hypocrisie de nos faux patriotes, il mériterait de l'être par la nation.

[...]

Mercure français, 9 janvier 1793, p. 65-7.

Voilà enfin un ouvrage dans le véritable esprit de l'art dramatique, celui de la reformation des mœurs. Nous avons déjà fait sentir de quelle importance il est, dans un état qui se régénère, et dont le gouvernement en changeant de forme exige des habitudes nouvelles, que la scène ne s'écarte point de ce but. Il est parfaitement rempli dans la pièce intitulée l'*Ami des lois*. Qu'est-ce en effet que la comédie ? C'est, a-t-on dit, la peinture des vices et des ridicules, qu'elle corrige en faisant rire à leurs dépens. Ce rire ne s'applique sans doute qu'aux ridicules ; cette arme suffit contre eux : le vice doit être peint avec des traits plus forts, il faut le rendre odieux. On ne peut rire d'une action criminelle ; l'auteur doit la présenter de manière à la faire haïr. C'est ce qu'a fait celui de la pièce dont nous rendons compte. Il offre d'abord dans toute sa noirceur un personnage souillé d'un vice aujourd'hui trop à la mode, celui d'un faux patriote, d'un ambitieux agitateur du peuple, d'un calomniateur ; ensuite un aristocrate, tel qu'on en trouve encore quelques-uns, qui ne l'est que d'opinion, mais sa probité, les vertus même que l'auteur lui a données empêchent que cette opinion ne soit dangereuse ; il lui a suffi de la rendre ridicule, et c'est en quoi il a parfaitement réussi.

En opposition à ces deux personnages est le modèle que tout homme de bien doit se proposer : l'*Ami des lois*. C'est un ci-devant noble que la philosophie a éclairé sur la chimère de cette prérogative. Ennemi de tous les despotes, il ne veut se soumettre qu'au despotisme des lois, et leur obéit lors même qu'elles sont injustement appliquées. Amateur ardent de la révolution, il combat également et les plaintes que son ami l'aristocrate lui adresse contre le nouveau régime, et les sophismes dont les intrigants osent appuyer leurs affreux desseins. Sincère ami du peuple, il ne sait point le flatter, mais le servir. Il ne l'accuse point des excès où on l'entraîne quelquefois, mais il s'élève avec force contre ceux qui l'égarent par leurs basses adulations pour leur seul intérêt.

[...]

On a dit (et ce reproche serait plus grave s'il était fondé) que Forlis ne se montrait pas républicain assez prononcé, mais qu'on remarque donc que le but de l'auteur n'est pas d'établir la discussion sur la meilleure forme de gouvernement. Il a voulu prouver seulement, que sous quelque gouvernement que ce soit, républicain ou monarchique, le premier, le plus sacré des devoirs pour un homme de bien, est d'être soumis aux lois. Ce qu'on semble exiger de l'auteur pourrait être le sujet d'un autre ouvrage, mais par les développements qu'il nécessiterait, il ne peut se concilier avec celui-ci.

[...]

Mercure français, 13 janvier 1793, p. 99-100.
Dialogue entre un Cordelier et un franc Républicain.

Le Cordelier. Quelle horreur ! Quel abominable complot ! Non, il n'y a plus de liberté, plus d'espérance ; c'en est fait de la République. – *Le Républicain*. Quel peut être le sujet d'un aussi grand courroux ? – Le sujet ! mille ; ne voyez-vous pas tout Paris courir en foule à cette misérable pièce de l'*Ami des lois*. – Est-ce qu'il n'y a plus de République parce qu'on s'égaye un peu aux dépens des anarchistes, et qu'on apprend au peuple à respecter les lois et à aimer l'ordre ? – Voilà comme vous êtes avec votre ordre et vos lois ; eh ! ne voyez-vous pas que c'est un piège tendu aux sots, pour pervertir l'esprit public et amener la contre-révolution ?

– Je n'y vois rien de tout cela ; la contre-révolution est une chimère ; vous n'y croyez pas plus que moi, mais vous vous servez de ce mot pour séduire les ignorants, et rendre odieux les bons patriotes. C'est une singulière contre-révolution que celle qui n'a pour objet que de faire taire les prédicateurs d'anarchie et d'assurer le triomphe de la liberté, qui n'est autre chose que l'obéissance à la loi. Ne serait-ce pas plutôt la contre-révolution envers les désorganisateurs que vous redoutez le plus ? – Je vous dis que c'est encore là un tour de Roland pour rendre odieux les vrais amis du peuple. – En ce cas, il faut avouer que ce Roland a furieusement de complices. – Que ces anarchistes sont les meilleurs et les plus chauds patriotes. – Dites les plus extravagants ou les plus hypocrites. Je n'ai jamais vu qu'il faille mettre le feu à sa maison pour la mieux conserver, et que pour faire preuve de patriotisme, il faille avilir la Convention, méconnaitre les autorités légitimes, fouler aux pieds les lois et plonger la société dans un chaos tel qu'on n'en pourrait sortir que par un nouveau despotisme. – Vous parlez là comme les journalistes. – Est-ce ma faute si les journalistes ont raison, comme les faiseurs de comédie. – Oh ! Nous saurons bien y mettre ordre ; quand nous aurons chassé tous les journalistes, fait taire tous ces petits aristophanes, renvoyé tous les ministres qui nous déplaisent, et révoqué la majorité corrompue des représentants du peuple, il faudra bien alors que la France entende raison. – Mais la liberté de penser et d'écrire ! – On ne doit écrire et penser ……… – Que comme vous ; ainsi nous n'aurons détruit les censeurs royaux et sacerdotaux que pour les remplacer par d'autres mille fois plus terribles. Eh ! Que n'écrivez-vous aussi ? – Comment lutter contre plus de cent journaux, qui partent tous les jours de Paris pour aller égarer l'opinion dans les départements ? Le moindre de ces journaux a au moins 4 ou 5000 abonnés, qui les font lire à une vingtaine de leurs amis ; ainsi voilà plus de 4 millions de lecteurs qui s'empoisonnent chaque jour ; le moyen de résister à cette masse ! – Convenez que le succès de ces journaux prouve que les principes qu'on y énonce ont de nombreux partisans ; croyez-moi, l'opinion qui se propage par les lumières, est toujours la plus saine, et qu'à la longue les hommes finissent toujours par bien juger de leurs intérêts. – Qu'on nous laisse écrire et parler seuls, et vous verrez changer les choses. – Voilà le mot : vous voudriez gouverner seuls, administrer seuls, faire seuls la constitution, avoir seuls toutes les places, diriger seuls l'opinion. Adieu, mon cher Cordelier, votre doctrine ne fera pas fortune. – Salut, monsieur le rolandiste, girondiste, buzotiste, brissotiste, fédéraliste .... Ce diable d'homme m'a pourtant embarrassé avec ses raisons, mais courrons le dénoncer.

Mercure français, 14 janvier 1793, p. 109-11.

L'*Ami des lois* avait déjà eu quatre représentations. Le plus grand ordre avait régné dans l'intérieur et à l'extérieur de la salle ; les citoyens n'avaient eu besoin, pour faire la police, que de se souvenir du titre de la pièce, et l'on avait vu combien la force armée est inutile, quand des hommes libres sont abandonnés à la droiture de leurs sentiments. Il en aurait été ainsi pour toutes les représentations, mais les ennemis de l'ordre et des lois ont voulu absolument s'approprier des portraits où l'on devait être peu jaloux de se reconnaitre. On a même été aux Jacobins jusqu'à prétendre que par deux des personnages de la pièce qui n'y jouent pas le rôle le plus favorable, on avait voulu désigner deux des membres les plus distingués de cette société, Robespierre et Marat.

Socrate ne s'était point offensé des traits qu'Aristophane avait lancés contre lui sur le théâtre d'Athènes, il est même probable qu'il aurait été un des plus ardents admirateurs de l'*Ami des lois*, puisqu'il sut leur obéir en mourant, mais nous ne sommes plus au temps de Socrate. Nos sages modernes sont un peu plus irascibles.

[...]

Mercure français, 18 mai 1793, p. 98-9.

Les représentations de cette pièce ont été suivies avec une affluence et applaudies avec des transports qu'il est difficile, quand on l'a lue, d'attribuer au mérite de l'ouvrage. On sait quelles circonstances l'ont écartée du théâtre, à l'instant même où, livrée à l'impression, elle commençait à perdre beaucoup de l'opinion qu'on en avait conçue. Il n'est point dans mes principes d'approuver des prohibitions arbitraires, fondées sur les applications qu'on peut faire de tel ou tel endroit d'une pièce, et sur les allusions qu'on peut y saisir : tout cela est du fait des spectateurs et non pas de l'auteur, qui, par conséquent, n'en est pas responsable. Il n'y a point de drame que l'on ne pût prohiber sur un pareil prétexte, et il ne faut point défendre la liberté avec les armes de la tyrannie. Je dois croire d'ailleurs et je crois que les intentions de l'auteur étaient irréprochables. Mais les a-t-il bien remplies ? Et l'ouvrage si défectueux dans les principes du théâtre et du goût est-il irrépréhensible même sous les rapports civiques et politiques ? C'est ce que je vais examiner avec l'impartialité dont j'ai toujours fait profession.

Rien de plus mince que l'intrigue ; elle roule toute entière sur un papier égaré, qui contient la liste de 150 personnes que Forlis, l'*Ami des lois*, entretient à 20 sols par jour. Cette liste trouvée par un Duricrâne, journaliste délateur, sert à fonder contre Forlis une accusation dont la fausseté est bientôt reconnue et qui ne le met en danger que pour le faire triompher. Voilà toute l'action ; car d'ailleurs le mariage projeté entre Forlis et une fille de l'aristocrate Versac n'est là que parce qu'il faut apparemment un mariage dans toute comédie.

D'abord à quoi bon cette liste sur un papier volant, si ce n'est parce qu'on a besoin qu'elle soit perdue ? Elle doit être naturellement sur le livre de commerce de Bénard, l'homme d'affaires de Forlis, et Bénard lui-même dit qu'elle y est en effet. Toutes les dépenses réglées sont portées sur des registres et non sur des feuilles volantes. Ce ressort est petit et forcé. De plus, il ne remplit pas le but de l'auteur, qui, sans doute, veut rendre le délateur odieux ; mais soyons justes : à qui donc ne serait pas très légitimement suspecte, dans un temps de révolution, une semblable liste, qui, sans aucune explication, offre les noms de 150 employés (qui ont perdu leur place, et par conséquent peuvent être mécontents), salariés à 20 sols par jour par un particulier ? En vérité, sans être un Duricrâne, on peut regarder un tel papier comme matière à recherche, et à recherche très sérieuse, et qui peut se douter que c'est là une liste d'aumônes ? Le plus honnête homme, le meilleur citoyen, se croirait obliger de déférer un papier d'une nature si étrange. Ce ressort a donc l'inconvénient d'être fort mal imaginé dans le dessein général de l'ouvrage, et d'être pourtant le seul qui fasse mouvoir toute la machine de la pièce ; ce n'est sûrement pas là une invention heureuse.

[...]

Le Patriote français, 15 janvier 1793, p. 58-9.
PARIS. Du lundi, 14 janvier 1793.

Nous devons ajouter quelques anecdotes au récit de ce qui s'est passé à l'occasion de l'*Ami des lois*.

Plusieurs fédérés trompés par des suggestions maratistes, et croyant de bonne foi la pièce aristocratique, tirèrent le sabre. On en arrêta un ; on le questionna. – De quel département êtes-vous ? – Du département de l'Yonne. – Pourquoi êtes-vous venu ici ? – Pour empêcher de jouer la pièce nouvelle, qui est aristocratique. – Qui vous a envoyé ? – Le club. – Quel club ? – Celui des Jacobins. – Avez-vous vu la pièce ? – Non. – Eh bien, mon ami, voyez-là, et vous ne serez plus tenté d'assassiner les citoyens qui veulent que le règne des lois succède à l'anarchie. – Ce jeune homme, frappé de l'observation, redemanda poliment son sabre, et se plaça dans les rangs pour avoir un billet, et voir l'*Ami des lois.*

Santerre, entouré de soldats armés d'épées et de sabres nus, était sur le point d'entrer au théâtre par la porte du parquet ; un jeune homme l'aborde, et lui dit tranquillement : « Eh quoi ! Général, vous osez paraître au milieu de vos concitoyens désarmés avec des épées et des sabres nus ! Voilà ce que faisait Lafayette ». Santerre, furieux, lui répond avec son éloquence ordinaire : « Comment des sabres nus, comment des épées nues ! Vous êtes un *sacré* Feuillant, un *foutu* aristocrate ». Le jeune homme lui répliqua fièrement : « Mon général, vous êtes donc aussi aristocrate, car hier au soir vous avez retenu une loge pour voir la pièce nouvelle ».

Père Duchesne, no. 208, p. 2-6.

Déjà, foutre, une armée de mouchards est répandue dans tous les départements pour apitoyer le peuple sur le sort du ci-devant roi. Des voitures d'affiches de la composition de Roland et de son galopin Louvet partent chaque jour pour aller tapisser toutes les villes et les villages de la république ; tous les écrivassiers aux gages du vieux marchand de farine broient du noir nuit et jour pour exciter les citoyens des départements contre ceux de Paris, et allumer la guerre civile. Les Feuillants, les royalistes qui depuis le 10 août font semblant d'être convertis, attisent le feu autant qu'ils peuvent. Ils calomnient les meilleurs citoyens. Ils cherchent à persuader que ceux qui ont sauvé la France sont des scélérats. Tandis, foutre, que dans les places publiques et les cafés on chante des complaintes sur le sort du pauvre Capet, les bateleurs, ci-devant comédiens du roi, jouent une mauvaise farce, fabriquée dans le boudoir de la reine Roland. Les véritables défenseurs du peuple, ceux qui ont foulé aux pieds l'or de la liste civile et celui des rois, ceux qui ont bravé les poignards et le poison de Lafayette pour soutenir la liberté et l'égalité, sont traités comme des georges-dandins dans cette bougre de rapsodie. Toutes les coquines de Paris, tous les escrocs vont en foule applaudir ce prétendu *Ami des lois,* qui n'est dans le fond que l'ennemi du peuple et de la liberté. Mille nom d'un foutre, pouvons-nous souffrir qu'à notre barbe et à notre nez on insulte ainsi les patriotes ? N'avons-nous plus de sang dans les veines ? Où sont donc vos sifflets, braves sans-culottes, ou plutôt n'avez-vous pas de bons gourdins et des nerfs de bœuf pour apprendre à vivre à des foutus baladins qui cherchent à corrompre l'opinion publique ? Devrait-on jouer maintenant d'autres pièces sur nos théâtres que *Brutus* et la *Mort de César*.

Braves lurons des faubourgs, faites une descente dans le faubourg Saint-Germain pour signifier aux comédiens du roi qu'ils doivent être maintenant les comédiens de la République ; c'est à vous à censurer leurs pièces. J'avoue, foutre, que vous ne vous occupez pas beaucoup de cette engeance, que fatigués des travaux de la semaine, vous aimez mieux aller boire à la Courtille, et que vous êtes mille fois plus heureux en pompant du vin de Surêne ou de Briolet que d'aller dormir dans les loges de la comédie française. Ce n'est pas pour vous que les spectacles sont faits, mais pour les fainéants qui vont là pour tuer le temps. Cependant, mes amis, prenez y garde. On peut faire plus de mal avec une farce que vous ne vous imaginez. Songez, foutre, que c'est dans une orgie à Versailles et en chantant quelques couplets du roi Richard, que le roi-Capet forma le projet de vous égorger. Les spectacles sont maintenant un point de rassemblement pour nos ennemis. Les aristocrates, les royalistes y essayent leurs forces. Quand ils seront en assez grand nombre pour y faire applaudir les pièces qu'ils font fabriquer, ils se croiront assez puissants pour nous foutre des croquignoles. Alors ils lèveront la crête, et il faudra encore nous donner un coup de peigne.

Il y avait au temps jadis un certain grec nommé Socrate, c'était le plus vertueux des hommes, non pas à la manière de Roland, car, foutre, au lieu d'être hypocrite, ce brave citoyen passait sa vie à dénoncer ceux de son temps et surtout les prêtres. Il méprisait toutes les richesses et vivait tranquillement du travail de ses mains dans une petite baraque qu'il préférait aux plus beaux palais, parce qu'elle était remplie de véritables amis. Il aimait le peuple et le défendait de toutes ses forces. Il l'instruisait sur ses droits, il lui faisait connaître ses ennemis. Dans ce temps-là, comme dans tous les temps, les riches voulaient faire la loi aux sans-culottes, et Socrate voulait que la loi fût égale pour les pauvres comme pour les riches. Bientôt il fut persécuté, les prêtres l'accusèrent d'être un hérétique, les aristocrates l'appelèrent factieux, désorganisateurs. Une bande de tyrans qui voulaient régner sur la république résolut de perdre ce brave bougre, afin de l'empêcher de découvrir leurs manœuvres. Après l'avoir vilipendé longtemps, après l'avoir accusé de tous les crimes qu'ils méditaient, ils firent fabriquer par un poetrailleau qui était à leurs gages une pièce semblable à celle qui sort de la boutique de Roland. Ce pauvre Socrate y était bafoué. Les Feuillants, les modérés, criaient *bravo*. Les badauds du temps furent assez sots pour rire eux-mêmes de cette farce. Qu'arriva-t-il, foutre ? On oublia toutes les bonnes actions de Socrate, pour ne songer qu'aux prétendus défauts que ses ennemis lui reprochaient, à la fin, le plus sage et le meilleur des humains fut condamné à boire la ciguë et il mourut martyr de la raison.

Voilà, sans-culottes, si vous n'y prenez garde, le sort que l'on réserve à vos amis. On les décrie, on les déchire, on veut les rendre ridicules pour les faire bientôt périr. Malheur à vous si vous les abandonnez. [...]

Le Républicain, Journal des hommes libres de tous les pays, 11 février 1793, p. 430.

C'est une vérité affligeante que presque tous ceux qu'on désigne sous le nom de gens de lettres, sont autant d'hommes perdus pour la Révolution... il semble qu'un poète, comme l'abbé de Lille, par exemple, qui depuis son enfance a asservi son esprit à méditer sur le mécanisme d'un vers, soit incapable de s'élever à la hauteur de la liberté... En général, *les muses sont aristocrates.* Nous sommes fâchés de ranger dans cette classe le jeune Laya, auteur de l'*Ami des lois*, pièce en 5 actes et en vers, qui avait attiré au Théâtre Français tous les égoïstes, tous les riches, tous les propriétaires, et parmi les patriotes, tous ces génies étroits,

... Dont les sombres pensées
Sont d'un mage obscur toujours embarrassées.

Car pour rappeler l'allusion de Gensonné, le patriotisme compte aussi parmi ses sectateurs *les oies du Capitole*. Mais parlons de l'*Ami des lois* ; il faut tout le courage et l'impartialité d'un homme pur pour écrire un article entièrement opposé à tous les journaux qui ont comblé d'éloges cet ouvrage ; car le titre imposant de l'*Ami des lois* est perfide à tel point que c'est murer contre soi une prévention funeste que de combattre une production cuirassée par son annonce... Et la première idée qui se présentera à l'esprit des gens sans réflexions sera de nous traiter d'anarchistes, de factieux, d'ennemis de l'ordre... Nous leur rappellerons ce mot de Thémistocle : *Frappez ; mais écoutez.*
[...]
On conviendra que ce récit est dans le sens des petites loges qui ne sont jamais vides à la représentation de cet ouvrage. [Note de l'auteur : À la troisième représentation, les billets de parquet de 1 l.

16 s. se vendaient 6 livres, preuve que le peuple ne peut pas aller voir cette pièce.] Maintenant à notre tour.

D'abord, c'est une maladresse ou une aristocratie que d'avoir fait de l'ami des lois un ci-devant... parce que quand il déclare qu'il sacrifie volontiers ses biens, personne ne peut tenir compte à un homme puissamment riche d'oublier facilement une perte légère, mais un vrai *sans-culotte* qui aurait vu incendier sa maison, qui serait sa seule propriété, aurait beaucoup de mérite à dire... *je n'ai plus rien ; mais je pardonne au peuple son erreur*. Voilà ce qui ne pouvait entrer dans la tête d'un homme de lettres ; mais l'auteur est un modéré faible, ou un aristocrate pusillanime. Que signifie son *Nomophage*, son *Filto*, son *Duricrâne* ? L'un est-il *Danton*, ou *Robespierre*, l'autre *Pétion*, et *Duricrâne*, *Marat* ? Pourquoi cette faiblesse de ne point nommer les choses par leur nom, et de ne point *appeler un chat un chat, et Rolet un fripon*.

Si l'auteur n'a point voulu peindre ces personnages, ils sont insignifiants ; si au contraire, ce sont eux qu'il a eu en vue, il outrage des patriotes chez qui trop d'impétuosité peut-être n'est pas un crime ; il a mené sa conscience, et prouve qu'il manque de caractère. Je veux qu'on soit chaud patriote, ou franc aristocrate ; et il est évident qu'une pièce ouvertement contre-révolutionnaire serait mille fois moins dangereuse que celle qui sous une apparence d'ordre tend à bouleverser la société... Qu'a voulu nous apprendre l'auteur par cette scène de partage, par cet acte de fédéralisme ? Est-ce madame Roland qu'il a eu en vue sous madame de Versac ? Mais il atténue la force de ses idées par le ridicule de leur conception, et l'on ne s'attend pas plus à voir madame Roland souveraine, que Robespierre dictateur, ou Pétion roi de France, sous le nom de Jérôme premier.

Maintenant, bon peuple de Paris ! C'est à toi que nous adressons la parole... Laissons à leurs préjugés, à leurs vices tous ces foutus égoïstes, tous ces lâches propriétaires, qui fatiguent encore le corps politique de leur stérile existence... Mais toi, tu es bon, tu es juste, tu peux servir ton pays, tu as droit à notre sollicitude. On t'égare... On veut te donner *gratis* des représentations de cet ouvrage, où tu avales, sans t'en douter, les poisons les plus lisiblement distillés... Enfin on veut t'armer contre ton propre ouvrage... *On veut te faire défaire la révolution.* On te dit, (et des journaux menteurs l'assurent), que ta majesté est vengée de cet ouvrage, que ta justice est faite dans cette fiction absurde ; mais on t'abuse ; vois avec nous. D'abord, on fait commettre au peuple une vengeance ridicule, en lui faisant briser les meubles de

Forlis. Mais ce n'est pas le peuple qui brise des meubles... Quand le peuple se venge, la maison est déjà renversée... Et à Londres, dans une émeute populaire, il ne faut pas aux sans-culottes, pour démolir une maison, le temps qu'il faut aux comédiens français pour jouer cet ouvrage... La force du peuple est un torrent à qui rien ne résiste... Or ce n'est donc pas le peuple qui s'amuse à briser quelques glaces... Donc le peuple ici est calomnié et peint sous des couleurs mensongères.

Ensuite, on dit que cet ouvrage est le triomphe de la loi... Mais quelle loi est mise en vigueur ? Quelle loi triomphe ? Il n'y en a aucune, je défie le Feuillant le plus astucieux de nous prouver qu'il y en ait une seule d'exécutée... Mais, peuple de Paris ! Songe bien plutôt que c'est la coutume des hypocrites politiques de toujours crier à la loi, comme c'était la coutume des prêtres impudiques de prêcher sans cesse la continence.

Ainsi, patriotes abusés, peuple crédule et facile, reviens de ton erreur, aperçois ce piège, évite l'hameçon ; on n'a pu te vaincre, on cherche à t'égarer... Que ton heureux instinct te préserve encore de la séduction ; et prouve, par ton juste mépris, que le génie malfaisant de tes lâches oppresseurs doit toujours échouer contre ton amour pour la justice et la vérité.

Révolutions de Paris, 12 au 19 janvier 1793, p. 157-76.

Six semaines avant la première représentation de cette prétendue comédie, les acteurs chuchotaient à l'oreille des habitués de leur théâtre : vous aurez du nouveau dans peu, dont vous serez satisfaits plus que nos petits messieurs les agitateurs, les factieux, les journalistes incendiaires ; nous leur préparons une pièce où ils sont peints traits pour traits ; nous les forcerons à se reconnaître eux-mêmes, et à dire : mais c'est nous qu'on ose jouer. La bonne comédie grecque est enfin ressuscitée ; Aristophane n'a rien fait de mieux. Vous verrez, il est vrai, que le poète a eu des notes de bonnes mains ; on lui a fait sa leçon à merveille. Nos anarchistes sont tués, ils ne s'en relèveront pas, et nous, nous ferons beaucoup d'argent. De leur côté, la Comtat et autres actrices moins discrètes, annonçaient déjà aux foyers une petite contre-révolution dans les esprits, opérée doucement à l'aide de l'*Ami des lois* : cette pièce fera revenir sur le compte des aristocrates, disaient-elles ; elle les fait aimer, malgré qu'on en ait.

Ces messieurs et ces dames du Théâtre Français ont le tact fin ; et il n'en fallait pas beaucoup pour prévoir la vogue éphémère d'un tel ouvrage, fût-il plus mauvais encore. Mais à présent qu'il est imprimé, on peut appeler du prestige des représentations au calme de la lecture, et examiner de sang-froid si la cause répond aux effets.

[...]

A-t-on jamais lu quelque chose de plus risible ? Il faut que le succès ait tourné la cervelle à ce pauvre Laya. La veille de la première représentation il s'était confessé, dit-on, et avait fait son testament ; mais le voilà bien rassuré. Tudieu ! Comme il est devenu important !

Il aurait dû en rester là, et ne pas nous parler de désintéressement et de *vertus qui rapportent*. Son civisme lui a profité, et il espère bien qu'il lui profitera encore, car il a pris le soin, au verso du titre de sa pièce imprimée, de publier l'acte de sa propriété, et d'apposer sa griffe, pour se mettre en mesure vis-à-vis les directeurs de spectacles, et les contrefacteurs de livres.

On lui a fait un petit reproche. Son *Ami des lois* est un noble : il répond qu'il l'a choisi tout exprès pour faire valoir la Révolution, et veut nous persuader que la conversion politique d'un ci-devant est bien autrement méritoire que celle d'un roturier.

C'est une gasconnade. De bonne foi, à qui Laya pourra-t-il persuader qu'un noble, arrivé à l'âge de son M. de Forlis à travers toutes les jouissances et les distinctions de la caste privilégiée, tombera subitement amoureux de la Révolution, et deviendra *un vrai philosophe, un philosophe pratique*, comme il nomme son héros ? Mais quels si grands efforts donc a dû faire ce M. de Forlis, en se déclarant pour une Révolution qui ne lui demande d'autre sacrifice que celui de ses parchemins, qui lui laisse un bel hôtel, de beaux meubles, de belles glaces, de beaux tableaux, qui ne l'a pas tellement dépouillé qu'il ne soit encore assez riche pour avoir un intendant, et nourrir une valetaille qu'il appelle ses gens, et dont il s'intitule le maître comme jadis ? Mais on vient l'arrêter sur une dénonciation vague. – Oui ; mais on obtient de la loi qu'il n'aura pour maison d'arrêt que celle de son ami. – Mais le peuple met le feu à son hôtel, et il bénit encore, sur les débris de sa fortune, cette Révolution qui le ruine, dit Laya. Oui, mais on lui sauve son portefeuille où se trouvent

... De bons effets d'une assez forte somme. (Act. IV, Sc. 6)

Or, un homme bien avisé comme Forlis, qui sait calculer et tirer parti des circonstances, dans celle où il se trouve, doit se dire : tout compte fait, malgré l'abolition de mes titres et la perte de ma maison, il y a encore plus à gagner pour moi à me dire patriote et ami des lois, qu'à émigrer ou à m'obstiner sottement à demeurer aristocrate, comme le fait le baron de Versac. Peut-on comparer un tel personnage à ce plébéien artiste ou artisan qui, privé d'ouvrage, sevré de ses enfants qu'il a lui-même envoyé aux frontières, végète en bénissant une Révolution qui le laisse sans pain, mais qui lui rend tous ses droits d'homme et de citoyen ?

Soyez de bonne foi, M. Laya, ce n'est pas sans dessein que vous avez choisi un ci-devant pour héros de votre œuvre comique ; tous les gens du bon ton, tous les hommes comme il faut que vous hantez, tous ces modérés dont vous faites un si pompeux éloge, vous ont tracé la route que vous deviez tenir à cet égard, et vous sauront gré de votre docilité. Le suffrage des *honnêtes gens* vous attendait avec les 6000 livres de Maradan et votre part d'auteur. Tout cela est bien tentant pour un poète, un versificateur : qui eût craint, comme vous vous en flattez, de *déshonorer son art*, ne se serait point prêté à ce lâche accommodement.

Mons. Laya, vous ne répondez pas mieux à un autre grief plus grave encore, c'est que les deux seuls ci-devant nobles de votre pièce en sont aussi les deux seuls gens de bien ; il semble que vous ayez voulu mettre vos spectateurs dans le cas de se dire en sortant de la représentation : ma foi, il fait meilleur vivre avec ces deux *honnêtes gens*, qu'avec les *patriotes* mis en scène à côté.

À cela vous répondez que « les hommes de sens distinguent avec vous deux sortes d'aristocrate ; celui de Coblentz et celui de Paris ; et ce dernier, dites-vous, reste fidèle à son pays, n'est qu'aveuglé. Des peintures exagérées ne feraient que l'irriter bien loin de le guérir ». – Quel si tendre intérêt prenez-vous donc à cette classe d'hommes suspects et incurables ? Vous vous mettez en frais pour les rendre aimables ; si vous aviez osé, vous les auriez appelés nos frères, tout à ces ci-devant gentilshommes qui se tiennent coi par pusillanimité, et qui épient l'occasion de se venger avec éclat ; tels que ce Versac à qui vous faites dire tout bonnement :

> Nos émigrés, mon cœur les désapprouve ;
> Mais, dans l'âme comme eux gentilhomme français,
> Je puis, sans les servir, attendre leurs succès. (Act. I, Sc. 1)

Osez-vous bien vous vanter d'une conversion qui consisterait à professer l'*honnêteté* de ce M. de Versac ? Après cela vantez-vous d'avoir tout le courage de Molière : rougissez plutôt en relisant ces deux vers du *Misanthrope*, que vous avez l'impudeur de vous appliquer :

> Ce me sont ... de mortelles blessures,
> De voir qu'avec le vice on garde des mesures.

Nous aimons à croire que l'auteur de l'*Ami des lois*, jeune encore, poussé d'ailleurs par des mains invisibles, n'a pas senti toutes les conséquences de son sujet, et de la manière qu'il l'a traité.

[...]

De bonnes gens qui voient leur roi partout ont su bon gré à l'auteur de leur rappeler adroitement dans la bienfaisance mystérieuse du ci-devant de Forlis, celle de Louis XVI, qui dit-on, entra une fois dans un grenier à Versailles, caché sous un manteau couleur de muraille, pour jeter un louis d'or sur le grabat d'une famille expirante de besoin. On s'extasia dans le temps sur cette anecdote qui fut arrangée au château, pour en faire oublier une autre toute récente et d'un genre différent. Sa majesté avait coupé les jambes d'un malheureux paysan d'un coup de fouet, à la chasse, attendu qu'il ne détournait pas assez vite sa charrette, et retardait le passage des chiens et des valets du prince.

[...]

On cherche à qui appartient le masque de Nomophage ; le public n'a point été d'accord sur les applications de ce rôle : est-ce Danton, est-ce Robespierre ? Le costume de l'acteur laissait voir l'intention de désigner quelques-uns de nos députés. Si Fabre d'Églantine occupait à la Convention les devants du tableau, on pourrait croire que Saint-Prix à pris sa mesure pour mieux le désigner.

[...]

Duricrâne arrive ; celui-ci n'est pas difficile à reconnaitre. Le poète, dans la liste de ses personnages, le qualifie de journaliste ; et l'histrion La Rochelle a, pour ainsi dire, emprunté les habits, le chapeau et les gestes de Marat.

[...]

Le troisième des originaux annoncés et peints tant bien que mal par Versac au commencement de la pièce paraît à la troisième scène du troisième acte. C'est un M. Plaude, joué avec beaucoup de complaisance par Dazincourt. On dit que plusieurs traits de cette caricature pourraient convenir à l'aîné des Robespierre.

[...]

Cet éloge vrai du peuple [vers 1053 à 1062] a fait la fortune de la pièce auprès de quantité d'honnêtes citoyens qui n'ont point soupçonné de piège dans cette affectation de parler du peuple, et de placer ses louanges dans la bouche d'un ci-devant. Le projet était de donner au public plusieurs représentations gratuites de cette comédie, afin que les spectateurs, en sortant, se disent l'un à l'autre : As-tu pris garde à ce que ce monsieur le marquis de Forlis a dit du peuple ? Personne n'en a si bien parlé. Oh ! Il y a bien des honnêtes gens parmi les ci-devant nobles. On pille, on brûle la maison de celui-ci. Tout autre à sa place maudirait le peuple : lui, au contraire, il l'excuse, il le plaint, il le bénit. Quelle noblesse d'âme ! comme ces modérés se possèdent ! ... Nous défions l'auteur de nous citer un noble incendié bénissant les incendiaires.

[...]

Si nous revenions sur cette liste, il nous serait aisé de prouver qu'elle fournissait matière à dénonciation. Cent cinquante noms d'hommes du peuple mystérieusement salariés par un ci-devant noble doit paraître suspect et exciter la surveillance des magistrats, surtout en ces temps de trouble.

[...]

Quelques sections prirent de l'ombrage de la pièce de l'*Ami des lois*, qu'elles ne connaissaient sans doute que sur des faux rapports. Elles crurent que sous un titre juste et raisonnable, sous un titre digne d'une pièce républicaine, elle cachait des intentions perfides, et se hâtant de juger avant que de connaitre, elles travaillèrent à la faire sortir de la nullité dont le hasard ou la l'intrigue l'avait tirée. Elles s'adressèrent au Conseil général pour lui communiquer leurs craintes : là, si le buste de Marat et de Robespierre ne frappent pas les yeux, comme jadis celui de La Fayette et de Bailly, leur esprit règne encore ; là, Robespierre surtout est vénéré comme un ami chaud de la liberté : or, dans *Plaude*, *Duricrâne*, *Nomophage*, trois personnages jetés au même moule et qui n'ont aucun caractère, aucune nuance particulière qui les distingue, on démêle au milieu toutes les horreurs dont Laya les charge à dessein quelques traits prononcés qui peuvent à la rigueur convenir à Robespierre et à Marat : c'en était assez pour réveiller l'irascibilité des représentants de la Commune provisoire, et les adresses des sections trouvèrent les esprits bien préparés : sans discuter les principes, sans obéir aux convenances, sans suivre aucune tactique, la Commune, frappée d'une commotion électrique, suspendit la représentation de la pièce.

Il était cependant aisé de voir que si quelques traits ressemblaient à Robespierre et à Marat, il y en avait une infinité d'autres qui les rendaient méconnaissables, et que les amis de ces deux hommes montreraient une grande maladresse en se fâchant de la pièce, car c'était convenir d'une chose qui n'existait pas, et donner de la réalité à une similitude chimérique. Quel est le coquin qui n'ait pas quelque rapport, surtout dans le langage et l'extérieur, avec un honnête homme ? Le vice nous tromperait-il s'il ne parlait, s'il n'agissait même quelquefois comme la vertu ? Pourquoi la Commune ne faisait-elle pas comme Marat et Robespierre eux-mêmes ? Ils ne se sont pas reconnus dans la pièce, ou ils ont feint de ne s'y point reconnaitre. Marat ne manque guère de parler de lui dans son journal ; Robespierre se caresse quelquefois dans le sien ; tous deux aiment à dire qu'ils ont des ennemis et à le prouver ; aucun d'eux n'a parlé de l'*Ami des lois* ; aucun d'eux ne s'est plaint. Leurs partisans devaient imiter leur sagesse.

Un véritable ami de la liberté ne s'attache point aux personnes, mais aux choses, et nul ne pouvant dire en voyant *Plaude*, ou *Duricrâne*, ou *Nomophage*, voilà clairement Robespierre, voilà clairement Marat, c'était mettre une importance anti-civique à deux hommes que de faire une pareille levée de boucliers pour un soupçon mal étayé. Pour nous, il nous semble qu'au lieu de se déchaîner contre la pièce, qu'au lieu de la suspendre, les amis des deux patriotes que l'on y croit désignés auraient dû au contraire la faire imprimer, la multiplier à leurs frais, l'envoyer dans toute la république, en disant : *Tolle et lege* : *Prenez et lisez*, voyez si ce sont là Robespierre et Marat. Et en supposant que ce soit eux qu'on ait voulu peindre si horribles, jugez par la nature même de l'ouvrage du talent de leurs ennemis : c'est le coup de pied de l'âne. Il est certain qu'une lecture froide et solitaire dissipera tous les dangers que l'on pourrait croire cachés dans cette pièce.

Sans doute aux premières représentations de l'*Ami des lois* il s'était trouvé parmi les spectateurs des Robespierrots et des Maratistes ; aucun d'eux n'avait élevé la voix en faveur de leur coryphée, aucun d'eux n'avait mêlé d'aigres sifflements aux applaudissements nombreux du parterre et des loges ; ils avaient été plus sages que la Commune. À chaque fois tout s'était passé dans l'ordre, rien n'avait troublé la tranquillité publique, quelle raison pouvaient donc avoir la Commune et la Municipalité de suspendre cette pièce ? Quand il doit y avoir du tumulte pour une comédie nouvelle, on n'attend pas la quatrième représentation.

Voilà ce que disent les amis de l'*Ami des lois*, et certes, la Municipalité n'a pas grand-chose à répondre : par où a-t-elle pu juger qu'il y aurait du trouble aux représentations subséquentes ? Les membres de la Commune en ont-ils jugé par leur imagination, ou par leur haine pour le parti opposé au leur, ou bien en ont-ils jugé d'après leur cœur ? Si le devoir ne les eut tenus assis sur leurs sièges pendant le temps du spectacle, auraient-ils donc été au Théâtre de la Nation vociférer contre ce monstre dramatique ? Nous ne savons qu'en penser : mais ce qu'il y a de certain, c'est qu'au lieu de laisser mourir cette pièce de sa belle mort, ils en ont fait un centre de parti, en ravivant les enthousiastes, qui n'ayant point de contradicteurs, auraient fini par où ils auraient dû commencer, par y bailler. La Commune a fait à cette pièce le même honneur que le feu parlement accordait de temps à autre à des ouvrages mort-nés, en les investissant du privilège de la brûlure ; elle a inspiré à tout le monde une sorte de commisération en faveur de l'ouvrage et de son auteur ; elle a éveillé la curiosité qui seule peut ajouter à la pièce le sel et le piquant qui y manquent.

Mais il faut avouer que si la Commune n'avait point, à proprement parler, de raison pour suspendre la pièce, elle en avait néanmoins le droit. Cette suspension n'était point un acte de censure ; c'en était peut-être un, si l'on veut, dans l'intention des représentants de la Commune et dans leur for intérieur, mais leur arrêté ne portait aucun signe d'improbation contre cette pièce, elle aurait pu être mille fois moins mauvaise qu'elle n'est, et être suspendue, si réellement elle pouvait rallumer la haine des partis. La loi donne à la Municipalité inspection sur les théâtres, la loi lui donne le droit de prendre toutes les mesures de précaution et de sûreté générale qu'elle croit convenables dans sa sagesse. Si elle vous dit : je regarde celle-ci comme nécessaire, ce n'est pas à vous à fouiller dans le cœur des individus qui la composent pour y chercher des passions, si leur arrêté n'en porte point l'empreinte. Sans doute ils peuvent se tromper, mais la loi y a pourvu, en établissant plusieurs échelons d'autorité par lesquels il faut nécessairement passer avant que d'arriver au dernier, afin que la raison sur la route s'épure et se fortifie.

On devait donc, au moins provisoirement, obéir à l'arrêté de la Commune, quelque erroné qu'il pût être. Le devoir des comédiens *de la Nation* était de faire enlever sur le champ les affiches, de les faire remplacer par d'autres ; et quoique la Commune eût tort de s'y prendre si tard pour cette défense, ce n'était pas à eux à la juger, leur devoir était d'obéir. Eh bien, ils laissèrent l'affiche, montrèrent les premiers un caractère d'incertitude qui offensait la loi ; et au lieu de refuser formellement de jouer la pièce, il paraît que, contents de la gaucherie des notables et municipaux, ils travaillèrent sous main pour qu'elle fût jouée. Cet accident leur promettait une bonne recette pour l'avenir.

Pendant ce temps-là, des fédérés s'armaient de leur propre autorité pour soutenir l'arrêté ; ils disaient : nous sommes, nous, les vrais amis des lois ; nous voulons que la Municipalité soit respectée, que sa volonté triomphe, que la pièce ne soit pas jouée ; nous apportons force à la loi. Fort bien camarades : mais qui vous a commandés ou requis ? D'où vient votre mission ? C'est de votre chef que vous vous armez. La loi dit pourtant : la force armée est essentiellement obéissante.

[...]

Nous devons à la vérité cet hommage, que tout ensuite se passa dans la salle avec le plus grand ordre et le plus grand calme. C'était la meilleure satire qu'on pût faire de l'arrêté, mais la chose ne pouvait pas être autrement ; les rebelles triomphaient sans obstacle ; ceux qui étaient dans le sens de la Commune n'avaient jamais fait de bruit aux précédentes représentations, c'eut été bien mal choisir son temps que de commencer ce jour-là.

Mais la Municipalité et le Conseil général de la Commune ne se crurent pas vaincus ; ils prirent une autre mesure plus fausse et plus étonnante encore que la première ; n'ayant pu atterrer les comédiens du théâtre ci-devant français, ils s'en prirent à tous les comédiens de Paris ; et sous prétexte qu'à l'approche du jugement du roi on avait à craindre toute espèce de rassemblement, ils firent fermer tous les théâtres. Ils firent ... ; nous nous trompons ; il en fut comme la première fois, ou à peu près ; ils n'en retirèrent d'autre avantage que de s'être compromis de nouveau. Il est sûr qu'une telle prohibition supposait la patrie ou du moins Paris dans un très grand danger. Les aristocrates, sans contredit, et leurs amis les royalistes, machinent, complotent, sourdement, mais l'attitude des Parisiens et de la république entière les effraie et les déjoue ; ils n'exécuteront rien. Pourquoi donc supposer qu'on les craint ? Et si on les craint, pourquoi ne pas laisser quelque passe-temps à l'oisiveté de tant d'êtres nuls, restes abâtardis de l'Ancien Régime, dont ils peuvent abuser ? Oui, dans la société que nous formons aujourd'hui, il y a trois espèces d'hommes, les aristocrates ou royalistes déterminés, les francs et chauds patriotes, et les hommes qui appartiennent à tous les partis sans tenir à aucun ; cette dernière, par sa nature, a beaucoup de tendance vers la première. Si vous ne lui offrez pas des distractions, les ennemis du bien public n'auront pas beaucoup de peine à l'attirer à eux ; les privations la poussent dans le parti des mécontents. C'est donc mal à propos en grossir la foule ; il vaut mieux qu'ils ouvrent l'oreille à la voix d'une actrice qu'aux séductions d'une cour étrangère. Municipaux ! Laissez-les courir au spectacle ; contentez-vous de la surveillance, autrement vous nous créeriez vous-mêmes des périls.

[…]

Bibliographie sélective

Sur l'*Ami des lois* et son auteur

Manuscrits

Paris, Bibliothèque de la Comédie-Française : registres 76^2 (Ordres des gentilshommes de la chambre), 121^{1-2} (Pièces nouvelles), 134^I (Recette journalière : récapitulation), 141^3 (Comptes journaliers pour jetons), 144^2 (Comptes d'auteurs), 145^1 (Lectures), 158 (Registre journalier) ; 2 AG 11 (Archives générales), 2 AC 11, 14, 16, 26 (Archives comptables) ; Dossier d'auteur Jean-Louis Laya ; Ms. du souffleur.

Éditions de la pièce

En plus des multiples éditions publiées du vivant de Laya, déjà recensées ci-dessus, la pièce a été réimprimée dans les ouvrages suivants :

Théâtre de la Révolution, ou Choix de pièces qui ont fait sensation pendant la période révolutionnaire, ed. Louis Moland (Paris : Garnier frères, 1877).

Théâtre du XVIIIe siècle, ed. Jacques Truchet, 2 vols. (Paris : Gallimard, 1974).

Études sur l'*Ami des lois*

Marchal, Napoléon, 'L'Ami des lois, par Laya', *Bulletin du bouquiniste*, 1 mars 1875, p. 115.

– 'L'Ami des lois, par Laya', *Bulletin du bouquiniste*, 15 février 1876, p. 83-87.

Michel, P., 'L'*Ami des lois* par Laya', *Bulletin du bouquiniste*, 36 (1875), p. 487-90.

Lesur, Charles-Louis, *Critique littéraire et politique de L'Ami des lois, par une société de gens de lettres* (Paris : chez Momoro, 1793).

Peltier, P., 'Une Pièce interdite sous la Révolution : *L'Ami des lois*', *Revue d'art dramatique*, 36 (octobre-décembre, 1894), p. 81-88, p. 207-13 et p. 269-72.

Truchet, Jacques, 'Deux imitations des *Femmes savantes* au siècle des Lumières, ou Molière antiphilosophe et contre-révolutionnaire', dans *Approches des Lumières : Mélanges offerts à Jean Fabre* (Paris : Éditions Klincksieck, 1974), p. 471-85.

Welschinger, Henri, 'L'*Ami des lois* sous la Terreur et la Restauration', *Revue d'art dramatique*, octobre-décembre 1891, p. 65-80 et p. 269-72.

Sur le contexte historique, politique et culturel de la pièce

Chroniques et mémoires révolutionnaires

Archives parlementaires de 1787 à 1860 : recueil complet des débats législatifs et politiques des Chambres françaises, sous la direction de J. Mamidal et E. Laurent, 100 vols. (Paris : Librairie administrative P. Dupont, 1865)

Aulard, François-Alphonse, *La Société des Jacobins*, 6 vols. (Paris : Librairie Jouaust, 1889-97).

Biré, Edmond, *Journal d'un bourgeois de Paris pendant la Terreur* (Paris : Perrin, 1899-1907).

Cléry, Jean-Baptiste, *Mémoires de Cléry, de M. le duc de Montpensier, de Riouffe* (Paris : Firmin Didot frères, 1856).

Duval, Georges-Louis-Jacques, *Souvenirs de la Terreur de 1788 à 1793* (Paris : Werdet, 1841-1842).

Paris pendant la Terreur : Rapports des agents secrets du ministre de l'intérieur, 7 vols., ed. Pierre Caron (Paris : Honoré Champion, 1943).

Recueil des actes du Comité de salut public, avec la correspondance officielle des représentants en mission et le registre du Conseil exécutif provisoire, publié par F. -A. Aulard, 28 vols. (Paris : Imprimerie nationale/PUF, 1889-1951), 3 vols. tables (Paris : Imprimerie Nationale, 1893-1964), 5 vols. suppléments (Paris : Bibliothèque nationale, 1966-1999).

Tableaux de la Révolution française, 3 vols., ed. Adolf Schmidt (Leipzig : Veit, 1867-1870).

Histoire du théâtre révolutionnaire
[ouvrages ordonnés chronologiquement]

Étienne, Charles et Martainville, Alphonse, *Histoire du théâtre français, depuis le commencement de la révolution jusqu'à la réunion générale* (Paris : Barba, 1802).

Fleury, *Mémoires de Fleury de la Comédie française*, ed. Jean-Baptiste Pierre Lafitte (Paris : A. Delahays, 1847).

Muret, Théodore, *L'Histoire par le théâtre : Première série*, 3 vols. (Paris : Amyot, 1865).

Jauffret, Paul-Eugène, *Le Théâtre révolutionnaire, 1788-1799* (Paris : Jouvet, 1869).

Welschinger, Henri, *Le Théâtre de la Révolution* (Paris : Charavay Frères, 1880).

Desnoiresterres, Gustave, *La Comédie satirique au XVIIIe siècle. Histoire de la société française par l'allusion, la personnalité et la satire au théâtre* (Paris : Perrin, 1885).

Lenient, Charles, *La Comédie en France au XVIIIe siècle* (Paris : Hachette, 1888).

Lumière, Henry, *Le Théâtre français pendant la révolution, 1789-1799* (Paris : E. Dentu, 1894).

Pougin, Arthur, *La Comédie française et la Révolution, scènes, récits et notices* (Paris : Gaultier, Magnier et Cie, 1902).

Lunel, Ernest, *Le Théatre et la Révolution : Histoire anecdotique des spectacles, de leurs comédiens et de leur public par rapport à la Révolution française* (Paris : H. Daragon, 1911).

D'Estrée, Paul, *Le Théâtre sous la Terreur (Théâtre de la peur), 1793-1794* (Paris : Émile-Paul frères, 1913).

Hérissay, Jacques, *Le Monde des théâtres pendant la Révolution, 1789-1800* (Paris : Perrin et Cie, 1922).

Carlson, Marvin, *The Theatre of the French Revolution* (Ithaca, NY : Cornell UP, 1966).

Rodmell, Graham E., *French Drama of the revolutionary years* (New York : Routledge, 1990).

Ouvrages récents sur le théâtre révolutionnaire

Bérard, Suzanne Jean, 'La Crise du théâtre à Paris en 1793', *Dix-Huitième Siècle*, vol. 21, 1989.

Bianchi, Serge, 'Théâtre et engagement sur les scènes de l'an II', dans *Littérature et engagement pendant la révolution française*, ed. Isabelle Brouard-Arends et Laurent Loty (Rennes : Presses universitaires de Rennes, 2007).

Bonnet, Jean-Claude, et Andriès, Lise, *La Mort de Marat* (Paris : Flammarion, 1986).

Bryson, Scott, *The Chastised Stage : Bourgeois Drama and the exercise of power* (Stanford : Anma Libri, 1991).

Buckley, Matthew, *Tragedy walks the streets : The French Revolution in the making of modern drama* (Baltimore : Johns Hopkins UP, 2006).

Darlow, Mark, *Staging the French Revolution : Cultural Politics and the Opéra de Paris, 1789-1794* (New York : Oxford UP, 2012).

Frantz, Pierre et Marchand, Sophie, *Le Théâtre français du XVIIIe siècle* (Paris : Ed. l'Avant-scène théâtre, 2009).

Frantz, Pierre, 'Les tréteaux de la Révolution', dans *Le Théâtre en France du Moyen-âge à nos jours*, ed. Jacqueline de Jomaron (Paris : Armand Colin, 1992).

–, 'Pas d'entracte pour la Révolution', dans *La Carmagnole des muses : L'homme de lettres et l'artiste dans la Révolution*, ed. Jean-Claude Bonnet (Paris : Armand Colin, 1988).

–, 'Naissance d'un public', *Europe*, vol. 65, 1987.

Friedland, Paul, *Political Actors : Representative Bodies and theatricality in the age of the French Revolution* (Ithaca : Cornell UP, 2002).

Graczyk, Annette, 'Le Théâtre de la Révolution française, média de masses entre 1789 et 1794', *Dix-huitième siècle*, vol. 21, 1989.

Guibert, Noëlle et Razgonnikoff, Jacqueline, *Le Journal de la Comédie-Française, 1787-1799. La Comédie aux trois couleurs* (Paris : Sides, 1989).

Hemmings, F.W.J., *Theatre and state in France, 1760-1905* (Cambridge : Cambridge UP, 1994).

Huet, Marie-Hélène, *Rehearsing the Revolution : The Staging of Marat's Death, 1793-1797*, trans. Robert Hurley (Berkeley : University of California Press, 1982).

Hyslop, Beatrice F., 'The Theater during a crisis : The Parisian Theater during the Reign of Terror', *The Journal of modern history*, vol. 17, n. 4, December 1945.

Maslan, Susan, *Revolutionary Acts : Theater, democracy, and the French Revolution* (Baltimore, MD : John Hopkins UP, 2005).

Netter, Marie-Laurence, 'L'Intégration de nouvelles valeurs par le théâtre', dans *Actes du colloque Théâtre et Révolution*, ed. Lucile Garbagnati et Marita Gilli (Paris : Les Belles Lettres, 1988).

Ravel, Jeffrey, *The Contested Parterre : Public Theater and French political culture, 1680-1791* (Ithaca : Cornell UP, 1999).

Schlanger, Judith, 'Théâtre révolutionnaire et représentation du bien,' *Poétique*, vol. 22, 1975.

Remerciements

C'est avec grand plaisir que nous remercions ici tous ceux qui, par leur générosité, leur soutien et leurs connaissances, nous ont permis de mener à bien cette édition critique.

Danièle Robert, Cecil Courtney, John Dunkley, et Matthew Rice ont eu la gentillesse de lire nos multiples brouillons et de partager avec nous leur science et leurs encouragements : qu'ils trouvent ici l'expression de notre sincère gratitude !

Nous tenons également à remercier Pierre Frantz et Thomas Wynn, fondateurs et directeurs du projet « Patrimoine dramatique du XVIIIe siècle ». Il est certain que sans eux, éditeurs attentifs et érudits de notre ouvrage, cette édition n'aurait jamais vu le jour.

Enfin, nous sommes reconnaissants aux bibliothèques et bibliothécaires qui nous ont ouvert leurs collections et qui nous ont guidés dans nos recherches : la Bibliothèque nationale de France, la Bibliothèque-musée de la Comédie-Française, les Archives nationales de Paris, et les bibliothèques des universités de Cambridge, Princeton, Pennsylvania, et Stanford.

Phoenix

Phoenix is a series dedicated to eighteenth-century French drama. With a particular attention to performance history and the audience's experience, these editions make accessible to students and scholars alike a range of plays that testify to the diversity and vibrancy of that period's theatre. Phoenix is a joint project between the Université de Paris-Sorbonne and Durham University.

Phoenix est une collection consacrée au théâtre français du dix-huitième siècle. Ses publications portent une attention particulière à l'histoire des représentations et à la place du spectateur. Elles mettent à la disposition des étudiants comme des spécialistes un ensemble de pièces qui témoignent de la variété et du dynamisme de la scène théâtrale de l'époque. Phoenix est le résultat d'une collaboration entre l'Université de Paris-Sorbonne et l'Université de Durham

www.phoenix.mhra.org.uk

MHRA Critical Texts

This series aims to provide affordable critical editions of lesser-known literary texts that are not in print or are difficult to obtain. The texts will be taken from the following languages : English, French, German, Italian, Portuguese, Russian, and Spanish. Titles will be selected by members of the distinguished Editorial Board and edited by leading academics. The aim is to produce scholarly editions rather than teaching texts, but the potential for crossover to undergraduate reading lists is recognized. The books will appeal both to academic libraries and individual scholars.

Malcolm Cook
Chairman, Editorial Board

Editorial Board

Professor Andrew Hiscock (English)
Professor Malcolm Cook (French) (*Chairman*)
Professor Ritchie Robertson (Germanic)
Dr Derek Flitter (Hispanic)
Professor Brian Richardson (Italian)
Dr Stephen Parkinson (Portuguese)
Professor David Gillespie (Slavonic)

For a full listing of titles available in the series and details of how to order please visit our website at :
www.criticaltexts.mhra.org.uk

www.ingramcontent.com/pod-product-compliance
Lightning Source LLC
Chambersburg PA
CBHW071313150426
43191CB00007B/607